ubook

CHRIS LEWIS
PIPPA MALMGREN

# O LABORATÓRIO DE LIDERANÇA

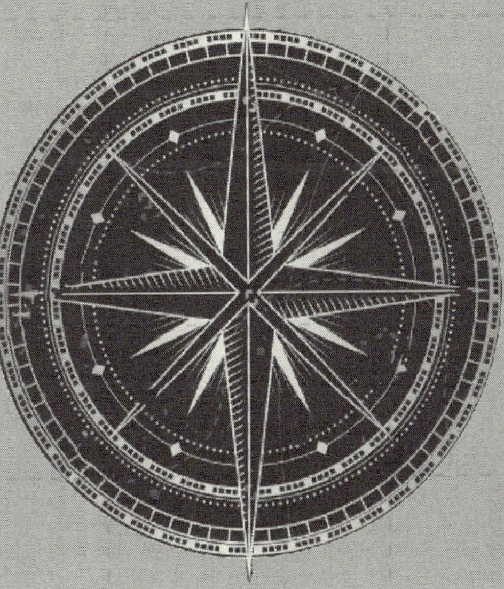

## Como ser líder no século XXI

ubook

Publicado mediante acordo com Kogan Page Limited. Edição original do livro, *The leadership lab: understanding leadership in the 21st century*, publicada por Kogan Page Limited.



| | |
|---|---|
| COPIDESQUE | William Bastos |
| REVISÃO | Lohaine Vimercate, Pérola Paloma e Raquel Freire |
| PROJETO GRÁFICO E ADAPTAÇÃO DA CAPA | Bruno Santos |
| DIAGRAMAÇÃO | Flávio Augusto |
| IMAGEM DE CAPA | Nadezhda Shuparskaia \| shutterstock |

Dados Internacionais de Catalogação na Publicação (CIP)
(Câmara Brasileira do Livro, SP, Brasil)

Lews, Chris
O laboratório de liderança : como ser líder no século XXI / Chris Lews, Pippa Malmgren ; tradução Ubook Publishing House. -- Rio de Janeiro : Ubook Editora, 2020.

Título original: The leadership lab : understanding leadership in the 21st century
ISBN 978-65-87549-35-4

1. Administração de empresas 2. Liderança 3. Líderes I. Malmgren, Pippa. II. Título.

20-38756 CDD-658.4092

**Ubook Editora S.A**
Av. das Américas, 500, Bloco 12, Salas 303/304,
Barra da Tijuca, Rio de Janeiro/RJ.
Cep.: 22.640-100
Tel.: (21) 3570-8150

# Sumário

# Prefácio

Este é um livro importante. É altamente envolvente, claramente escrito e prático. Os capítulos que você está prestes a ler fornecem a base para uma reavaliação da liderança moderna. A cada página, você vai explorar as novas habilidades necessárias para os líderes de hoje. Isso inclui a fluência situacional — a habilidade mais importante para aqueles que desejam guiar pelas realidades sociais, comportamentais e econômicas em evolução.

A razão pela qual acredito que este livro será lido por líderes é que ele foi escrito por líderes. A pesquisa foi compilada através dos Conselhos Consultivos da agência LEWIS, realizados em várias cidades do mundo. Os líderes advêm de governos, conselhos de administração de empresas, sedes de comando militar, ONGs internacionais, redações jornalísticas, instituições de caridade, entidades religiosas, escritórios de advocacia, bancos de investimento, faculdades de arte e, especialmente, escolas de negócios em todo o mundo.

Tive o prazer de vivenciar a experiência em primeira mão. A discussão e o engajamento com líderes de um espectro tão amplo de indústrias, disciplinas e estilos levaram à riqueza do modelo de Lewis e Malmgren, além de terem sido incorporados e resumidos na Cítera — o modelo perfeito para explicar os múltiplos paradoxos do novo mundo.

A liderança é a espinha dorsal de todas as sociedades. A história nos ensinou que a liderança corajosa e atenciosa pode guiar uma sociedade através dos seus momentos mais difíceis. A liderança ignorante e autoritária, porém, deixa uma ferida no legado de um país.

A liderança elevada inspira, capacita e orienta. Ela usa a sua influência de forma construtiva e positiva, em benefício de muitos. Como vimos em escala global, no entanto, alguns líderes usaram suas habilidades de maneiras antes inimagináveis, que causaram danos terríveis aos seus subordinados. Portanto, a reflexão cuidadosa acerca da exploração da liderança é parte fundamental do avanço de nossas sociedades.

A minha própria jornada de liderança incluiu a colaboração com membros do Congresso, funcionários eleitos e executivos corporativos. Sou motivada pelo desejo de criar ambientes que eliminem o pensamento antiquado em torno dos papéis masculino e feminino, a cultura corporativa, a ênfase associada ao curto prazo, a tática e o egoísmo.

Os desenvolvimentos modernos e a tecnologia têm aumentado o potencial dos líderes para transmitir suas ideias e causas. Se os líderes querem prosperar em um mundo em rápida mudança de atitudes, culturas e tecnologias diversas, precisam se adaptar. Em outras palavras, o velho estilo de liderança corporativa de resultados estruturados e previsíveis não sobreviverá no mundo tecnológico.

Pippa Malmgren e Chris Lewis sabem disso. Desde o momento em que os conheci, soube que a visão e a abordagem deles levariam a uma compreensão única e preciosa da liderança no século XXI. Seus anos de extensa e meticulosa pesquisa culminaram neste fascinante livro.

Aproveite a jornada!

*Cherylyn Harley LeBon*
*Advogada, Estrategista, Consultora*
*Integrante do* LEWIS *Advisory Board (LAB) de 2018*
*harleylebon.com*

# Prefácio

Há muitas coisas de que gosto neste livro. A primeira delas é o pensamento original. Os autores abordam questões complexas e oferecem novas perspectivas. Em segundo lugar, fornecem uma visão verdadeiramente global. Não podemos nos deixar dividir pelo nacionalismo e pelo populismo. Os líderes procuram a unidade e o propósito comum. Isso é vital para todos aqueles que ocupam altos cargos. Mais importante, este livro aborda o problema da igualdade a partir de múltiplas perspectivas e entre gêneros. Não é difícil convencer as mulheres da necessidade da igualdade feminina. Por isso temos de ir mais longe. Precisamos de homens para entender e argumentar, também. Nesse sentido, Chris Lewis tem estado na vanguarda da discussão há mais de uma década, tanto na política como nos negócios. O ponto que ele constrói com Pippa Malmgren é claro — a igualdade não é apenas uma questão de justiça. É questão de eficiência. Embora seja um bom começo, a verdadeira igualdade não será abordada apenas pela representação de gênero. Seria uma oportunidade perdida se, ao encher as salas de reunião com mulheres, todas se comportassem como homens. Precisamos de um pensamento mais equilibrado, independentemente do sexo. Isso significa agir a longo prazo, em direção a objetivos qualitativos e estratégicos. Significa generosidade e pensamento inclusivo. Pode parecer ineficiente a curto prazo, mas, como os autores salientam, é exatamente o oposto.

Esta é, então, a razão pela qual lutamos pela igualdade: permitir que não só as mulheres atinjam o seu potencial, mas todos nós. Se nós, cada um de nós, não alcançarmos nosso potencial, então que esperança tem a humanidade?

*Penny Mordaunt, membra do Parlamento Britânico*
*Ministra da Mulher e da Igualdade*
*Secretária de Estado para o Desenvolvimento Internacional*

# Prólogo

As características definidoras do século XXI não se revelaram à meia-noite do dia 31 de dezembro de 1999. Como qualquer outro, o novo ano foi acolhido com intenções, expectativas e esperanças renovadas.

Pouco menos de dois anos depois, às 08h45, horário da costa leste dos Estados Unidos, em uma manhã de sol no centro de Nova York, o século XXI finalmente havia chegado. Os Estados Unidos foram repentina e dramaticamente atacados por fundamentalistas religiosos. O custo humano foi imediato: 2.996 pessoas foram mortas, e mais de seis mil ficaram feridas. Houve mais mortos no ataque às Torres Gêmeas do que em Pearl Harbor, quase sessenta anos antes.

O atentado foi exibido ao vivo na TV com todos os seus horrores visuais e gráficos. Isso nos chocou, porque vimos em tempo real não apenas um ato de violência e ódio, mas um ataque a uma cidade e a um país que tantos admiram. Só não conseguíamos entender o porquê. Além disso, os sequestros de aviões normalmente começam com armas ou bombas. Aqueles foram iniciados com estiletes. Como tantos outros eventos, revisitamos o passado e extrapolamos o pensamento linear. Não nos conectamos lateralmente. Não usamos a imaginação. Apenas não previmos o que aconteceria.

A economia dos EUA virou prioridade imediata, já que ainda se recuperava do bug do milênio e do colapso da bolha da internet, e ameaçou quebrar logo após o ataque às Torres Gêmeas. A Casa Branca já estava lidando com o escândalo da companhia Enron e algumas das maiores falências da história americana. O medo era de que a economia local fosse ferida mortalmente, motivo pelo qual eram necessárias medidas de emergência. As taxas de juros foram reduzidas, e foi dito aos americanos que era seu dever patriótico gastar e manter a economia em movimento.

O ataque levou à invasão ao Iraque em prol da "Guerra ao Terror", o que também acelerou e aprofundou a quebra da bolsa de valores, e inadvertidamente plantou as sementes para o próximo *boom* de crédito, que se prolongou até 2008, quando a bolha econômica estourou novamente. Pouco antes disso, outro grande momento decisivo do século XXI ocorreu.

Às 10h do dia 9 de janeiro de 2007, terça-feira, um homem subiu ao palco do Centro de Convenções de Moscone, no centro de São Francisco, sob os holofotes. Ele trajava suas características calças jeans e blusa preta de gola alta, e o público o saudava como a um herói. A plateia esperava por algo incrível. Steve Jobs anunciava o iPhone: "Um iPod, um celular, um dispositivo de acesso móvel à internet. Um iPod, um celular, um dispositivo de acesso móvel à internet... *Não* são três dispositivos diferentes!"[1] A aceleração da informação havia começado.

Entretanto, os danos infligidos ao sistema bancário global também estavam em curso. As companhias hipotecárias e seguradoras, que foram instruídas a incentivar os gastos, começaram a notar que alguns investimentos estavam em queda. O ímpeto se acumulou até que o governo dos EUA interveio para salvar todos os agentes financeiros essenciais, como os bancos e as seguradoras, para preservar a infraestrutura econômica. Bilhões de dólares mudaram de mãos. Houve uma transferência maciça da dívida do setor privado para o público, já que os governos foram forçados a comprar ativos financeiros importantes demais para romper. Mesmo em 2017, muitas economias globais ainda não tinham regressado aos níveis de riqueza anteriores à crise, e muitos dos bancos ainda não haviam sido devolvidos ao setor privado. Alguns países perderam não uma década de crescimento econômico, mas duas.

A questão que continua a nos assombrar é simples: o remédio melhorou ou piorou a doença? Os governos inundaram a economia mundial em quase todo o mundo com quantidades recordes de dinheiro ("flexibilização quantitativa", como é estranhamente conhecida), atirando dinheiro para o problema. Eles reduziram as taxas de juros aos menores níveis da história. Aqueles que possuíam ações, títulos e imóveis viram o valor dos seus bens aumentar drasticamente à medida que a oferta de dinheiro se expandia. O Dow Jones Industrial Average, os preços de propriedades, obras de arte e outros bens brutos atingiram recordes. Enquanto isso, aqueles que não possuíam as mesmas riquezas viam desaparecer o sonho da casa própria. Eles sentiram a dor da inflação que os seus líderes políticos lhes disseram que não existiria.

As medidas concebidas para aumentar a confiança inadvertidamente acabaram por miná-la, pois os poupadores foram punidos com juros muito altos. Isso criou tanto a desigualdade de rendimentos como a incerteza inerente sobre a verdadeira condição da economia. Como sempre, os que estavam no fim da hierarquia econômica — os *blue collars* — acharam toda a situação terrível. Todas as pessoas no topo estavam "tranquilas quanto à possibilidade de ficarem podres de ricas", como disse Lord Mandelson, arquiteto do New Labour britânico.[2]

O maior programa de estímulos resultou na recuperação mais tensa da história. Naturalmente, tantas dificuldades e incertezas econômicas levaram a população em toda parte a questionar os seus líderes. Como foi apontado no livro *Signals*, de Pippa Malmgren,[3] o sempre crescente peso da dívida recai sobre a sociedade e enfatiza o tecido social. A sua gravidade quebra as promessas que mantêm as sociedades unidas e implica na simples pergunta: "Por que você está no comando?" Misturamos dívida recorde, curto prazo, incerteza profunda e desigualdade de rendimentos. Assim, foram criadas as condições para um movimento antissistema.

O primeiro sinal veio em 23 de junho de 2016,[4] quando, contra todas as pesquisas de opinião, a Grã-Bretanha votou para deixar a União Europeia. No Reino Unido e na Europa, o resultado trouxe incredulidade. A mídia não havia previsto o acontecimento. Nem os pesquisadores ou o resto do país; 2016 seria um ano agitado.

Na noite de 8 de novembro de 2016, ocorreu outro evento marcante. Os apoiadores republicanos lotavam o salão do Hilton Midtown, em Nova York. Gritos de triunfo deixavam claro que o desprezo dos eleitores pela ortodoxia surpreenderia os pesquisadores da opinião pública novamente. Às 22h20, horário da costa leste, um choque duplo foi aplicado aos Estados Unidos. O primeiro relatório veio de Ohio, um estado moderado, que no fim optou por Trump. Ohio parece sempre prever quem ganha a corrida eleitoral desde Lyndon B. Johnson, em 1964. A torcida comemorava pouco antes das 23h, quando a *Associated Press* anunciou que a Florida também escolhera Trump. Os Estados Unidos haviam colocado um empresário e apresentador de reality shows na Casa Branca pela primeira vez desde a sua fundação. Trump nunca havia ocupado qualquer tipo de cargo político. Ele não tinha experiência em política. Sua campanha causou controvérsias. Uma grande revolta americana tinha começado.

Como se qualquer outra indicação de imprevisibilidade fosse necessária, seis meses mais tarde a primeira-ministra britânica Theresa May optou por convocar uma eleição geral em 8 de junho de 2017. As pesquisas previram um desastre para o seu partido.[5] O resultado — um parlamento suspenso — chocou a todos. Ninguém previu o que aconteceu. Onze dias depois, Emmanuel Macron foi eleito presidente da França. Macron havia fundado o seu próprio partido político há apenas dezoito meses. A França virara as costas a todos os políticos e partidos anteriores.

A responsável por todos esses movimentos foi uma liderança demasiadamente confiante ou a política econômica? Não há dúvida de que o incentivo e posterior castigo dos "espíritos animais" nos mercados de capitais levou a critérios quantitativos, e não qualitativos. Quando o custo do dinheiro é reduzido a zero e avaliado com menos consideração e cuidado, o resultado só pode ser o surgimento de riscos que beiram a imprudência.

Os espíritos animais alimentaram modelos masculinos "Alphazilla" superconfiantes e culturas que pregavam filosofias como "a ganância é boa", fortes e nem sempre estéticas ou mesmo éticas. Eles não estão preparados para libertar o potencial de muitas pessoas. Eles fomentam um modelo baseado em retirar em vez de oferecer. Isso gera atrasos, destrói valores e aliena as pessoas. Aqueles que ficam no caminho são chamados de resistentes à mudança, mas as pessoas apenas resistem às mudanças que não podem controlar ou ser incluídas.

Por que esse estilo se tornou tão encorajado? A mídia desempenhou certo papel nisso. Programas de TV como *O Aprendiz* enfatizam a natureza patriarcal e de julgamento a curto prazo da liderança. Também temos *Shark Tank* nos Estados Unidos e *Dragon's Den* no Reino Unido, onde os ricos privilegiados julgam empresários esperançosos. Ambos os programas são construídos sob a natureza hierárquica, onde as pessoas no topo são encorajadas a serem rudes, condescendentes e absolutamente cruéis. Isso não é liderança. É uma perversão do que é fabricado pelos tempos em que vivemos. Os líderes são transportadores de água, e não os seus proprietários. Eles estão lá para saciar a sede e apagar incêndios. O comportamento pode render ótimos programas de televisão, mas é uma má imagem de liderança.

Essa pode ser uma das razões pelas quais o empreendedorismo americano encontra-se em declínio atualmente, e durante os últimos quarenta anos, pelo menos. A *Inc Magazine*[6] certamente pensa assim ao propagar que o "medo de falhar" atrasa as pessoas. Na verdade, o grupo de empresários que mais cresce nos Estados Unidos é o das mulheres negras[7] (aliás, é também o grupo que mais tem dificuldades em encontrar acesso ao capital).[8]

Por que esse foco intenso no sucesso a curto prazo? As empresas da Bolsa de Valores de Nova York precisam se reportar aos acionistas a cada noventa dias. Por que querem isso? Medo, ganância e falta de confiança são os suspeitos habituais — medo de que não se possa confiar nos líderes da empresa, ganância de que se queira o máximo de retorno e falta de confiança impulsionada por múltiplas falhas de liderança. É um círculo vicioso. Essa visão cada vez mais redutora do mundo a curto prazo representa um perigoso estreitamento do campo de visão.

É por isso que o pensamento de liderança precisa evoluir e ser equilibrado entre longo e curto prazo, quantitativo e qualitativo, prospectivo e retrospectivo, masculino e feminino, artístico e científico.

Uma liderança de sucesso precisa de uma visão diversificada e inclusiva, porque atualmente esses aspectos são muito mais visíveis. Ela não deve se referir apenas a interesses de poucos. Um parêntese mais amplo do que constitui uma liderança de sucesso precisa ser considerado.

O sucesso e o fracasso são ambos impostores no que diz respeito ao equilíbrio. O sucesso tem sido denominado como a capacidade de migrar de frustração em frustração sem perder o entusiasmo. O pensador de liderança Arie de Geus apontou em *The Living Company*: "A única vantagem duradoura do mercado de qualquer organização é a sua capacidade de aprender."[9] Esse é outro propósito perfeitamente legítimo de uma organização. As empresas que aprendem tendem a maximizar os lucros a longo prazo.

É por isso que o pensamento precisa ser mais inclusivo. Atualmente, o qualitativo e o quantitativo são como óleo e água. Sem uma liderança dinâmica, os dois se separam. A equipe de liderança verdadeiramente eficiente é uma emulsão de pensamentos. Não é uma questão tokenista, os líderes precisam aproveitar todo o potencial a seu dispor.

Não podemos enxergar as recentes mudanças na liderança isoladamente. A tecnologia, em particular, transformou todo o cenário. O advento do iPhone, em 2007, colocou mais poder de computação em nossos bolsos do que foi necessário para enviar um homem à lua em 1969. O avanço sustentou a explosão dos serviços de internet, que mudaram a forma como nos comunicamos, nos divertimos, trabalhamos e compreendemos o mundo. Transformou dramaticamente as culturas da informação. Falamos agora da Quarta Revolução Industrial, que traz uma onda de inovação e invenção sem precedentes. No entanto, a mesma tecnologia também está sendo utilizada para promover o aumento do extremismo, do nacionalismo e do terrorismo. A esses horrores, acrescentamos mudanças técnicas, geopolíticas, econômicas e filosóficas para criar o maior desafio de liderança de todos os tempos.

Esses eventos não são a causa de grandes mudanças comportamentais e culturais. Eles são o efeito. Se ainda não percebemos, o nosso comportamento, a economia, a política e a tecnologia à nossa frente estão alimentando *tanto* as soluções *quanto* os problemas.

Não haverá retorno ao normal. Não podemos voltar a uma era antes do 11 de setembro, a um paraíso sem choques políticos. Mesmo que houvesse um lugar assim, condições fáceis nunca criaram bons líderes. Pelo contrário, devemos estender a mão às mudanças a nossa frente. Ao fazê-lo, nos tornamos fundamentalmente capacitados e energizados. Podemos não ter outra escolha senão abraçar o futuro, mas temos todas as opções sobre como lidar com as inigualáveis oportunidades e ameaças do século XXI.

## Notas

1. https://www.engadget.com/2007/01/09/live-from-mac-world-2007-steve-jobs-keynote.
2. http://www.telegraph.co.uk/news/politics/labour/8963450/Lord-Mandelson-secrets-of-a-filthy-rich-fortune.html.
3. Malmgren, P. *Signals: The breakdown of the social contract and the rise of geopolitics*. Surbiton: Grosvenor House Publishing, 2015.
4. http://www.telegraph.co.uk/news/2016/06/24/eu-referendum-how-right-or-wrong-were-the-polls.
5. https://www.newstatesman.com/politics/june2017/2017/05/should-we-trust-general-election-2017-polls.
6. https://www.inc.com/steve-blakeman/us-entrepreneurship-is-at-a-40-year-low-heres-why-now-is-perfect-time-to-launch-your-start-up.html.
7. http://fortune.com/2015/06/29/black-women-entrepreneurs.

8. https://www.inc.com/kimberly-weisul/why-its-so-hard-for-black-women-entrepreneurs-to-get-funded.html.
9. de Geus, A. (2002) *The Living Company: Habits for survival in a turbulent business environment*. Boston: Harvard Business School Press, 2002.

# Introdução

O LEWIS *Advisory Board* (ou LAB) consultou muitos líderes globais de todos os quadrantes desde a sua fundação. Este livro agrega e transmite o seu feedback sobre como o mundo está mudando e como a liderança, em todas as suas formas, está evoluindo.

Nos últimos 25 anos, a cultura de liderança mundial deslocou-se em seu eixo. O mundo de antigamente era esmagadoramente masculino, heterossexual, paciente, previsível, factual, planejado, branco, de longo prazo, orientado para o Ocidente, tecnologicamente alavancado, deflacionista, estruturado, racional, difundido, hierarquizado e militarmente simétrico.

Agora, a liderança opera em um mundo invertido, irreal, amoral, impaciente, inflacionário, egoísta, espiritual, irracional, de gêneros fluidos, polissexual, estrategicamente multipolar, orientado para todas as direções, não hierarquizado, embebido de informação, multirracial, andrógino, dinâmico, opinante, em rápido movimento e assimétrico.

A vertiginosa mudança expôs um verdadeiro fracasso da liderança. Desde a virada do século, aprendemos que, em todo o mundo, nossos líderes corporativos burlaram ilegalmente os impostos,[1] mentiram sobre as emissões de gases na indústria automobilística,[2] manipularam as taxas de juros,[3] protegeram seus clientes de impostos,[4] lavaram o dinheiro de drogas mexicanas,[5] comandaram um sistema bancário *offshore* maior do que alguém poderia imaginar,[6] forçaram o fechamento de boas empresas[7] e destruíram os fundos de pensão à medida que eles próprios enriqueceram.[8] Coletivamente, eles supervisionaram a destruição sem precedentes da riqueza e o colapso do sistema financeiro,[9] e assistiram à poupança vitalícia aplicada em fundos de investimento criados — por líderes de integridade irrepreensível — que se revelaram esquemas Ponzi.[10] Líderes espirituais encobriram casos de abuso sexual dentro da Igreja,[11] e, fora dela, outros homens ligados a trabalhos de caridade também cometeram tais abusos,[12] permitidos por lideranças de bem-estar infantil.[13] Os nossos líderes políticos permitiram uma epidemia de crimes à mão armada.[14] Eles camuflaram seus gastos,[15] promoveram comportamentos sexualmente inapropriados,[16] começaram guerras impopulares[17] catastroficamente caras com base em informações falsas[18] e foram completamente apanhados de surpresa pelo Brexit.[19] Os nossos líderes educacionais propiciaram fraudes em exames[20] e assédio sexual;[21] os de defesa enfrentaram denúncias relacionadas ao suborno de funcionários do governo.[22] Líderes de serviços públicos já manipularam seus clientes.[23] Os de entretenimento estão enfrentando múltiplas alegações de assédio e abuso sexual.[24] As principais emissoras acusaram falsamente figuras políticas de abuso infantil,[25] enquanto permitiam que os verdadeiros culpados cometessem crimes em suas instalações.[26] Ao mesmo tempo, muitos líderes desportivos foram pegos em exames *antidoping*.[27] Líderes médicos maltrataram doentes crônicos.[28] Advogados de direitos humanos foram afastados por má conduta e desonestidade,[29] enquanto líderes militares admitiram o uso de tortura,[30] e muitas pessoas morreram pela negligência deles.[31]

Esses eventos parecem improváveis, inacreditáveis, até mesmo impossíveis, mas todos aconteceram. Fora dos eventos cataclísmicos das Guerras Mundiais, é difícil lembrar de uma época em que a liderança estivesse tão desacreditada quanto hoje em dia. Se você sente esses efeitos como uma faca em sua garganta, talvez goste deste livro, que não se opõe à liderança, muito pelo contrário, mas à má liderança. Esta obra não está interessada em culpa ou vingança; apenas na verdade.

O que esses eventos têm em comum? Faltavam líderes universitários profissionalmente qualificados? Se não, por que nenhum deles reparou no que estava acontecendo? Será que se distraíram por demasiada ou pouca informação? Eles sabiam que estavam prejudicando outros indivíduos? Ou não tiveram imaginação para reconhecer os efeitos de seus atos? Será que não conseguiam falar? Pensaram que escapariam? Sua influência teve algum papel? O fato de que eram em sua maioria homens de meia-idade importa? Que papel a tecnologia desempenhou? E, por fim, há algum padrão? Conhecemos bons e grandes líderes. Eles estão por aí. Líderes com integridade, coragem, sabedoria. Líderes inclusivos. Aqueles que mudam a vida de muitos, que pensam. Pensar é uma atividade subestimada. Precisamos, então, encontrar os melhores líderes modernos estudando os piores. Estudando o fracasso. Em suma, este livro:

- Conclui que as habilidades e qualidades de um líder no século XX são muito diferentes das necessárias no século XXI.
- Recomenda que a "liderança" se torne um foco maior do que os próprios "líderes". Uma equipe assume o risco e partilha o fardo. Um único líder aumenta a vulnerabilidade e o risco.
- Aponta que a liderança é ofuscada por uma sobrecarga de comunicações insistentes, perturbadoras e que chamam a atenção. Isso possui efeito a curto prazo e tem influência negativa sobre a criatividade, imaginação, valores comunitários e até mesmo saúde mental.
- Observa que a liderança está sujeita à impaciência de eleitores, funcionários, acionistas e outros grupos. Não há paciência para aceitar a complexidade ou mesmo para ler e compreender. Os espaços de atenção estão sumindo.

- Sugere que os líderes muitas vezes se agarram a modelos confortáveis, mas imprecisos e ultrapassados de um ambiente macroeconômico que já não existe.
- Oferece pensamentos que permitem aos líderes orientar-se firmemente nas novas realidades sociais, culturais, tecnológicas, comportamentais, políticas e econômicas.
- Propõe a "fluência situacional" como uma nova área de estudo — a capacidade de compreender e mover-se entre esferas multidimensionais e silos de especialização. A fluência situacional permite que os líderes juntem os pontos da realidade para criar uma nova narrativa global, uma que se baseie na nova abordagem de liderança.
- Propõe que a nova conectividade cruzada requer uma mudança de pensamento. A liderança atual compreende a profundidade da análise. A liderança do futuro precisará tanto de uma análise detalhada como de uma interpelação geral.
- Identifica oito áreas de mudança paradoxal que têm efeitos bons e ruins simultaneamente. Essas "superposições quânticas" estão no centro do problema que os líderes enfrentam. Elas são parte de um dispositivo chamado Cítera, que os líderes podem usar para navegar neste novo mundo.
- Aponta os perigos do excesso de confiança na análise e extrapolação com base em dados históricos. Propõe um modelo cíclico em vez de linear, que exige menos previsão de um único resultado e maior preparação para múltiplos. Destaca a importância da imaginação para o planejamento de contingências e crises.
- Sugere que a liderança necessita de melhor compreensão acerca dos valores qualitativos a longo prazo, bem como dos valores quantitativos a curto prazo. Os líderes do século XXI precisam desenvolver listas "do que ser" e "do que fazer".
- Conclui que a resposta econômica à mudança e à incerteza tem sido de curto prazo. A constatação criou um cenário

macroeconômico muito diferente do que aquele que prevaleceu. Durante o período mais longo da história, os governos baixaram as taxas de juros e imprimiram dinheiro para incentivar o crescimento a longo prazo. A medida criou uma dívida recorde e estimula a inflação, que contribui para a desigualdade e a instabilidade.

- Mostra que, ao contrário da visão comum de que a internet é deflacionária, ela tem efeito inflacionário. Prevê que novas moedas aumentarão o problema.
- Revê a natureza da mudança geopolítica na China, Estados Unidos, Rússia, Europa e Oriente Médio. Mostra também como a infraestrutura global está sendo construída a partir da China em direção à fonte de muitos dos recursos do planeta.
- Sugere que atores do mundo do espetáculo ou que atualmente lideram empresas (especialmente de tecnologia) podem tornar-se a proveniência de uma nova era de liderança política. Essa liderança cria e compreende muitas das tendências, e pode ser melhor em sua implementação de governo. Sugere ainda que os líderes políticos podem aprender com o estilo show business.
- Discute como o curto prazo, a impaciência e a pressão econômica desafiam a liderança e podem até perturbar a diplomacia e contribuir para o conflito, com implicações significativas para a liderança global em termos de transparência, fluxos de informação, sigilo e relações comerciais com algumas das economias de crescimento mais rápido do mundo.
- Explica que um novo mundo virtual e tecnológico está emergindo. Esse novo mundo pulveriza comportamentos, torna as relações humanas disruptivas e diminui a produtividade.
- Mostra por que estamos cada vez mais conectados, mas nos comunicando cada vez menos. Também explica por que a tecnologia faz com que as pessoas se sintam mais impacientes, irritadas e atomizadas.

- Prevê que a agitação pode ser defendida por um retorno aos valores duradouros, o que implica métricas de longo prazo, qualitativas e que procuram compreender as diversas necessidades das comunidades de líderes. Prevê que todas as organizações terão de demonstrar a forma como acrescentam valor às suas comunidades locais.
- Fornece "dicas rápidas" para quem não tem paciência para ler um livro que promove as virtudes da meditação.

## QUANDO NÃO É PERMITIDO QUE A MUDANÇA SEJA UM PROCESSO, ELA SE TORNA UM EVENTO

No trabalho diário dos últimos vinte anos, nós, os autores, testemunhamos uma crescente confusão nos fóruns de liderança do mundo, seja em conselhos de administração, comissões ou gabinetes governamentais. A incapacidade de compreender as polaridades causadas pelas mudanças tecnológicas resultou em uma poção tóxica de conflito, criando uma atmosfera quase revolucionária, que ameaça sobrecarregar os líderes. A liderança parece estar frequentemente em crise, pois uma sequência aparentemente interminável de revelações mina o respeito por quem está à frente.

Nunca houve, portanto, uma necessidade tão grande de evolução da liderança como agora. Este livro afirma que há um desequilíbrio no pensamento de liderança, impregnado no pensamento reducionista ocidental.

No contexto deste livro, definimos o pensamento reducionista ocidental como a tendência a aplicar a lógica estreita, dados, indicadores-chave de desempenho (KPIs) e pensamento quantitativo. Há razões para isso, como a constante sobrecarga de dados e as interrupções, que causam impaciência crescente e expectativas cada vez maiores quanto a liderança.

O racionalismo do reducionismo ocidental tem sido um grande fomentador do progresso científico. A capacidade de comparar, contrastar e analisar é frequentemente associada ao chamado pensamento do lado esquerdo do cérebro, que nos permite enveredar por dados, o que, por sua própria natureza, é um feito histórico. A conduta tende a ser de curto prazo, quantitativa e tática. Também tende a ser mais frequentemente associada a uma forma "masculina" de pensar.

Não há nada de errado com o pensamento analítico por si só, exceto que ele não é suficiente. Cultivar apenas essa perspectiva pode desperdiçar os insights que vêm do pensamento parental, ou inclusivo, o chamado pensamento do lado direito do cérebro, que foca no irracional — a crença, a fé e a confiança. Ele abrange valores estratégicos de longo prazo, tais como comunidade, espírito e propósito, e olha para a frente usando a imaginação em vez dos fatos.

Os cientistas têm mostrado que os lados esquerdo e direito do cérebro não são a proveniência exclusiva desses processos. Eles trabalham em conjunto mais do que se pensava anteriormente. Da mesma maneira, formas de pensar masculinas e femininas são complementares, e talvez se justaponham. O que está claro é que usar apenas uma parte do cérebro ou apenas um tipo de pensamento leva a resultados inferiores.

Há um poderoso movimento para equilibrar o gênero na liderança e nós o aplaudimos, mas apenas como um primeiro passo. De que serve ter igual representação se todos os gêneros são encorajados a pensar da mesma forma analítica? Devíamos procurar equilíbrio. É necessário observar: a liderança deve ser capaz de abarcar todos os tipos de pensamento, independentemente do seu gênero.

A pressão sobre os líderes para que desempenhem bons papéis comercial e operacional nunca foi tão grande. Eles são mantidos nas expectativas mais elevadas e sujeitos a críticas quase permanentes através das redes sociais. As organizações em que trabalham nunca foram tão transparentes. Quase todos os aspectos de suas vidas pessoais e profissionais são visíveis.

Além disso, suas visões são frequentemente obscurecidas por muita ou pouca informação. Consequentemente, cegaram-se por eventos cujos resultados foram indicados por pesquisas de dados, mas que acabaram de formas diferentes.

A razão para isso é o comportamento, que nem sempre é lógico. Nós também seguimos valores. Não adianta, por exemplo, argumentar que o Brexit forçará o resto da Europa a reformar-se ao estilo britânico. Talvez seja lógico para alguns, mas os valores da Europa abrangem mais do que apenas a lógica. Os europeus continentais foram muito mais afetados pela catástrofe da guerra, e estão mais motivados a procurar unidade e uniformidade.

Acreditamos que muitos líderes não trocam ideias o suficiente. Eles viajam constantemente, mas visitar um lugar não é o mesmo que entendê-lo verdadeiramente. Ninguém consegue seguir uma pessoa que não tem uma compreensão ampla.

É necessário algo que os militares chamam de consciência situacional ou fluência. Em outras palavras, os líderes precisam entender que o modo como as pessoas se sentem também *é* o que está realmente acontecendo. A leitura não depende apenas de dados. A verdadeira liderança combina lógica e emoção, tanto em curto como em longo prazo.

## Juntando os pontos

Os líderes muitas vezes lutam para unir essas capacidades. A sua formação é geralmente acadêmica — impregnada na tradição reducionista ocidental, que não considera importantes as habilidades mais subjetivas a fim de atingir o seu pleno potencial. Isso também significa que eles não podem extrair potencial dos outros. Se um líder quer ter sucesso, deve construir a confiança, que atrai seguidores.

Atualmente, apenas dezoito por cento das pessoas acreditam que os líderes empresariais são confiáveis.[32]

A mudança acontece, quer as pessoas estejam conscientes disso ou não. Tomadas individualmente, as mudanças que vimos desde a virada do século seriam um desafio para a liderança. Quando postas em conjunto, tornam-se desconcertantes. Está ficando muito difícil para os líderes dar sentido ao que parece ser um mundo cada vez mais desordenado. Isso ocorre principalmente com suas habilidades atuais de lógica, análise e comparação. Existe, contudo, um padrão claro em evolução, e não podemos mais liderar analisando os pontos separadamente; devemos aprender a juntá-los.

Uma das habilidades em que os seres humanos serão sempre melhores do que os computadores é a imaginação. Podemos usar temperatura, sons, emoções e aromas para interpretar a atmosfera. Podemos interligar comportamentos e situações para criar entendimento. Podemos sonhar. Podemos desenvolver a empatia. Nós temos curiosidade.

A liderança tem se tornado cada vez mais "profissionalizada" e classicamente educada, com qualificações formais, acadêmicas e técnicas. É claro que ajuda, mas temos de nos precaver contra a crença de que esse tipo de educação se encerra em si mesma. Os líderes talvez estejam excluindo desnecessariamente aqueles que vêm de diferentes origens educacionais. A educação também está mudando rapidamente.

## A mediocridade vem da certeza

Toda melhoria em liderança, especialmente na pós-qualificação, começa com a humildade de admitir a própria ignorância. Esse é um poderoso indicador de liderança real. A curiosidade é importante; na verdade, é um recurso-chave. Fazer perguntas como "por que isso aconteceu?", "por que fazemos dessa maneira?" e "e se fizéssemos de outro jeito?" não é sinal de fraqueza.

Pelo contrário, o desconhecimento de um potencial fracasso por excesso de confiança levou diretamente ao colapso de muitas organizações. Vamos explorar isto detalhadamente no capítulo 7. O fracasso é o pai do sucesso. Quantas tarefas ou habilidades todos nós já tentamos e falhamos? Os bebês, que dão os primeiros passos antes de cair, podem se levantar novamente por instinto, mas o fracasso posterior é superado pela determinação, encorajamento e até mesmo por uma sensação de diversão. O sucesso deve mais à determinação e atitude do que apenas à habilidade.

Essa reflexão não diz respeito a um pensamento raso e vago. A pesquisa de detalhes quantitativos faz parte do processo para encontrar a resposta. O oposto também é verdadeiro. Juntar os pontos é difícil. Requer ir contra processos analíticos familiares. Há, no entanto, pouco sentido em chegar ao topo da montanha se tudo o que você pode ver é um pequeno detalhe sob seus pés. A visão é a questão. Os líderes precisam mostrar a visão, e não apenas dar ordens. Isso só pode ser alcançado se todas as faculdades dedicarem-se à tarefa, como o pensamento analítico, sim, mas também a imaginação, a curiosidade e a emoção.

Os nossos próprios métodos e preconceitos determinam a visão do cenário geral e a visão dos outros. A solução é uma forma diferente de pensar que inclui mais insights disponíveis no século XXI. Você pode ser especialista em qualquer área, mas isso é profundidade, e não um parêntese. O que queremos dizer com isso? O modelo reducionista ocidental torna-se cada vez mais eficiente até chegar à sua encarnação final — o algoritmo, que diz respeito às informações mais relevantes com base no que você já consumiu. Também significa que o nosso conhecimento se aprofunda e se expande. À primeira vista, o pensamento parece requerer grande esforço, mas o oposto também é verdade. Excluindo todas as informações, exceto as obviamente relevantes, eliminamos as que são ostensivamente necessárias. E é aqui que reside, na maioria das vezes, a fonte da vulnerabilidade da liderança — o que ninguém anteviu, porque ninguém imaginou.

## MÚLTIPLAS CAUSAS DE FALHA DE LIDERANÇA

As causas do fracasso da liderança são geralmente as questões para as quais ninguém se planejou, porque ninguém as previu. Ninguém pensava que a falha sistêmica de todo o sistema bancário fosse possível, por exemplo. Em novembro de 2008, a rainha perguntou a alguns economistas britânicos o porquê de aquilo ter acontecido. Seis meses depois, os especialistas forneceram um documento de três páginas, assinado por alguns dos principais pensadores do país, culpando "o fracasso da imaginação coletiva de muitos especialistas".[33] Eles simplesmente não previram e não conseguiram imaginar que aquilo fosse possível. Atualmente, quantos líderes sofrem o risco de uma situação semelhante?

O líder é responsável pela cultura de pensamento de toda a organização. Dessa forma, podem liberar o talento humano latente e gerar confiança, o que é essencial para o sucesso. Isso é especialmente importante, porque o século XXI propõe problemas complexos e multidimensionais. Ele exige criatividade e imaginação, mas isso não pode acontecer se não respeitarmos as suas origens ou pré-condições.

Por que os líderes deixam de lado tantas técnicas úteis? As habilidades de eficiência e desempenho a curto prazo são altamente valorizadas. É impossível obtê-las sem qualidades de longo prazo, tais como como paixão, alegria, perdão, empatia, coragem (acima de tudo), compaixão, crença e humor. Esses são objetivos de longo prazo que parecem nunca ser abordados de forma credível. Essa é a marca do pensamento reducionista ocidental. O quantitativo é reverenciado, enquanto o qualitativo é depreciado, porque não pode ser medido. Nosso trabalho é mostrar aos líderes como e por que eles devem se engajar no pensamento inclusivo — para ter acesso a todas as ferramentas, pessoas e forças à disposição.

Fazendo isso, eles aprenderão a unir os processos dos lados esquerdo e direito do cérebro e casar o quantitativo ao qualitativo, e o curto ao longo prazo. Os líderes devem desenvolver visão bifocal: em vez de uma lente quantitativa e matemática, devem abrir os olhos também para as evidências qualitativas. Sim, queremos o microscópio que destrincha os dados, mas também precisamos de um telescópio que nos ofereça a visão do horizonte, e até mesmo das estrelas.

Precisamos expressar a nossa visão tanto interna como externamente. Atingir a verdadeira consciência da situação implica olharmos para os nossos próprios motivos de ação. Estamos liderando equipes com os nossos valores? Quais são eles? Importa que nos comportemos moralmente? Não é necessário excluir a análise quantitativa, mas acreditamos que podemos criar uma abordagem mais emulsiva, onde o dinamismo da liderança combina a lógica e a emoção. O objetivo é a aprendizagem permanente, e não instantânea.

Os líderes precisam verificar os seus vetores. A organização é excessivamente "masculina" e patriarcal em seu pensamento? Não são só as mulheres que acham o feminismo uma boa ideia. Talvez sejam preferíveis pensamento estrito, ideias robustas, objetivos rígidos e cálculos frios, mas há espaço para os valores que impulsionam as pessoas — a paixão, a alegria, o amor? Não se trata apenas de incluir mulheres nos conselhos de liderança, especialmente se elas apenas replicam o pensamento masculino. Pergunte a si mesmo que leque de assuntos o seu conselho de liderança poderia discutir. Números? Pesquisa? O que aconteceria se você quisesse discutir paixão e propósito? Você seria retirado da sala? A compaixão e o cuidado também não podem ser um valor corporativo? Ou será que esses valores precisam ser friamente referidos como responsabilidade social corporativa (RSC)? Quando nos referimos às pessoas como recursos humanos (RH) ou responsabilidade corporativa (RC), um pedacinho do elemento pessoal e humano desaparece.

O aproveitamento do potencial também requer o entendimento de que toda a competência segue a preferência — as pessoas ficam boas no que gostam de fazer. Isso significa que o processo nos negócios deve ser divertido. A sua liderança é divertida? É divertido segui-lo?

Isso não se afasta da ambição e do crescimento. Devemos ter o cuidado de assegurar que a abordagem tradicional "macho alfa" cria a realidade da velocidade e do progresso, e não apenas a mera ilusão dele. O maior não cria o melhor, mas o melhor pode criar mais. Temos visto incontáveis incidências de líderes que produzem tão rápido que não conseguem experimentar nada, e tudo passa a ser medido por tamanho, volume e escala: cliques, vendas, notícias ou acionistas. O que leva à imprudência.

Na hierarquia de cima para baixo, a liderança "macho alfa" faz, muitas vezes, a pergunta errada, gerando respostas incorretas. É importante, porém, permitir o acesso de baixo para cima ao sucesso, não apenas em termos monetários. Todos querem compartilhar o sucesso e dominá-lo. Parte da razão é que confundimos confiança com competência. Nós reverenciamos e recompensamos o excesso de confiança e dispensamos aqueles que verificam tudo cuidadosamente. Os líderes precisam se perguntar: alguém que verifica várias vezes as informações na sua organização é proativo ou neurótico?

Também devemos ter um processo de adaptação à mudança. Se não houver evolução, então o contexto levará à revolução. Com um processo, a mudança pode ser uma aliada. Sem ele, a mudança cria "eventos", que drenam tempo e confiança. Os eventos tornam-se, então, como a arquitetura. Primeiro, nós os moldamos; depois, eles nos moldam. Os líderes modelam os eventos e, em seguida, são talhados por eles.

Estamos falando de flexibilidade intelectual e emocional. Devemos ser capazes de alternar entre os dois. É uma qualidade que os jovens têm em abundância. Eles perguntam: Qual é o propósito desta organização ou comunidade? Qual é a sua história? A rentabilidade não é suficiente. O sucesso de uma organização pode ser medido através de sua influência, confiabilidade e capacidade de formar seguidores, bem como os propósitos relevantes a que serve. Os líderes devem compreender os valores que as suas equipes seguem. Eles têm de seguir os seguidores.

Isso é verdade tanto na política quanto em outras áreas de liderança. Como líder, qual é o seu propósito? A liderança não é nada se não for uma cruzada moral. Os bons líderes devem ter virtudes espirituais — não apenas comerciais, técnicas ou transacionais. A definição de negócios da Harvard Business School fala sobre isso: "É a gestão de relações sociais com fins lucrativos, onde o lucro pode ser financeiro." É uma questão de relações sociais.

Todos os líderes dizem que querem pessoas mais inteligentes, mas quantos reconhecem os diferentes tipos de inteligência?[34] Quanto mais habilidades ou experiências os líderes tiverem à disposição, maior será o nível de conexão que eles mostrarão às suas equipes.

Também temos de perguntar: qual é o preço de um erro sob a sua liderança? Vitória e derrota são apenas sinais de aprendizagem. Não são o "tudo ou nada". Se o fracasso não é aceitável, como podemos estimular a imaginação e a visão?

O objetivo aqui é substituir o pensamento analítico, economicamente eficiente, por uma abordagem mais equilibrada. Nossa meta é salientar que o excesso de capital aliado ao déficit de propósitos levará ao fracasso. Este livro aponta para as ineficiências ocultas e a crescente desilusão com a liderança. Fomos abalados em nossas fundações durante a última década: a crise financeira, o Brexit, numerosos eventos terroristas e os resultados das eleições presidenciais americanas de 2016. O cenário de hoje é diferente do que muitos esperavam e previam. Como os especialistas continuam errando? Pensamos que há outra maneira de enxergar a conjuntura com mais clareza a fim de que não fiquemos cegos de novo.

## Adquirindo fluência situacional

Às vezes, vemos algo que parece ser o caos, mas o que é o caos, exceto um padrão que ainda não compreendemos? Agora é o momento de se perguntar por que um novo mundo com novos líderes está surgindo.

Haverá diferentes forças, infraestruturas, centros, prioridades e objetivos. Agora é a hora de desenvolver melhor compreensão do mundo, de saber o que está realmente acontecendo, em vez de assumir que já o entendemos.

É o momento de adquirir fluência situacional para compreender os fatos a partir de uma perspectiva mais ampla. Só assim poderemos ter alguma esperança acerca do que é necessário para atingir o sucesso nesse novo ambiente fluido.

Para ajudar os líderes a alcançar maior fluência, realizamos uma série de conversas ao longo de 2017 e 2018, chamadas LEWIS *Advisory Board* (LAB). O objetivo do LAB foi transmitir uma imagem mais nítida e precisa da realidade, mesmo que ela não fosse como gostaríamos. O LAB teve o propósito de ouvir os líderes de sucesso explicarem como eles veem o mundo e tomam decisões comerciais. Realizamos essas reuniões por todo o mundo. Tivemos o privilégio de ouvir muitos pensamentos e testemunhar grande engenhosidade e determinação. Embora nem todos os líderes concordassem com todos os pontos aqui levantados, houve grande consenso acerca dos problemas.

O que encontramos foram líderes corajosos, preparados para encarar situações uma e outra vez, frequentemente lidando com pressões e riscos extremos. Alguns tinham uma visão limitada do mundo no que diz respeito a certas questões e, no entanto, estavam à frente de outros. Alguns acreditavam, por exemplo, que "todos os empregos estão indo para a China", ainda que os chineses estejam investindo em instalações em locais como os Estados Unidos e o México. Eles podem ter uma visão extraordinária do comportamento de seus clientes e de suas tendências mais amplas, mas podem se deixar ofuscar por forças e tendências macro. Uma visão macro em si não é muito útil para um CEO que dirige um negócio específico com foco restrito. A questão reside em como unir os dois aspectos de forma que ajude outros a melhorar a sua capacidade de navegar na paisagem global em rápida mudança.

Este livro procura, portanto, fornecer aos líderes a percepção e compreensão adicionais que advêm da união de componentes, tais como a corporação e o resto da humanidade. Queremos rever os países com uma narrativa conjunta em vez observá-los isoladamente; entender o futuro como uma função do passado. Nós queremos que as gerações se entendam melhor.

Por essa razão, fizemos sondagens através de muitas perspectivas. Pedimos ajuda a muitos líderes tanto do LAB como de outros em todo o mundo. Procuramos opiniões e pontos de vista de políticos e empresários sobre o nosso mundo em mudança. Falamos com artistas e almirantes, com consultores estratégicos e cientistas. Conversamos com políticos e empresários de todas as indústrias, nacionalidades, gêneros e faixas etárias.

Referenciamos essas pessoas no final do livro. A ideia era bastante simples: e se criássemos uma imagem pluridimensional, diversa, ampla e interessante do panorama geral —orientada para líderes de todos os tipos —, a fim de que pudessem construir fluência situacional com o mundo técnico, cultural, econômico e geopolítico em que trabalham? Nós também queríamos tornar o livro acessível aos leigos. Muitas das mudanças que ocorrem vão muito mais longe na sociedade e afetam todos os aspectos da vida e seus muitos relacionamentos.

Um obstáculo para escrever um livro com objetivos ambiciosos é qual estrutura utilizar, já que vários dos problemas que descrevemos estão interligados. Muitas das mudanças também têm efeitos paradoxais, dependendo do público, situação e localidade. Os efeitos são, por vezes, bons e maus ao mesmo tempo. Um físico poderia dizer que esses efeitos são superpostos quânticos.

Devemos organizar a análise por país, tendência, problema ou lição de liderança? Nossa hipótese é que a nossa confiança excessiva no pensamento analítico e redutor *é* parte do problema. Isso porque as mudanças que estamos vendo são, muitas vezes, paradoxais. Por isso, tentamos evitar uma análise muito estruturada. Afinal de contas, estamos tentando mostrar o panorama geral; neste contexto, a resposta da liderança é óbvia.

A LAB Cítera é a nossa resposta a esse desafio (figura 0.1). Ela é uma ferramenta de pensamento inspirada pela Anticítera,[35] um dispositivo grego altamente complexo descoberto em um naufrágio no Peloponeso em 1900, e considerado agora o primeiro computador da história. Foi usado para calcular a posição exata das estrelas, da Lua e de outros corpos celestes. É ainda um calendário, além de ser capaz de prever eclipses e fases lunares. Ele indicava até mesmo o tempo das atividades esportivas helênicas. A máquina é notável, porque não se imaginava que algo do tipo podia ser construído entre os anos 205 a.C. e 87 d.C. Os relógios astronômicos não haviam aparecido na Europa Ocidental até ao século XIV. As calculadoras mecânicas não chegaram à Europa antes do século XVI. A Cítera, portanto, capta a noção de que coisas inimagináveis, e até mesmo impossíveis, são, de fato, possíveis.

FIGURA 0.1 O MODELO DOS 8 "IS", OU "CÍTERA"

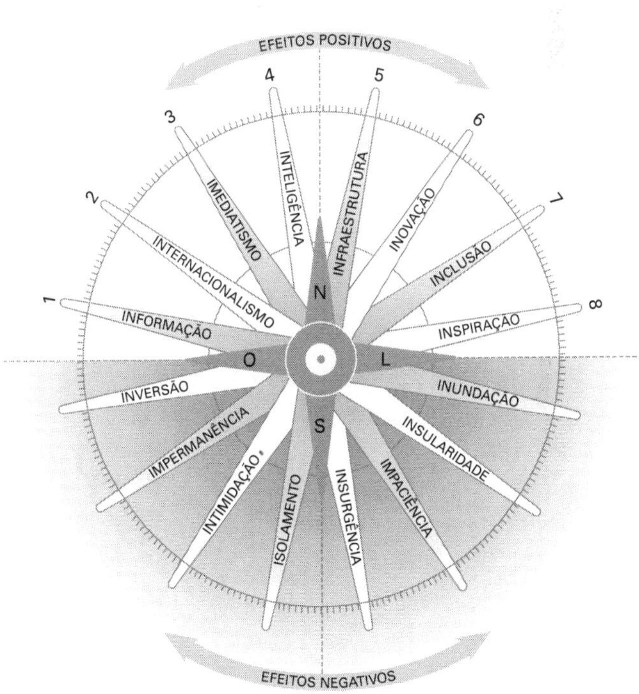

Em uma bússola, há quatro pontos cardeais: Norte, Sul, Leste e Oeste. Nós os utilizamos em conjunto com pontos colaterais, que proporcionam a sobreposição qualitativa e explicam os paradoxos bipolares que vivenciamos.

Imagine o projeto em quatro dimensões, como uma esfera de 360 graus girando. O objetivo é manter a esfera erguida e equilibrada em seu eixo. Quanto mais rápido a tecnologia mudar, mais rápido a esfera gira. Os eixos estão, portanto, sujeitos à força centrífuga, tornando-os cada vez mais polarizados.

O primeiro elemento óbvio do Modelo dos 8 "Is", ou Cítera, é que ele se divide em um lado claro e um lado escuro, que demonstram tanto o progressivo como os efeitos retroativos recíprocos criados pela mudança.

A seguir, você descobrirá os oito "Is". No sentido horário, eles são: Informação, Internacionalismo, Imediatismo, Inteligência, Infraestrutura, Inovação, Inclusão e Inspiração. As contrapartidas são: Inundação, Insularidade, Impaciência, Insurgência, Isolamento, Intimidação, Impermanência e Inversão.

Eles correspondem aos primeiros oito capítulos deste livro. O nono é um resumo.

Muitas das questões são interrelacionadas. Assim, nossos capítulos começam em uma área; depois, analisamos as lacunas para chegar a diferentes conclusões. No capítulo 1, começamos falando sobre a mudança de comportamento causada pela sobrecarga de dados. Terminamos discorrendo sobre como ela pode fazer com que o nosso pensamento seja dirigido pelo lado esquerdo do cérebro, androcêntrico, assunto que se conecta ao capítulo 7, sobre inclusão.

Da mesma forma, no capítulo 2, revelamos a economia mundial tal como ela é, e não como era. Muitos dos pontos de vista comuns sobre o assunto estão, agora, desesperadamente ultrapassados. As consequências das medidas econômicas de emergência da crise financeira ainda estão se desenrolando. A dívida global, pública ou privada, é, atualmente, três vezes o nível do PIB global. A natureza rápida e fluida da economia mundial mantém os líderes cegos e os deixa expostos a erros e interpretações erradas. O capítulo analisa o cenário e alerta para o aumento de resultados inesperados, tal como o retorno da inflação e os gastos sem precedentes com a defesa nacional.

No capítulo 3, analisamos os efeitos que a internet tem sobre o comportamento e os correlacionamos à crescente maré de impaciência. Vemos como a ascensão desse comportamento afeta seriamente os aspectos qualitativos das nossas vidas. O imediatismo da internet está criando grande flexibilidade e eficiência, mas também produz impaciência, incerteza e desigualdade.

No capítulo 4, olhamos mais de perto as mudanças filosóficas. Os enormes benefícios da inteligência e da compreensão, ao serem compartilhados, geram otimismo, ao mesmo tempo, apesar da abundância de informação, alguns optam por ignorá-la, o que cria medo, raiva e cinismo. Esse é um bom exemplo do efeito de "superposição", que pode levar a uma visão distópica *e* utópica do mundo futuro.

No capítulo 5, olhamos para as infraestruturas e a geopolítica do mundo e para como o Oriente e o Ocidente convergem em seus objetivos. Encaramos a ascensão de nações como o México, e como o grande empreendimento chinês *One belt, one road, one circle* vai mudar tudo. Contemplamos especificamente os Estados Unidos, China, Europa, Rússia e Oriente Médio. A interdependência é tal que nenhum líder global pode conceber sentido às mudanças diárias sem construir uma visão situacional fluente do mundo.

No capítulo 6, descortinamos como o advento das tecnologias vindouras modificará ainda mais as conjunturas. Revemos as oportunidades de liderança proporcionadas pelas novas tecnologias e como o mundo pode mudar. Buscamos unir ainda mais os pontos para descobrir até onde a tecnologia pode nos levar.

No capítulo 7, exploramos uma das tendências do capítulo 6: como a tecnologia está desintermediando as relações em todos os níveis. A liderança está profundamente ameaçada nessa esfera, porque o seu objetivo principal é a unidade de propósitos. Este capítulo analisa principalmente os efeitos de gênero de múltiplas tendências.

No capítulo 8, reunimos todos os aspectos vistos até então para entender como o mundo do século XXI inverteu profundamente os valores do século anterior. Nele, analisamos a forma como o ambiente de "espelho" desafia fundamentalmente todos os aspectos da liderança.

Finalmente, no capítulo 9, examinamos o que os líderes precisam neste momento para fornecer sentido ao futuro. Nós analisamos a natureza fundamentalmente paradoxal da mudança. Os líderes não podem gerir apenas pelos resultados positivos das transformações; eles também devem mitigar as perdas decorrentes delas que se avizinham, que — com maior escrutínio que o novo ambiente traz — pode decidir o seu destino.

Este é um livro que analisa a liderança através da lente quantitativa e qualitativa. Ele constrói uma perspectiva maior da liderança global, ao abordar tanto a tática quanto a estratégia. Além disso, aponta que o maior desafio do líder será libertar o potencial da mudança que se avizinha sem destruir aqueles que não querem ou não podem participar.

Este livro não trata apenas do que aconteceu ou do que vai acontecer, mas o que está acontecendo com *a maneira como os líderes pensam e percebem o mundo ao seu redor*. Ao permitir que os líderes pensem e equipem-se com um telescópio, e também uma lupa, esperamos encorajar melhores resultados e menos obscuridade.

Como disse o empresário Peter Thiel: o desafio é integrar o pequeno e o grande de tal forma que todas as coisas façam sentido. Para ele os estudantes de artes e ciências humanas podem aprender muito sobre o mundo, mas não aprendem habilidades profissionais através dos seus estudos. Os engenheiros aprendem grandes detalhes técnicos, mas não como podem aplicar suas habilidades na força de trabalho. "Os melhores estudantes, trabalhadores e pensadores integrarão essas questões numa narrativa coesa."[36]

O maior desafio que já enfrentamos está mesmo à nossa frente. A crise na liderança é clara. No passado, nossos predecessores encontraram a criatividade, a generosidade e a humanidade comum para enfrentar grandes crises com grandes pessoas e ideias.

Os olhos deles estão sobre nós agora. Será que vamos superar a mesquinharia e deixarmos de ser meramente táticos e crus acerca de nossas faculdades? Os mesmos predecessores nos convidam a olhar para trás através dos séculos e geografias, através dos períodos de fé cega e lógica convincente. Não precisamos de uma ala esquerda nem de uma direita. Não precisamos de uma abordagem masculina ou exclusivamente feminina. Precisamos de união. Precisamos de um senso comum de propósito. Precisamos de liderança. Nossos desafios exigem que combinemos nossas habilidades para alcançar um potencial individual e coletivo porque, evidentemente, não podemos alcançar o último sem o primeiro. Nosso planeta é um lugar pequeno e precioso demais para não ter a liderança equipada com o esforço e a visão de maior valor.

Durante a escrita deste livro, fomos abençoados por ouvir muitas vozes, por ter contato com muitas mentes e opiniões. Foi uma honra para nós estruturá-los e apresentá-los aqui, além de ter sido extremamente divertido. Esperamos que você também pense assim.

## Notas

1. http://fortune.com/2017/11/06/apple-tax-avoidance-jersey/
2. https://www.theguardian.com/environment/2015/oct/09/mercedes-honda-mazda-mitsubishi-diesel-emissions-row
3. https://www.reuters.com/article/us-deutschebank-libor-settlement/deutschebank-fined-record-2-5-billion-over-rate-rigging-idUSKBN0NE12U20150423
4. http://www.bbc.com/news/business-31248913
5. https://www.theguardian.com/business/2012/jul/17/hsbc-executive-resigns-senate
6. https://www.forbes.com/forbes/welcome/?toURL=https://www.forbes.com/sites/kenrapoza/2017/09/15/tax-haven-cash-rising-now-equality-at-at-least-10-ofworld-gdp/&refURL=https://www.google.co.uk/eferrer=https://www.google.co.uk/

7. https://www.theguardian.com/business/2016/nov/08/rbs-facing-400m-bill-tocompensate-small-business-customers
8. https://www.ft.com/content/87f72e9e-bafb-11e7-9bfb-4a9c83ffa852
9. https://www.theguardian.com/business/2008/dec/28/markets-credit-crunchbanking-2008
10. http://www.businessinsider.com/how-bernie-madoffs-ponzi-scheme-worked-2014-7
11. https://www.cnn.com/2017/06/29/world/timeline-catholic-church-sexual-abusescandals/index.html
12. http://www.bbc.co.uk/news/uk-43121833
13. http://www.bbc.com/news/education-11621391
14. https://www.livescience.com/59528-shootings-are-3rd-leading-cause-of-kids-deaths.html
15. https://www.telegraph.co.uk/news/newstopics/mps-expenses/5357568/MPsexpenses-Sir-Peter-Viggers-claimed-for-1600-floating-duck-island.html
16. http://www.foxnews.com/politics/2017/12/25/7-biggest-political- escândalos-2017.html
17. https://www.militarytimes.com/news/your-military/2016/09/12/report-wars-iniraq-afghanistan-cost-almost-5-trillion-so-far
18. http://www.nbcnews.com/id/22794451/ns/world_news-mideast_n_africa/t/study-bush-led-us-ward-us-false-pretenses
19. https://www.standard.co.uk/news/politics/damn-eu-referendum-result-shocks-world-leaders-as-britain-backs-brexit-a3280031.html
20. https://www.theguardian.com/education/2018/feb/11/thousands-of-teacherscaught-cheating-to-boost-exam-results
21. https://www.huffingtonpost.com/topic/teacher-sex-scandal
22. http://www.independent.co.uk/news/business/news/bae-systems-pays-400m-tosettle-bribery-charges-1891027.html
23. http://www.latimes.com/local/california/la-me-hinkley-20150413-story.html
24. http://www.bbc.co.uk/news/entertainment-arts-41594672
25. https://www.theguardian.com/media/greenslade/2014/feb/19/newsnight-lordmcalpine
26. https://www.telegraph.co.uk/news/uknews/crime/jimmy-savile/12172773/Jimmy-Savile-sex-abuse-report-to-be-published-live.html
27. http://www.bbc.co.uk/sport/athletics/43301116
28. https://www.theguardian.com/society/2013/feb/06/mid-staffs-hospital-scandal-guide

29. https://www.theguardian.com/law/2017/feb/02/iraq-human-rights-lawyer-philshiner-disqualified-for-professional-misconduct
30. http://www.bbc.com/news/world-us-canada-33739480
31. https://www.cnn.com/2017/08/21/politics/navy-ships-accidents/index.htm
32. https://hbr.org/video/5760615517001/the-authenticity-paradox
33. http://voxeu.org/article/invisible-hand-meets-invisible-gorilla-economics-meetspsychology
34. http://www.tecweb.org/styles/gardner.html
35. https://www.smithsonianmag.com/history/decoding-antikythera-mechanismfirst-computer-180953979
36. http://www.businessinsider.com/peter-thiels-stanford-class-2012-5

CAPÍTULO 1

# COMPREENDENDO OS EFEITOS DA SOBRECARGA

## *INFORMAÇÃO E INUNDAÇÃO*

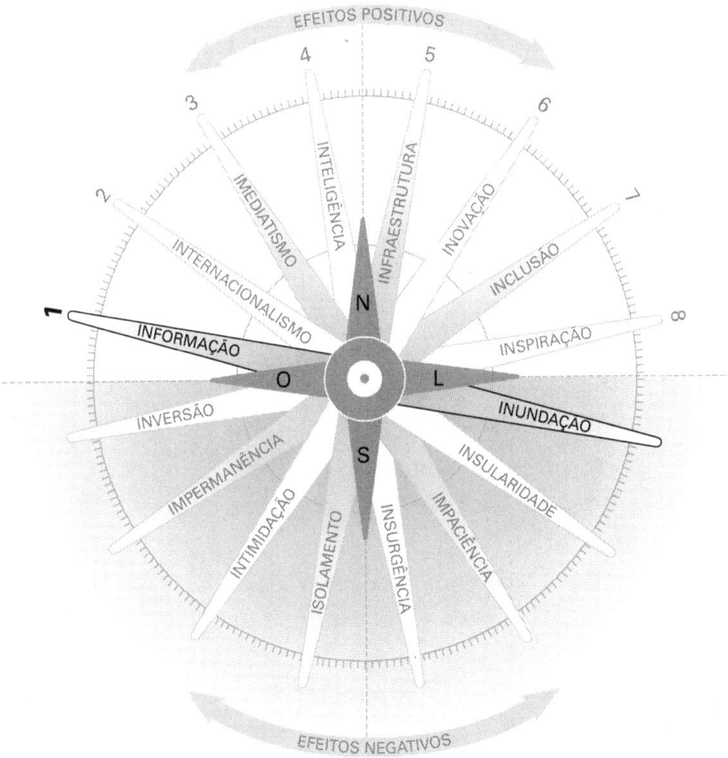

Há mais informação à nossa volta do que nunca. E-mails, notícias 24 horas e mídias sociais são fontes quase constantes de distração. Nós sabemos mais sobre o nosso mundo do que qualquer geração anterior. Também medimos tudo: nossos pesos, passos, ritmos cardíacos, o tempo que levamos para completar atividades, o nosso sono, as nossas ingestões calóricas... No local de trabalho, a compulsão em medir e analisar é ainda maior. Mas e se todas essas informações em que tanto confiamos para nossas abordagens lógicas e analíticas se tornaram tão abundantes a ponto de inundar a nossa compreensão?

Neste capítulo, vamos analisar como o volume e o tipo de informação estão mudando a cultura de liderança. Veremos como a sobrecarga mina nossa capacidade de dar sentido ao mundo ao interromper e mudar constantemente nossos processos de pensamento. Veremos também como a nossa própria filtragem e a de outros pode reduzir o campo de visão. Vamos olhar para as mudanças tecnológicas da última década e mostrar como, em muitos casos, elas têm criado efeitos paradoxais ao gerar polaridades que exigem um novo tipo de pensamento longe de uma análise isolada, que foca em metas de liderança a curto prazo, metas quantitativas (muitas vezes financeiras) e tangíveis, que marginalizam os processos de pouco valor econômico e ignora objetivos mais amplos da comunidade, como o cuidado e a compaixão. Os líderes precisam de mais equilíbrio entre os dois tipos de pensamento e mais fluidez para se deslocar entre eles.

Neste capítulo, trataremos dos seguintes assuntos:

- O processo do lado esquerdo do cérebro.
- O processo do lado direito do cérebro.
- A sobrecarga.
- Como a sobrecarga nos modifica.
- Como os algoritmos pioram o cenário.
- As informações têm relação com os lucros.
- A sobrecarga está prejudicando a nossa criatividade?
- Que tipo de indivíduos estamos nos tornando?

- O alarme dos números.
- Analítico *versus* parentético.
- Como as nossas perspectivas socioeconômicas ditam a compreensão.
- Um ambiente de realidade mista.
- Como a realidade muda o papel do líder.
- Como detectar os sinais de um líder comprometido.
- Conclusões.

Antes de continuarmos explorando o assunto, devemos rever como processamos a informação utilizando as duas principais técnicas que temos à disposição.

## O PROCESSO DO LADO ESQUERDO DO CÉREBRO

É o processo lógico e racional que encontra-se no cerne do reducionismo ocidental. Embora tenha suas raízes na Antiguidade, mais especificamente na obra de Aristóteles e Platão, suas aplicações modernas datam da época do Iluminismo, um movimento intelectual e filosófico do século XVIII que viu o florescimento da ciência e o recuo da teologia na Europa.

Em seu âmago, o reducionismo ou o processo do lado esquerdo, permite-nos comparar, contrastar, analisar e medir. Ele nos fornece a capacidade convergente ou analítica. Pela sua natureza, esse processo separa e atomiza, porque foca a atenção naquilo que é diferente. Os computadores são excelentes assistentes quando se trata de processar e decompor dados, porque se baseiam na lógica. Eles nos permitem calcular respostas e construir modelos complexos que podem ser executados e reexecutados para testar hipóteses e suposições.

A análise nos permite alcançar a resposta correta com total certeza, além de desenvolver o pensamento científico, e é a filosofia mais produtiva que a humanidade já abraçou. Por isso, a análise tem sido adotada por todas as nações mais avançadas industrialmente, em escolas, universidades, governos, entre militares e no comércio. Os intelectos mais habilidosos (definidos pela sua capacidade de usar a lógica e o pensamento racional) são os mais apreciados e procurados em todos os setores da vida.

Quando conhecemos alguém ou somos interrompidos, alertados ou distraídos de algo, voltamo-nos para o processo do lado esquerdo do cérebro, que ajuda a avaliar e julgar a informação, além do que precisamos fazer com ela, como e quando respondê-la. Essa capacidade analítica, lógica e redutora é tão poderosa e abrangente que suplanta quase completamente o outro grande processo que sabemos que existe, mas é mais difícil de detectar.

## O PROCESSO DO LADO DIREITO DO CÉREBRO

Esses processos não lidam apenas com o oposto do reducionismo, mas também com a síntese, a contextualização e a visão mais ampla. São chamados processos divergentes, porque procuram unir em vez de separar. Eles são mais lentos e dependem muito do que podemos chamar de processamento off-line. Como sabemos disso? Bem, é difícil provar cientificamente. A pesquisa *Too Fast to Think*[1] reuniu líderes de diversas origens, especialistas na tradição reducionista ocidental e que possuíam ao menos um diploma, alguns até dois, além de outras qualificações profissionais. Na pesquisa, eles responderam onde estavam quando tiveram as suas epifanias ou as suas melhores ideias.

Os resultados foram fascinantes. Na maioria das vezes, eles relataram que suas melhores ideias surgiram quando estavam longe de seu local de trabalho, exercendo alguma atividade não relacionada às suas funções e, o mais importante, sem que estivessem pensando no problema. Todos os líderes relataram que as suas maiores ideias surgiram quando estavam tomando banho ou na academia; enquanto dirigiam ou passeavam com seus cães; prestes a adormecer, ouvindo música, conversando, viajando em ônibus ou aviões. Em quaisquer lugares, menos em seus escritórios. Será mera coincidência?

Foi Einstein que disse: "A criatividade é o resíduo do tempo desperdiçado." A implicação é bastante clara. Quando não fazemos nada, produzimos muito. Einstein também acrescentou: "Se eu tivesse uma hora para resolver um problema, passaria 55 minutos pensando no problema e cinco pensando em soluções."[2] É improvável que o físico tivesse feito muitos progressos em seus problemas se fosse constantemente interrompido por e-mails e notificações de redes sociais.

O fato aponta para o poder do processo do lado direito do cérebro, mais lento e constantemente agitado, quer estejamos conscientes disso ou não. Ele se apresenta quando o processo do cérebro esquerdo recua por qualquer razão. Levando em consideração a sua própria natureza, torna-se difícil provar, mas sabemos que ocorre com muitas pessoas. Não usamos esse processo para pintar ou escrever; a capacidade criativa do lado direito do cérebro é uma parte importante de como resolvemos problemas e atingimos o máximo de nosso potencial. O processo do lado direito suscita crenças tais como fé, confiança e esperança, que são tão importantes quanto a lógica, se não ostensivamente credíveis.

## A SOBRECARGA

Nós enxergamos o mundo sob um oceano de informação e interrupção. A escala da sobrecarga e perturbação é enorme. Tome como exemplo o e-mail; de acordo com o Grupo Radicati, o usuário empresarial médio enviava e recebia 121 e-mails por dia em 2014, e esperava-se que o número aumentasse para 140 e-mails por dia até 2018.[3] Se considerarmos que um dia de trabalho possui cerca de dez horas, mesmo em níveis atuais, significa que uma pessoa recebe doze e-mails por hora, ou um a cada seis minutos, muitas vezes com um alerta.

Até o fim de 2018, esperava-se que o número de contas mundiais de e-mail crescesse de mais de 4,1 bilhões, em 2014, para mais de 5,2 bilhões. O número total de usuários de e-mail em todo o mundo, incluindo usuários empresariais e consumidores, aumentou de mais de 2,5 bilhões, em 2014, para mais de 2,8 bilhões em 2018.[4]

Nesse sentido, em média, verificamos os nossos e-mails pelo menos vinte vezes por dia.[5] Em um dia de trabalho comum, isso significa uma interrupção a cada vinte minutos. Adicione as notificações de redes sociais, como o Facebook, LinkedIn, Twitter, WhatsApp, Instagram etc., e então as interrupções passam a ocorrer a cada poucos minutos. Esses dados fazem de nós os indivíduos mais distraídos de todos os tempos. Deixamos de prestar atenção a tudo que não se ressuma a manchetes básicas. Uma pesquisa mostrou que os *millennials* verificavam seus aparelhos de telefone cerca de 150 vezes por dia.[6]

> **Dica Rápida:** Os líderes podem fazer uso de hubs, como o Hootsuite, para garantir que vejam suas mídias sociais em um só lugar. Os hubs também permitem que múltiplos canais, como Facebook, LinkedIn e Twitter sejam atualizados simultaneamente.

Já é difícil apenas acompanhar a informação recebida; ela agora encontra-se em muitos formatos e lugares, por isso não podemos fugir dela. Tantas pessoas nos enviam mensagens em diversas plataformas diferentes que não nos lembramos onde encontrá-las — WhatsApp, Facebook Messenger, LinkedIn, WeChat, Instagram — a lista continua. Os meios de notícias de atualidade são os mesmos — demasiados canais com demasiadas informações. É como tentar beber água a partir de uma mangueira de pressão.

Os usuários mensais ativos das plataformas de mensagens instantâneas já ultrapassam os números de contas nas redes sociais: usuários do WhatsApp, Messenger, WeChat e Viber superam em número os do Facebook, Instagram, Twitter e LinkedIn.[7] Muitos já utilizam esses canais para interagir entre si, e esperam que as marcas façam o mesmo.

As marcas atualmente lutam para responder às mensagens por causa do seu volume. Sessenta e seis por cento dos consumidores preferem interagir através de aplicativos de mensagens.[8] É lá que os chamados *chatbots* podem acrescentar valor para suprir essa lacuna (mais sobre isso no capítulo 6).

## COMO A SOBRECARGA NOS MODIFICA

Ao responder à sobrecarga, o nosso comportamento muda de muitas maneiras. Algumas pessoas estão sobrecarregadas com a implacabilidade da situação e optam por não participar. Outras criam janelas de tempo para lidar com o volume. A maioria de nós apenas começa a filtrar:

- notícias sobre a família. Agora podemos saber, mais do que nunca, o que um primo está fazendo. Recebemos atualizações em tempo real de pessoas que só ouvíamos falar uma vez a cada poucos anos;
- notícias sobre amigos. Agora não esperamos por um cartão ou até que eles voltem das férias; sabemos dos detalhes em tempo real;
- notícias sobre violência. Ouvimos falar de tiroteios, assassinatos, violência sexual, roubos e assaltos. Tomamos conhecimento de eventos que muitos pensam ser atos de terrorismo, mas que não são. Conhecemos o terror em tempo real. Podemos até ouvir as últimas palavras das vítimas;
- notícias de fontes que compartilham as nossas opiniões. Esse sempre foi o caso. A maioria dos consumidores de mídia sempre assinou canais que apoiam e refletem seus pontos de vista;
- histórias sobre celebridades. O *Daily Mail*, de Londres, é agora o maior site do mundo, tendo ultrapassado o *The New York Times*,[9] devido, em grande parte, à sua cobertura de fofocas de celebridades;
- histórias sobre gatos que se parecem com Hitler ("Kitlers", se você está se perguntando).

**Dica Rápida:** Líderes precisam impulsionar boas histórias e evitar pensamentos negativistas. Eles precisam lembrar as suas respectivas equipes de que o mundo nem sempre é tão terrível quanto parece.

A nossa informação também é estratificada, como se quiséssemos criar múltiplas realidades. Tome, por exemplo, um jogo de tênis. Podemos assisti-lo em primeira mão, de imediato. Podemos acompanhá-lo também nas redes sociais, ou na TV, um pouco mais tarde. É possível se informar sobre ele na imprensa, ainda mais tarde, e talvez em livros de história, muito depois de seu término.

Algo semelhante ocorre com o desempenho empresarial. É possível produzir um conjunto de resultados comerciais, depois esperar pelas mídias sociais, ler as atas, assistir aos principais meios de comunicação com comentários de contadores e de advogados. Em cada etapa, entendemos mais sobre a verdade. Porém, frequentemente não temos tempo para nada além das manchetes. Isso porque todos podem ver tudo como acontece a qualquer hora, em tempo real. Em cada etapa, no entanto, diferentes detalhes são liberados, pois a velocidade é inversa à verdade (figura 1.1).

Assim, podemos ver um evento que contém todos os mesmos fatos básicos, mas relatados de formas muito diferentes, o que nos oferece múltiplas versões da realidade, dependendo de onde o processo é unido. Nós damos prioridade à primeira versão da verdade que ouvimos.

Figura 1.1 Velocidade contra a verdade

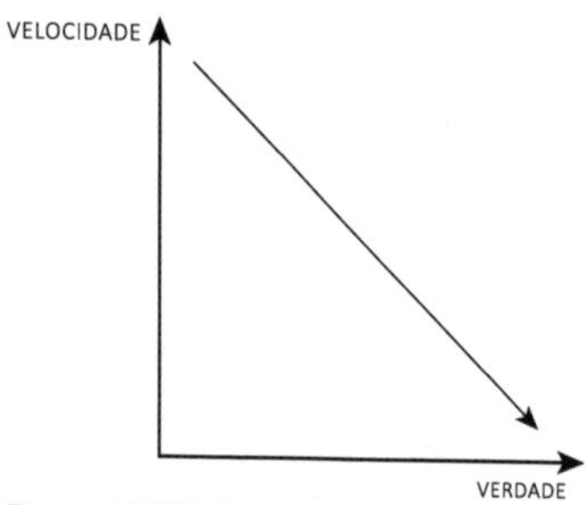


Fonte: LEWIS Rise Academy

## COMO OS ALGORITMOS PIORAM O CENÁRIO

Para tornar o fornecimento de notícias mais eficiente, os algoritmos da internet reconhecem quais as notícias que consumimos, então somos automaticamente servidos com mais informações acerca do que já mostramos interesse antes. Acabamos nos aprofundando inconscientemente em uma área de interesse, porque um algoritmo decidiu que é aquilo que queremos. Algoritmos focam a nossa visão no que já consumimos, negando-nos a capacidade de enxergar outros lados. Isso significa que, muitas vezes, estamos protegidos de informações que, por qualquer razão, normalmente não temos contato. É difícil ser tolerante com outras opiniões se nunca as ouvirmos. As redes sociais criam câmaras, ou silos, em que a capacidade de olhar para além do que está lá é minimizada. Não só não temos contato com outras opiniões, como também não nos importamos com a sua existência.

As interrupções constantes também têm outro efeito: o estresse. Sentimos falta de tempo constantemente. Não somos capazes de completar tarefas. Perdemos o fio dos nossos pensamentos. Sempre que tentamos nos concentrar, somos interrompidos, o que prejudica ainda mais a nossa capacidade de lidar com a situação. Isso mina a nossa confiança na tomada de decisões, porque há sempre alguém melhor informado.

## AS INFORMAÇÕES TÊM RELAÇÃO COM OS LUCROS

Por que, afinal, queremos as notícias? Será que é por desejarmos saber de fatos importantes? Bem, sem dúvida ter conhecimento de como está o trânsito ou o clima e de algumas notícias locais pode ser útil também para as nossas carreiras. Os provedores de notícias sabem, porém, que podem ganhar mais atenção se as notícias forem divertidas. Mas sejamos claros: o propósito da mídia não é informar;

é o lucro. Esse fator também influencia o que consumimos e como consumimos.

Escândalos, sensacionalismos e ameaça à comunidade há muito tempo são fontes de notícias. Uma boa história nunca é apenas verdadeira; é divertida. Nunca deixe que os fatos se interponham no caminho de uma boa história. Por que isso interessa aos líderes? Porque os líderes terão sempre histórias contadas sobre eles. Os líderes devem decidir quem conta a história e o que ela deve ser. Se não fizerem isso, o cenário pode ser muito diferente. Não há dúvidas, no entanto, de que haverá algo a ser contado.

É claro que as pessoas querem entretenimento, mas também querem validação. Querem concordar com as opiniões que ouvem. É por isso que os pontos de venda tradicionais têm sido divididos segundo linhas políticas, regionais ou de gênero. Agora a informação é tão intrincada que, em teoria, nunca mais precisaremos ouvir informações desagradáveis. Consumimos de acordo com os nossos gostos, mas depois nos perguntamos por que o mundo não faz sentido.

As implicações para todos os tipos de liderança são profundas. Mensagens sutis, lentas, chatas, complexas e sensíveis são filtradas. Portanto, se você estiver em qualquer tipo de papel de liderança, é difícil conseguir a atenção das pessoas, a menos que fale com paixão, emoção, e se vista escandalosamente.

## A SOBRECARGA ESTÁ PREJUDICANDO A NOSSA CRIATIVIDADE?

Em resumo, sim. As interrupções têm efeitos óbvios sobre nós. E quanto aos efeitos não tão óbvios? As distrações de curto prazo são, sem dúvida, um obstáculo ao nosso pensamento criativo sustentado e de longo prazo. O cérebro tem uma capacidade inerente de processamento profundo que continua operando mesmo quando não temos consciência disso. Só quando paramos é que os pensamentos têm a oportunidade de vir à tona e chamar a atenção da mente consciente. É a nossa capacidade inata de resolver problemas que dita o quanto do nosso potencial somos capazes de alcançar.

Não é que o smartphone não tenha grande utilidade para a humanidade. Ele nos conecta, pode nos tornar mais produtivos e mais conscientes. No entanto, há um custo de acesso. Apesar da simplicidade, o recurso mais difícil de usar no smartphone continua sendo o botão de desligar.

## QUE TIPO DE INDIVÍDUOS ESTAMOS NOS TORNANDO?

A filtragem de que falamos anteriormente é como um processo sedimentar: constrói-se gradualmente, camada sobre camada, numa visão do mundo. Nós nos tornamos mais:

- assustados;
- estressados;
- distraídos;
- aborrecidos;
- intolerantes;
- impacientes;
- cínicos;
- opinativos;
- informados (mas nem sempre de forma útil).

Ser constantemente alimentado com notícias e informações também cria uma falsa sensação de segurança de que sabemos o que está acontecendo. O problema é que pensamos que estamos escolhendo a informação que queremos, sem perceber que, em muitos casos, ela já foi escolhida por nós.

Até certo ponto, o fenômeno está estreitando o nosso campo de visão. Por isso, a análise deve sobrepor esse processo de consumo.

Neste mundo cada vez mais complexo e especializado, temos especialistas por todos os lados. Há mais graduados do que nunca. Indivíduos que gostam de opinar. A análise tornou-se o nosso método padrão para entender o mundo. Conforme explorado em *Too fast to think*, a análise faz parte do processo do lado esquerdo do cérebro. Essa área adora comparar, contrastar e analisar. A maioria das críticas advém de lá. É claro que também temos outro — o processo do lado direito do cérebro — que nos leva numa direção oposta à confiança, propósito e crença. Esses são elementos irracionais, mas, mesmo assim, vitais.

## O ALARME DOS NÚMEROS

É quase impossível entrar no mundo da liderança sem ao menos estar à vontade para lidar com números. Matemática, modelos e algoritmos são a linguagem de um sacerdócio financeiro que valoriza e mede tudo numericamente. Planilhas e balanços são os alicerces dessa religião.

Como resultado, diversos quadros corporativos em todo o mundo gastam cada vez mais tempo e dinheiro afiando as ferramentas analíticas para que triturem e processem dados em um ritmo cada vez mais rápido. Os administradores têm sido seduzidos pela promessa de que a tecnologia os ajudará a ter melhor desempenho. Quem sugerir que a resposta talvez não esteja nos números corre o risco de ser excomungado, mesmo sabendo que a contabilidade é apenas tão boa quanto os dados que atribuímos a ela. Isso se aplica a todas as indústrias e equipes de liderança. A filosofia principal é de que a tomada de decisão deve ser "orientada pelos dados", como se de alguma forma as informações qualitativas fossem inadmissíveis ou que os números não apresentassem nuances.

As competências numéricas por si só não equivalem automaticamente a melhor desempenho — veja o que os investidores não previram nos últimos anos, apesar das suas ferramentas matemáticas: a crise financeira de 2007, a Primavera Árabe, a recuperação econômica dos EUA, o Brexit e a crise dos imigrantes.

Por que não previram tudo isso? Parece que as forças mais importantes na economia mundial de hoje não são as que podem ser quantificadas ou antecipadas. Os líderes se afastam dessas áreas pela simples razão de que envolvem informações subjetivas. Se precisam lidar com esses campos, gostam de equiparar as pesquisas com fatos, preferem acreditar que as inclinações humanas podem ser sistematicamente medidas e valorizadas. O que impulsiona essas áreas têm relação com o nível de raiva na sociedade, a perda do sentido de comunidade e a destruição da esperança. A percepção de que a riqueza e o poder estão distribuídos injustamente e o fracasso coletivo da liderança são algumas das forças mais poderosas que os líderes enfrentam.

De que outra forma podemos explicar a raiva que resultou no posicionamento antissistema que deu origem a movimentos nacionalistas, como o resultado das eleições presidenciais americanas de 2016 e o Brexit? Como colocar um número na sensação de perda que leva os imigrantes em todos os lugares a suportar traumas físicos e emocionais profundos em suas buscas por uma vida melhor? Como atribuir um número ou medir a mentalidade anti-imigração que ganha força hoje em dia?

Considere o que o pai das pesquisas de opinião pública dizia sobre tudo isso. Daniel Yankelovich fundou a pesquisa original do *The New York Times/CBS*. Ele disse:

> O primeiro passo é medir o que pode ser facilmente medido. Não há prejuízos nisso. O segundo passo é ignorar o que não pode ser medido ou dar-lhe valor quantitativo arbitrário, o que é artificial e enganador. O terceiro passo é presumir que o que não pode ser medido não é tão importante; cegueira. O quarto passo é afirmar que o que não pode ser medido não existe. Ou seja: suicídio.

Talvez os líderes devam dedicar mais tempo à procura de novos métodos para medir o que não pode ser medido?

> **Dica Rápida:** Líderes devem avaliar os dados por valor, bem como por volume. Por exemplo, o conhecimento da jogada de um concorrente pode significar mais do que detectar uma tendência na sua própria organização.

Talvez precisemos, portanto, acrescentar algo novo ao arsenal de ferramentas existente — coisas que precedem os movimentos nos dados, incluindo histórias, metáforas, narrativas e sinais. Precisamos investigar o *zeitgeist* situacional e capturar o estado de espírito antes que os dados se aproximem. Alguns líderes podem ficar desconfiados ou horrorizados com a sugestão. Afinal, todos esses fatores estão sujeitos ao erro, pois também estão submissos ao julgamento humano; eles não podem ser cientificamente provados ou sistematicamente observáveis, porque as opiniões humanas variam demasiadamente. Mas talvez a indústria se entregue a essa noção, dado que o desempenho tem sido tão fraco há tanto tempo.

O grande problema da análise é que, pela sua própria natureza, ela se concentra em dados históricos e lógicos. Isso significa que se concentra no passado. Ela pode fornecer uma visão para a gerência, mas não ajudará a liderança.

Vamos dar um exemplo simples. Se analisarmos um carro, podemos concluir que ele é composto por sistemas como direção, transmissão, um motor e instrumentação. Eles trabalham em conjunto para criar um dispositivo de transporte benéfico para os humanos. Se o enxergamos parenteticamente, vemos como os sistemas do carro interagem com outros. Por exemplo, o carro utiliza combustíveis fósseis e os transforma em dióxido de carbono, que fere o bem-estar e a saúde de seres humanos. Afeta a calma de locais tranquilos e os transforma em locais barulhentos. Se aplicarmos dois processos intelectuais semelhantes, chegamos a duas conclusões paradoxais. O carro é, ao mesmo tempo, uma ajuda e um estorvo.

**Dica Rápida:** Os líderes devem utilizar tanto o microscópio quanto o telescópio; analisar todas as frentes, mas também saber como resumir uma situação.

Os líderes podem estar inclinados a recorrer a ferramentas baseadas em números, mas são, por definição, retrógrados — confiam em informações históricas. Dados, matemática, modelos e até mesmo algoritmos são todos voltados para o que já aconteceu. É fácil pensar que esses dados podem ser extrapolados para o futuro. Essa tendência parece especialmente estranha, e até irônica, visto que todos no meio administrativo sabem que os resultados passados não são garantia de desempenhos futuros.

Como se fosse necessário ressaltar que a liderança não é apenas uma ciência; é também uma arte.

Há aqui outro problema. Dados e eventos, quando analisados, dizem "o que" algo realizou, mas não explicam "por quê".

Precisamos de negócios que olhem para o futuro e saibam amarrar os dados em vez de apenas se basear no passado recente. É claro que é impossível prever cenários, mas é certamente exequível obter algum grau de "preparação". O que é necessário para se preparar para um futuro incerto?

Os fatos nem sempre falam por si, porque a imaginação é mais poderosa do que o conhecimento.[10] Há muitas maneiras de ser imaginativo, mas os negócios devem se envolver em práticas desconfortáveis, tais como estudos de caso. Nenhum líder inclina-se ao uso da imaginação quando pode empregar a lógica dura e fria. Os cenários levam os gestores à loucura, porque eles têm pouco tempo a perder com especulações. O caminho mais simples é, portanto, apostar no contrário de qualquer certeza. Se o consenso do mercado era de que

Clinton pudesse ganhar as eleições, que o Reino Unido permaneceria na União Europeia e que a OTAN e a Rússia não se envolveriam em conflitos militares, então valeria sempre a pena simplesmente cogitar o oposto.

Como dito anteriormente, a diferença entre gestão e liderança é que a gestão aprende a *realizar processos bem feitos*. Já a liderança diz respeito a *fazer as coisas certas*. São palavras muito parecidas, mas que, na verdade, são muito diferentes. A gestão tende a concentrar-se no passado; a liderança, no futuro.

Em seu livro *The metaphoric mind: a celebration of creative consciousness*,[11] Bob Samples disse:

> A mente metafórica é aventureira. É tão selvagem e indisciplinada quanto uma criança. Ela nos segue obstinadamente e nos atormenta com a sua presença enquanto perambulamos pelos corredores da racionalidade. É um elo metafórico com o desconhecido, chamado religião, que nos leva a construir catedrais — e as próprias catedrais são construídas com planos racionais e lógicos. Quando alguma crise pessoal ou o caos desconcertante da vida cotidiana se fecha sobre nós, muitas vezes nos apressamos a adorar a catedral, racionalmente planejada, e ignoramos a religião.

Essa ideia foi resumida mais tarde e, muitas vezes, erroneamente atribuída a Einstein como: "A mente intuitiva é um dom sagrado, e a mente racional, uma serva fiel. Criamos uma sociedade que honra o servo, e esquece o dom".

## ANALÍTICO *VERSUS* PARENTÉTICO

E se nos tornamos altamente dependentes do nosso processo reducionista ocidental do lado esquerdo do cérebro? Será que o fenômeno suscitou a obtenção de conhecimento que simplesmente nos abastece com o que já sabemos? Como isso pode ter acontecido, visto que a internet abriu possibilidades incríveis a nós? Conforme todos os grandes avanços da humanidade, não se trata da função, mas do uso. Será que a bomba atômica, apesar de ter sido a arma mais destrutiva já inventada, talvez tenha sido o motivo de alguma paz prolongada? A verdade, como sempre, é mais complexa. A internet cria efeitos iguais e opostos. É boa e má ao mesmo tempo. Seus efeitos são paradoxais.

Vamos examinar mais de perto os efeitos positivos, bem como os negativos, da informação. Se nos preocupamos em usá-la dessa forma, a informação nos dá visibilidade e transparência. Quanto mais informação tivermos, mais podemos compreender. Esse é um efeito bem conhecido, e talvez seja a maior vantagem da internet enquanto um dispositivo de compartilhamento de conhecimento e experiências.

Os efeitos contrários, porém, aparecem quando permitimos que a internet seja a principal fonte de comunicação e notícias. Dessa maneira, ela passa a ser uma interrupção, estreita o foco e diminui o tempo investido em interações face a face.

Mas e daí? Quem se importa se a conversa não se desenvolve? Bem, sem a capacidade de conversar, também se perde a eficácia da negociação, da resolução de problemas emocionais e a predisposição de ouvir pessoas comuns. Um dos fatores de popularidade e respeito relacionados à liderança é o tempo que os líderes gastam para cumprimentar e conversar até mesmo com as pessoas mais jovens dentro de uma empresa.

Pior ainda: em nível global, o panorama reduzido leva a níveis grosseiros de ignorância e, como veremos mais tarde, gera impaciência e fanatismo. O resultado líquido desse coquetel é um fervor revolucionário impulsionado por notícias mal digeridas e um vácuo estreito criado pelo curto prazo, pela ignorância e pela intolerância.

Já passamos por momentos assim na história. A monarquia dos Bourbons, na França, durou centenas de anos, mas foi, em parte, impulsionada pelas mídias sociais de sua época — os panfletos, que eram rapidamente disseminados, baratos, opinativos e conseguiam circular por grandes distâncias. Quando combinados à crise agrária de alimentos em 1789 e uma monarquia ineficiente, fizeram as condições para um levante popular efervescerem.

Os panfletos eram similares às mídias sociais dos dias atuais, mas não foram suficientes para impulsionar uma revolução. Para isso, foi necessário um catalisador de natureza existencial. Na França do século XVIII, a insuficiência da agricultura fez com que os preços dos alimentos subissem em um momento de descontentamento. As redes sociais da época, no entanto, fizeram as pessoas tomarem consciência do que estava ocorrendo, alimentando-as com material curto e escabroso, às vezes em formato pictórico.

Assistimos ao mesmo fenômeno atualmente. Muitas pessoas talvez não consigam ler os detalhes de um assunto em profundidade, mas também estão se tornando mais indispostas. O número de leitores de jornais está em declínio. O consumo televisivo está se tornando sob demanda e personalizado. Os padrões estão se tornando ainda mais difíceis de detectar.

Essa tendência não é nenhuma surpresa. Não analisamos mudanças climáticas através de informações sobre o clima. O olhar está muito próximo. O mesmo se aplica às notícias. Para compreender as transformações, devemos nos perguntar através de que lentes as analisamos. É provável que não haja sentido se o enfoque adotado aborda a enxurrada diária de notícias. Para obter sentido, precisamos nos dirigir a níveis mais elevados, de modo que possamos olhar para o outro lado a fim de ter em conta tudo o que acontece no mundo, desde a geopolítica à economia, passando pela análise sociológica e as principais mudanças culturais. Às vezes, quanto mais analisamos um assunto, menos sentido ele faz. É por isso que uma lógica oposta precisa ser aplicada, o que envolve também o alargamento ou reenquadramento para um contexto mais elevado. Assim, podemos juntar os pontos com o intuito de usufruir de uma visão mais clara das questões no contexto.

Precisamos de uma nova estrutura de entendimento que nos permita enxergar padrões, o que, por sua vez, melhora a nossa capacidade de antecipação. Talvez a única incapacidade das máquinas seja desenvolver o reconhecimento sutil de nuances humanas. Um ser humano pode ser capaz de ver *Le Déjeuner sur l'Herbe*, ouvir a Sinfonia nº 6 de Beethoven, sentir o cheiro da grama recém-cortada, pensar sobre algum sabor de sorvete ou em um momento feliz vivido com os amigos. Os computadores ainda não conseguem fazer isso, e, se conseguirem algum dia, seria sua última área de conquista.

Seres humanos também são hábeis em contextualizar conhecimentos, particularmente se tiverem ampla consciência sobre determinados assuntos. Se conhecimento gera conhecimento, então podemos dizer que o que faz as pessoas compreenderem é a habilidade de adicionar mais elementos a uma estrutura já existente. Para isso, é necessário ter a perspectiva de enxergar onde novos conhecimentos se encaixam. Muitas pessoas arquivam conhecimentos de formas diferentes em suas próprias estruturas. Quanto mais cedo começam, mais fácil se torna o processo de adquiri-los.

## COMO AS NOSSAS PERSPECTIVAS SOCIOECONÔMICAS DITAM A COMPREENSÃO

A extensão do que as pessoas compreendem depende exclusivamente de quais perguntas elas fazem. Em seu livro *Curious: the desire to know and why your future depends on it*, Ian Leslie aponta que crianças de grupos socioeconômicos mais baixos são muito menos propensas a questionar as autoridades do que as de comunidades de classes mais altas. Não se trata apenas de encorajamento; refere-se, também, à atitude da criança em relação às figuras de autoridade.[12] Crianças de classe média começam a vida com mais senso de direitos, e, com ele, adquirem vontade de desafiar autoridades, fazer perguntas e persistir até obterem respostas. Já adultos que não desafiam as autoridades desenvolvem esse comportamento desde cedo.

Outro fator-chave que inibe as perguntas é o medo: de críticas, de não querer parecer estúpido ou de ser reconhecido entre iguais como aquele que discorda. É importante que os líderes entendam isso. A discordância não é sinal de fraqueza. Pelo contrário, precisamos incentivá-la, a fim de maximizar os recursos da organização. Quanto mais vigias o navio tiver, menor é a probabilidade de colidir com algum iceberg. Isso significa que precisamos ouvir todas as opiniões, mesmo quando não gostamos delas.

Invariavelmente, o processo de questionamento diz respeito a como certos pensamentos se unem em um nível maior. Ele começa com o diálogo silencioso, que advém da contemplação. Não é fácil quando se encara a cacofonia do excesso de informações. Sim, paradoxalmente, abster-se do barulho e da confusão nos ajuda a obter maior compreensão através da contextualização. A corrente de novas informações inunda nossas estruturas de conhecimento, o que faz muitas pessoas alegarem que aprenderam algo novo apenas se esquecendo de um conhecimento existente. A nossa compreensão do mundo é limitada se tentarmos dar-lhe sentido dia após dia. A sobrecarga tem efeitos profundos no nosso pensamento. Ao nos inundar com informação, ela remove o tempo e a oportunidade de questionar, e esse é o trabalho mais importante do líder.[13]

É difícil escapar a uma conclusão desagradável acerca do assunto. A informação pode, ao mesmo tempo, melhorar a compreensão e diminuir a presença e as habilidades. Pode ajudar os líderes a compreender, mas também mina a sua curiosidade e impede que sejam eficazes.

## COMO A REALIDADE MUDA O PAPEL DO LÍDER

Os líderes chegaram à sua posição fazendo dos dados seus amigos. Da mesma forma, os golfistas atingem certo nível básico de proficiência ao se esforçarem. No entanto, o percurso de progressão dos golfistas exige que eles parem um pouco e relaxem ou usem outra abordagem.

O mesmo vale para os líderes. Sim, os dados são importantes para se chegar a um certo nível, mas, depois disso, não vale a pena se apoiar apenas neles. Você precisa descobrir com quem falar e quem ouvir. Sim, liderança é troca, não apenas comunicação. A troca incita negociação e resolução de problemas. A comunicação gera apenas dados.

O que é verdade para o indivíduo também é verdade para as organizações que existem em um nexo de informação. A gestão da comunicação não só se tornou uma profissão, com muitas pessoas responsáveis dentro de uma empresa, como também tornou-se grande parte do papel do líder. Mesmo no nível mais básico, o aumento da transparência desafia o mandato e a responsabilidade da liderança. O acesso mais amplo à informação encoraja a participação e a democracia entre os acionistas, membros da comunidade e eleitores. Não é de se admirar que os líderes empresariais se comportem mais como políticos. No entanto, tal como os políticos, nenhum líder empresarial pode fazer comentários ou consultas sobre todas as decisões a todo instante.

Então, quanto eles dizem a você, e quando? Saber com quais problemas lidar e quando é uma questão de julgamento constante. Muitas vezes, alguns líderes escolhem se esconder atrás de um turbilhão de notícias. O maior perigo nesse caso encontra-se durante as férias, quando o fluxo cessa.

Isso nunca foi tão verdadeiro quanto no mundo da política, onde muitos líderes frustraram-se tanto com a mídia que passaram a lidar diretamente com o público. O melhor exemplo disso é o presidente Trump. No caso dele, o Twitter é um canal não filtrado e direto, onde todos podem ouvir o presidente falar com as suas próprias palavras — para o bem e para o mal.

Discursar com o imediatismo submete a fonte à relação inversa entre velocidade e verdade (veja a figura 1.1). Se a fonte de entrada dos dados não for verossímil, então o resultado também não será.

Sob este aspecto, as redes sociais podem oferecer riscos à liderança. Chamaremos isso de a "Síndrome do Mágico de Oz", onde a percepção do líder varia inversamente ao acesso concedido. A familiaridade pode gerar desprezo.

## COMO DETECTAR OS SINAIS DE UM LÍDER COMPROMETIDO

Os efeitos físicos da sobrecarga são fáceis de detectar. Os líderes têm dificuldade em se concentrar ou são facilmente distraídos. Eles respondem a todos os e-mails o tempo todo, e se orgulham de uma rápida reviravolta. Se não entendem, muitas vezes, solicitam ainda mais informações. Eles chegam a conclusões surpreendentemente rápidas; não conseguem conversar e entender metáforas. Às vezes, tudo isso vem acompanhado por uma demonstração de autoconfiança suprema. A ignorância pode ser muito tranquilizadora.

> **Dica Rápida:** Os líderes podem criar "zonas de silêncio", em que não devem ser perturbados por 45 minutos, o que requer disciplina, mas vale a pena.

Quais são as salvaguardas de um líder contra o estreitamento do foco gerado pelo excesso de confiança e dependência extrema dos dados? Primeiro, é necessário ser capaz de reconhecer que a lógica e os planos são muito convincentes, mas, como disse o marechal Suvarov, "nenhum plano sobrevive ao contato com o inimigo". Talvez o professor Ian McGilchrist resuma melhor o poder da mente analítica[14] da seguinte forma: "O discurso do hemisfério esquerdo do cérebro é muito convincente, porque já tirou tudo o que não se encaixa em seu modelo e o eliminou. Esse modelo é inteiramente autoconsistente, em grande parte porque se tornou assim. Desta forma, o hemisfério direito (a imaginação) não tem voz e não pode argumentar."

Em outras palavras, precisamos manter a imaginação e a dúvida vivas nas salas de reuniões. A maioria dos líderes não chega ao cargo mostrando sinais de dúvida, normalmente ocorre o oposto. Quem hesita tende a não prosperar. É por isso que o papel dos administradores não executivos, mesmo em empresas privadas, é essencial. O seu trabalho é fazer perguntas, não confirmar suposições. Essa capacidade de questionar construtivamente é uma habilidade importante e sutil.

Pessoas com formação universitária são ensinadas a questionar e criticar frequentemente de uma forma direta, por vezes brutal. Mas as perguntas não precisam ser assim. Os questionamentos são uma forma de transmitir preocupação ou levantar um problema sem necessariamente fazer perguntas. "Você não se preocupa com isso?" é o mesmo que "você devia se preocupar com isso". A implicação, porém, é sutilmente diferente.

No livro de Ian Leslie, o autor aponta que "o futuro pertence às pessoas curiosas".[15] Esse é um ponto importante. Perguntas como "por que fazemos isso de forma tão convencional?" ou "o que acontece se a situação não sair conforme planejado?" precisam ser feitas. Talvez a maior questão levantada por Leslie é a de que quanto mais avançada a internet se torna, mais atrasados intelectualmente ficamos. Não precisamos fazer contas quando temos uma calculadora. Não precisamos saber de fatos quando temos a internet. Quanto mais inteligente for o motor de busca, mais estúpidas serão as perguntas. Os líderes precisam fazer perguntas inteligentes.

Leslie descreve os dias atuais como: "Em vez de um emburrecimento generalizado, é provável que estejamos a instantes de uma polarização cognitiva — a divisão entre quem é curioso e quem não é. Quem se vê inclinado a empregar jornadas intelectuais terá mais oportunidades do que nunca antes na história humana; quem apenas busca respostas rápidas às perguntas de outra pessoa cairá no hábito de repeti-las, ou nunca pensará no assunto."

Há aqui um ponto importante. A presença volumosa de uma mercadoria como, por exemplo, dados, não é, de forma alguma, um reflexo da sua probabilidade de utilização. Qualquer elemento em abundância é suscetível a valores reduzidos, o que se aplica tanto aos dados quanto às opiniões.

Assim, imediatamente, a informação pode proporcionar maior visibilidade e, portanto, cautela, mas também o oposto. Quanto mais dependentes dos dados analíticos nos tornamos, mais convencidos estamos de que só os números são suficientes. A dúvida é banida, e nós nos tornamos "acionados por dados".

## CONCLUSÕES

Desde a virada do século, temos visto um enorme aumento na sobrecarga de informação, o que produz efeitos bons e ruins, alguns imprevistos e outros paradoxais. A sobrecarga de dados nos obriga a filtrar informações que consideramos importantes ou relevantes; isso significa que temos mais contato com notícias ruins do que com as boas. Também cria uma abordagem binária, uma vez que resumimos, em velocidade, para decidir se algo é bom ou mau, relevante ou não, gerando, assim, uma mudança de comportamento, nem sempre para o bem. A longo prazo, mais informação qualitativa é, muitas vezes, perdida, por duas razões principais. As interrupções nos forçam a andar mais depressa, entregando a prioridade apenas ao que precisamos em determinado momento. Elas também nos forçam a ativar um conjunto de mentes analíticas, porque, quando somos constantemente interrompidos, operamos no modo "comparar, contrastar, analisar". Esse é o processo do lado esquerdo do cérebro, que se concentra nos objetivos a curto prazo, quantitativos e imediatos. Esse enfoque restrito leva à perda de informações vitais que podem estar escondidas no cenário. Com isso, gera-se excesso de confiança baseado apenas nos números e na lógica, e a crença inabalável na "retidão" ou uma completa ausência de dúvida. Aumenta-se, então, o risco e marginaliza-se o pensamento qualitativo a longo prazo e, em última análise, a diversidade na liderança. Isso porque a liderança se torna menos qualitativa e menos focada em elementos intangíveis, como interesses comunitários de longo prazo, gênero, etnia e assim por diante.

A implicação é que, naturalmente, a informação pode ser útil e uma grande vantagem para a eficiência. Infelizmente, isso também vem com efeitos colaterais que têm um impacto negativo no comportamento.

A esmagadora quantidade de informação leva a uma sobrecarga que reduz nossa atenção a um pensamento mais analítico, de curto prazo e tangível, em detrimento de qualidades de longo prazo, mais confortáveis e menos mensuráveis. Podemos não estar imediatamente cientes disso, mas, com o tempo, a mudança se torna cada vez mais clara.

## NOTAS


1. Lewis, C. *Too Fast to Think: How to reclaim your creativity in a hyper-connected work culture*. Londres: Kogan Page, 2016.
2. https://quoteinvestigator.com/2014/05/22/solve
3. http://www.radicati.com/wp/wp-content/uploads/2014/01/Email-Statistics-Report-2014-2018-Executive-Summary.pdf
4. http://www.radicati.com/wp/wp-content/uploads/2014/01/Email-Statistics-Report-2014-2018-Executive-Summary.pdf
5. http://fortune.com/2012/10/08/stop-checking-your-email-now
6. https://www.inc.com/john-brandon/science-says-this-is-the-reason-millennials-check-the-ir-phones-150-times-per-day.html
7. http://www.businessinsider.com/the-messaging-app-report-2015-11
8. https://www.twilio.com/learn/commerce-communications/how-consumers-use-messaging
9. http://www.dailymail.co.uk/news/article-2092432/MailOn-line-worlds-number-Daily-Mail-biggest-newspaper-website-45-348-million-unique-users.html
10. https://manyworldstheory.com/2012/11/26/einsteins-imagination-is-moreimportant-than-knowledge
11. Samples, B. *The Metaphoric Mind: A celebration of creative consciousness*. Massachusetts: Addison Wesley Longman, 1976.

12. Leslie, I. *Curious: The desire to know and why your future depends on it.* Nova York: Basic Books, 2015.
13. https://hbr.org/2017/01/being-a-strategic-leader-is-about-asking-the-right-questions.
14. https://www.ted.com/talks/iain_mcgilchrist_the_divided_brain
15. Leslie, I. *Curious: The desire to know and why your future depends on it.* Nova York: Basic Books, 2015.

CAPÍTULO 2

# COMPREENDENDO UM NOVO TIPO DE ECONOMIA

## *INTERNACIONACIONALISMO E INSULARIDADE*

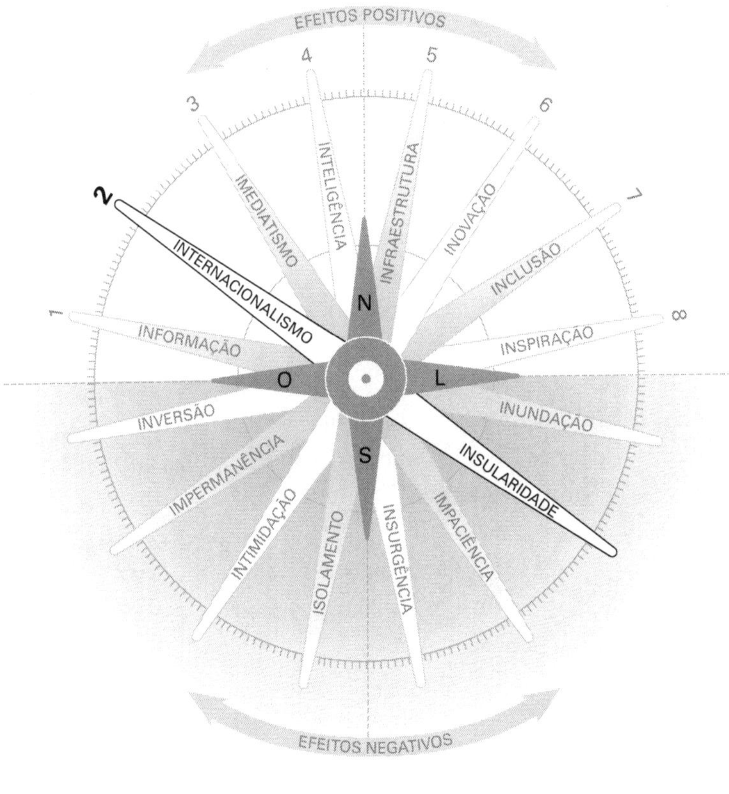

Este capítulo ajudará os líderes a fortalecer a consciência acerca da economia mundial da forma como ela *realmente* é, não como era ou como se espera que seja. Essa é uma capacidade vital para gerar confiança de funcionários, clientes e até mesmo agências reguladoras. Líderes que se respaldam em noções desatualizadas sobre a economia mundial não só dificilmente inspiram confiança, como também são um perigo tanto para investidores como para empregados.

A barreira à fluência situacional é a distração efêmera. Muitas vezes estamos demasiado ocupados prestando atenção às ondas para notar a maré, e é por isso que temos de buscar a fluência situacional — é função do líder saber onde está e para onde vai. Muitos líderes se ocupam tanto com os seus negócios diários que acabam não percebendo mudanças no horizonte macroeconômico. Eles podem cair em falácias comumente aceitas, tais como "todos os empregos de manufatura estão se mudando para a China", ou "os aumentos das taxas de juros causam queda nas bolsas de valores". Como todos nós, os líderes são produtos do seu passado; logo, sob pressão, recorrem a comportamentos antigos.

"Evitar a regressão" também se aplica ao pensamento dos líderes. Eles alcançam sucesso em sua lógica e capacidade de leitura dinâmica. Depois disso, precisam de uma visão mais ampla para obter o contexto completo. Por exemplo, em teoria, mercados globais mais conectados podem tornar as economias mais eficientes. Na realidade, o aumento dos laços comerciais pode criar internacionalidade, que, por si só, é proveniente da insularidade como um retrocesso.

Muitos líderes não estavam preparados para os chamados eventos imprevisíveis impulsionados pelo populismo, tais como a eleição de Donald Trump, a decisão do Brexit, o resultado da última eleição geral e assim por diante. Eles deixaram passar a ascensão das mídias sociais e ainda hesitam em capacitar suas equipes para manobrar livremente por esse espaço.

**Dica Rápida:** Os dados não são a verdade universal. Os líderes precisam andar pelo escritório e falar com o máximo de fontes possível. Comunicação e informação não são suficientes. Trocas e opiniões importam. Confie nas pessoas, não apenas na matemática. Os líderes podem alcançar esse patamar utilizando as redes sociais como uma ferramenta para ouvir.

O cenário macroeconômico é especialmente importante para os líderes, porque precisam compreender o futuro. Eles podem trabalhar em organizações insulares, mas, sem um entendimento da economia mundial, cometerão erros, que serão lembrados, ampliados e escrutinados mais tarde. Não há problema em cometer erros. Todos os cometem, mas muitos erros criam dúvidas, atrasos e danos.

Líderes negociam com base na experiência, mas também devem negociar com esperança.[1] É o que os define. O passado, porém, não é um guia completo para o futuro. Por exemplo, muitos líderes cresceram em um mundo pós- Muro de Berlim. Isso traz certas suposições que podem ainda não ser válidas. É sempre difícil para qualquer líder reconhecer que muito do que eles sabem pode ser obsoleto. A primeira tarefa da liderança esclarecida é, portanto, a dúvida cultivada. A certeza opinativa é a marca da mediocridade.

É claro que os dados ainda importam, mas, cada vez mais, a imaginação também. Vivemos em uma economia mundial em que os dados e os fatos parecem se contradizer cada vez mais. Podemos pensar, por exemplo, que as pessoas estão em uma situação econômica imensamente melhor após muitos anos de crescimento. Essa informação, vista isoladamente, não nos conta toda a história, como, por exemplo, se a inflação corre acima do crescimento. As pessoas podem acreditar que a economia global não as ajudou, ainda que muitas saiam da linha da pobreza muito mais frequentemente do que antes. Os líderes precisam reavaliar suas posições constantemente e distinguir entre o que os dados indicam e como as pessoas se sentem de fato. De forma semelhante, o governo afirma que não há inflação, mas muitas pessoas constatam que os aluguéis, o custo da saúde e o de vida em geral aumentaram. Isso gera suspeitas e dúvidas, e faz desmoronar a confiança.

A natureza dos dados também está mudando. Países, empresas e comunidades atualmente dependem de formulários em papel para saber como a economia está se saindo. Dados automatizados recolhidos a partir de sensores, no entanto, estão prestes a substituí-los. No futuro, eles serão transferidos através de estruturas de *blockchain*, imutáveis e verificadas independentemente, oferecendo altos graus de confiança acerca da autenticidade das informações. Falaremos sobre isso mais tarde. Os sensores em tempo real podem revelar o que o público já sabe — que governos e empresas nem sempre foram tão honestos ou transparentes como se supunha. Em outras palavras, a rapidez e a exatidão dos dados trará mais perguntas sobre a conduta.

Como os líderes podem gerir melhor um ambiente macroeconômico em rápida mudança? A resposta do LAB é que eles devem parar de tentar prever o futuro e começar a se preparar para ele. Há uma diferença entre prever e se preparar. O primeiro antecipa um resultado. O último, porém, planeja uma série de resultados. A tradicional abordagem racional do lado esquerdo do cérebro encoraja os líderes (e os comentaristas) a se engajar no pensamento linear e em previsões. O mundo, porém, não é linear; é mais provável que seja cíclico, como William Strauss e Neil Howe apontaram em *The Fourth Turning*.[2] O verão é mais parecido com o verão passado, enquanto estação do ano, do que com a primavera, a estação que o precedeu.

Neste capítulo, então, vamos analisar os dados, mas também tentar enxergar percepções e sentimentos. Vamos discutir novas ideias e destruir alguns mitos. Conversaremos sobre:

- O medo que atravessa a paisagem econômica.
- O medo não respeita os dados.
- Revelações *offshore*.
- Quem se esquiva e quem se abstém.
- O tipo errado de dados.

- "Não me diga que não há inflação."
- Como a inflação está camuflada.
- Hedônica.
- A topografia da inflação.
- Conheça a causa da inflação — dívidas, dívidas e mais dívidas.
- Má liderança esconde más notícias.
- Nada novo sob o sol.
- No cargo, mas não no poder.
- A internet é deflacionária ou inflacionária?
- Está na hora de ser nerd.
- A solução definitiva para a inflação — esmague-a.
- Criptomoedas.
- Uma bolsa de valores em expansão.
- É igual no mundo todo: a culpa é dos pobres e os ricos ficam com tudo?
- Vivendo no presente, mas destruindo o futuro.
- Implicações da liderança nas mudanças econômicas.
- Conclusões.

## O MEDO QUE ATRAVESSA A PAISAGEM ECONÔMICA

Uma das características persistentes da economia global é a sua constante mobilidade. É a única coisa com que os líderes podem contar, mas alguns não enxergam mudanças porque não as procuram. Talvez haja boas razões. Como o escritor americano Upton Sinclair apontou, o problema da mudança é esse: "É difícil fazer um homem entender algo quando o seu salário depende da sua incompreensão."[4] Schumpeter chamou o processo de mudança econômica de "destruição criativa".[5] Ele assumiu que a mudança destruiria negócios e empregos, mas também criaria outros. Hoje em dia, as pessoas não têm tanta certeza. Agora, tememos a robótica, a automação, os novos concorrentes e muito mais. Tememos, porque os velhos métodos não estão funcionando mais tão bem; no entanto, os novos são difíceis de entender. As pessoas se perguntam por que todos estão tão enraivecidos; em parte, é porque todos estão muito assustados.

Quando confrontadas com mudanças inesperadas, o medo leva as pessoas para um lado da Cítera — a insularidade, o nacionalismo e o protecionismo. Os líderes têm outras opções, no entanto. Eles podem, em vez disso, compreender o medo, enfrentá-lo e inspirar as pessoas para o lado mais positivo, onde encontramos o internacionalismo, maior comunicação e comércio. É assim que eles lidam com a esperança. É difícil, porém, para os líderes inspirar ou orientar se o seu entendimento do cenário econômico está desatualizado. Eles podem acabar tão surpreendidos quanto todos os outros.

## O MEDO NÃO RESPEITA OS DADOS

Então, qual é a verdade sobre a economia mundial? Há uma sensação palpável de que algumas pessoas sentem que a economia global não produz o resultado desejado. A desigualdade de rendimentos tem aumentado, e as classes médias em todos os lados são esmagadas pelo aumento dos custos. Muitos já não acreditam que ficarão ricos antes de envelhecer. No mundo industrializado, os níveis recordes de dívida contribuem para um sentimento de presságio, culpa e medo, já que todos esperam por um acerto de contas. Foi dito que a dívida mataria o crescimento.[6] As projeções, no entanto, têm-se revelado consistentemente erradas. Descobrimos, porém, que quase todo o globo está crescendo mais do que nos últimos anos. A economia mundial tirou mais pessoas da pobreza durante os últimos trinta anos do que em qualquer outro momento da história da humanidade. Isso é verdade globalmente, mas não no ocidente, onde as pessoas continuam com medo de que a automação, a robótica e a inteligência artificial tomem seus empregos. O culminar de cem anos de automação implacável, contudo, é quase um recorde de cargos. O aumento dos juros fez os mercados de bolsas subirem e não caírem até agora. Os paradoxos entre a sensação e a mente contribuem para a incerteza, o que enfraquece a confiança no sistema econômico global e nos líderes que o dirigem. O medo irracional e os fatos vivem confortavelmente lado a lado.

## REVELAÇÕES OFFSHORE

Por essa razão, os líderes não só devem entender melhor a economia, como também como as pessoas se sentem. Por exemplo, no rescaldo da crise financeira, o público e os líderes ficaram chocados ao descobrir o tamanho do mercado financeiro *offshore*. Antes disso, as pessoas não tinham sequer notado que havia um sistema bancário escondido. Depois, com o lançamento dos documentos e revelações sobre o caso Appleby,[7] os especialistas e o público começaram a perceber que o sistema financeiro *onshore* era uma fração do tamanho do sistema *offshore* (que é de cerca de 21 a 32 trilhões de dólares).

O público não compreende o sistema bancário, mas tornou-se claro que os reguladores e especialistas também não. Ou eles não o conhecem tão bem quanto deveriam ou, mais provavelmente, apenas fazem vista grossa. Escrevendo para o *Financial Times*, Gillian Tett explicou a lógica em *The Copernican Revolution*.[8] Ela descreveu a súbita percepção de que o universo financeiro não está tão alinhado como o público pensava: "Eles não conhecem mais o gerente do banco pessoalmente. Um algoritmo decide tudo agora. O público sente que o sistema financeiro está injustamente manipulado contra eles em nível global e local."

## QUEM SE ESQUIVA E QUEM SE ABSTÉM

O sentimento aumenta através da constatação de que a política fiscal não trata todos os participantes da mesma forma. A população assiste a serviços públicos serem cortados, enquanto, de alguma forma, grandes empresas e ricos tiram proveito das lacunas do sistema fiscal. Eles depositam o seu dinheiro no estrangeiro, enquanto as pequenas empresas e os pobres suportam o peso dos impostos mais elevados e dos custos de conformidade. Claro, é tudo perfeitamente legal. A grande piada nos círculos fiscais é de que a evasão fiscal é legal, quando não é. Tal é a profundidade do humor contabilístico: brincar com as leis e regulamentações fiscais pode ser perfeitamente legal, mas os impostos e a lei sempre pesam mais sobre aqueles que são menos capazes de carregá-los. Tais políticas são injustas e não confiáveis. Mesmo assim, as grandes empresas e os ricos sentem-se injustamente perseguidos, enquanto as pequenas empresas e os pobres se sentem injustamente sobrecarregados.

A comunidade *offshore* queixa-se de que é muito caro construir a economia do amanhã se eles voltarem para o próprio país. A economia *onshore* não combina com o *offshore*, e vice-versa.

> **Dica Rápida:** Quanto mais os líderes ascendem, mais precisam entender como o sistema é regido. A transparência não exala, por si só, confiança, mas ao menos diminui a percepção de falcatruas.

## O TIPO ERRADO DE DADOS

As revelações sobre a economia *offshore* ilustram uma verdade óbvia: os governos são insulares e nacionais. A economia é internacional e global. Os dados sobre a economia são domésticos, mas os fluxos de transação são internacionais. As políticas em um país podem afetar economias no exterior. Tendências internacionais podem dominar a política nacional. Temos dados suficientes para saber o que é o quê? Estamos melhorando quanto à coleta de dados e análises diárias acerca da tecnologia, mas o problema persiste, como veremos no capítulo 6. A busca pelo nacionalismo como resposta credível a esse tipo de problema internacional ilustra perfeitamente que a liderança política raramente é lógica.

Os líderes do século XX pensam em termos de pontos de dados. Um líder moderno precisa entender que os dados são como uma onda. O nível de inflação, por exemplo, pode ser descrito como dois ou três por cento, mas é uma média em toda a economia. Os ricos podem não sentir inflação alguma; já os pobres a experimentam porque ela os atinge de forma desproporcionalmente dura. O Índice de Preços ao Consumidor (IPC) pode ser, digamos, inferior a dois por cento, mas muitas pessoas encontram dificuldades em pagar o aluguel. Em outras palavras, não é mais tão útil descrever a economia com pontos de dados estáticos, mas pensar nas ondas que a atravessam, que atingem com mais força, mais cedo ou mais tarde, uns e outros. Os economistas têm o prazer de estabelecer os preços, mas não de considerar a dor que as mudanças causam.

Considere o preço de medicamentos prescritos. A taxa de inflação global nos Estados Unidos em 2017 foi de 2,2 por cento,[9] mas o preço de um comprimido de 100mg de Viagra saltou para 39 por cento. O preço da morfina subiu 93 por cento em 2017, quando o custo passou de 30 dólares por um frasco com 25 comprimidos para 58 dólares. Outro analgésico, o Chantix, saltou 29 por cento em 2017.[10] Dizer às pessoas que a sua taxa de inflação é de apenas 2,2 por cento insulta a inteligência e mina a confiança da população. O custo global dos cuidados de saúde também está aumentando. A Evercore ISI estima que a família média dos EUA gasta cerca de quatro mil dólares por ano em cuidados de saúde.[11] Esperava-se que esse valor aumentasse 25 por cento em 2018 chegando a cinco mil dólares. O problema é tão grave que tanto o presidente Obama como o presidente Trump fizeram dele uma questão central de suas campanhas políticas, embora de perspectivas opostas. Três dos mais respeitados líderes empresariais dos Estados Unidos, Warren Buffet; Jeff Bezos, da Amazon, e Jamie Dimon, da JP Morgan, anunciaram em conjunto a intenção de introduzir um novo sistema de saúde para baixar o custo de seus quinhentos mil funcionários.[12] Esse não é um fenômeno puramente americano. O Serviço Nacional de Saúde no Reino Unido está sob constante pressão de preços. Cada vez mais, é exigido dos cidadãos que paguem uma parcela maior do orçamento público em custos de saúde ou que paguem mais por tratamentos específicos.

## "NÃO ME DIGA QUE NÃO HÁ INFLAÇÃO"

Os custos de habitação também estão aumentando. Os aluguéis em todos os Estados Unidos estão a um máximo histórico de quase 29,1 por cento da renda.[13] Em Nova York, os aluguéis aumentaram 75 por cento desde 2000.[14] Em todo o país, os aluguéis subiram 2,4 por cento em 2017. Mas o percurso em algumas cidades é muito maior. Em 2017, o aluguel em Portland, Oregon, subiu 4,6%; em San Diego, 5,5%; em Las Vegas 6,3% e mesmo em Odessa, Texas, em 33%.[15] O Pew Research Center informou, em julho de 2017, que mais lares norte-americanos estão sendo alugados do que em qualquer outro momento nos últimos cinquenta anos.[16] Além disso, 79 milhões de americanos adultos estão compartilhando o seu espaço de vida para economizar custos, porque os jovens millennials não têm como alugar ou comprar.[17]

As rendas e os preços dos imóveis têm subido em todo o mundo. Em Pequim, um estudo estimou que os preços dos imóveis subiram 1.538 por cento de 2004 a 2016. Os custos de habitação em toda a China, especialmente nas grandes cidades, aumentaram o suficiente para obrigar o presidente Xi Jinping a assumir o problema: "As casas são construídas para serem habitadas, não para especulação. A China vai acelerar o estabelecimento de um sistema com fornecimento de várias partes, acessibilidade a partir de diferentes canais e irá tornar o aluguel de habitação tão importante quanto a compra",[18] disse ele. Em qualquer outro lugar do mundo, é difícil nomear uma cidade que não tenha experimentado aumentos significativos de aluguel nos últimos anos. O aluguel em Sydney aumentou 6,5 por cento em 2017. Em Londres, caiu ligeiramente, mas a cidade inglesa ainda foi o local mais caro para alugar na Europa durante três anos.[19]

As mercearias e os preços dos alimentos também são importantes. A Organização das Nações Unidas para Alimentação e Agricultura disse que os preços dos alimentos subiram 8,2 por cento em 2017.[20] O preço de todos os tipos de alimentos, exceto o açúcar, subiu. No geral, pode-se ver por que as pessoas desconfiam dos dados tradicionais. Os líderes também deviam desconfiar, por muitas razões.

**DICA RÁPIDA:** Líderes devem desenvolver ferramentas que meçam os impactos econômicos em suas equipes, clientes e constituintes, e não simplesmente depender das estatísticas do governo. A confiança é mais importante do que o cálculo.

## COMO A INFLAÇÃO ESTÁ CAMUFLADA

Um líder de olhos e mente abertos procura insights qualitativos, bem como dados quantitativos. Mudanças qualitativas são perceptíveis, mas, muitas vezes, descartadas. Por exemplo, temos visto um claro aumento em algo chamado *shrinkflation*. Uma cesta de produtos é medida por preço pela inflação, e não por volume ou peso. Se os produtos diminuem em tamanho apesar de o preço permanecer o mesmo, tecnicamente não ocorreu nenhum aumento. Mas as pessoas não são estúpidas; elas sabem o que isso significa. É possível notar o detalhe em tudo, desde a quantidade reduzida de cereais em uma caixa até barras de chocolate de tamanho menor, ou em aberturas cada vez maiores em tubos de pasta de dente[21] e outros produtos. O objetivo dessas alterações é fazer com que o consumidor utilize o produto mais rapidamente e pague mais por peso. O papel higiênico e os rolos de papel-toalha têm cilindros de papelão cada vez maiores, e menos folhas,[22] enquanto o preço permanece o mesmo. Há menos batatas fritas nas embalagens, e os apartamentos são menores do que antes, mas custam mais por metro quadrado. O *shrinkflation* é um sinal de que as empresas estão enfrentando custos mais altos, de que as pressões estão aumentando. Líderes atentos não podem ignorar essas tendências, porque elas afetam seus seguidores. Eles devem mostrar que se preocupam com a qualidade de vida. Os dados podem dizer que não há inflação, mas os seus seguidores enfrentam dificuldades para pagar o aluguel.

## HEDÔNICA

Os líderes devem estar cientes dos métodos usados para calcular os preços, porque a quantidade de inflação não é a mesma que a qualidade. Os bancos centrais são as fontes de informação mais confiáveis sobre inflação e deflação. Há muito tempo, essas instituições utilizam a metodologia hedônica para ajustar os preços às alterações de qualidade. Na prática, isso significa que elas tendem a mostrar que os preços estão em queda. A cada ano, um novo computador da Apple apresenta normalmente muito mais poder de computação do que antes. Isso significa que a qualidade aumentou, mesmo que o preço não tenha subido. Os banqueiros centrais consideram esse fator como uma descida de preços. Algo semelhante ocorre com os preços dos carros. É possível encontrar muito mais funcionalidades em seu carro hoje em dia pelo mesmo preço de antes. Algumas pessoas podem preferir um computador Apple com menos capacidade a um preço mais baixo, mas tal eletrônico não está disponível. Talvez prefiram um carro com menos funções por um preço menor, mas este também não está à disposição. Desta forma, a inflação é camuflada e embutida. Os compradores sabem disso, mas não podem mudar o cenário. A hedônica cria a imagem de um mundo deflacionário, enquanto os consumidores ainda experimentam forças inflacionárias.

## A TOPOGRAFIA DA INFLAÇÃO

A inflação e a deflação estão distribuídas de forma desigual na economia mundial. Os ricos não sentem a inflação, porque a riqueza os protege. Os economistas (que, muitas vezes, não vivem no mundo real) dizem que as pessoas podem comprar alimentos mais baratos se os preços subirem. Se o valor do bife aumentar, podem substituí-lo por, digamos, tofu. O problema surge quando o preço das proteínas sobe tanto que os pobres são forçados a consumir calorias mais baratas. Isso significa, na maioria das vezes, menos calorias. A inflação pode causar desnutrição ou a má alimentação em pessoas mais pobres, enquanto a pressão sobre os preços nem ao menos é reconhecida. A economia atinge os seguidores de um líder de muitas maneiras. Os funcionários juniores podem sentir a inflação devido ao aumento dos aluguéis nas grandes cidades, no mesmo momento em que os funcionários seniores desfrutam do alívio das baixas taxas de juros. Um funcionário trabalha duro para se manter na cidade e em seu emprego, apesar de ter perdido toda a esperança de ter a própria casa, enquanto outro empregado da mesma empresa conseguiu comprar a sua e usa os lucros da alta da bolsa de valores para diminuir os custos das hipotecas e tirar férias extravagantes. Líderes astutos e alertas não se preocupam apenas com os pontos de dados que a economia lhes envia. Eles também se importam com a qualidade de vida que proporcionam. Os bons líderes sentem a forma como a economia impacta os seus seguidores.

Não há duas formas de contorná-la: a dívida destrói o tecido social e quebra as promessas que nos mantêm unidos, leva os governos a instituir níveis mais baixos de serviços sociais e mais impostos. Os encargos da dívida normalmente obrigam os governos a aumentar a idade da aposentadoria e o custo do transporte, e reduzir os serviços públicos nos cuidados de saúde e nas escolas. A dívida, dessa maneira, quebra muitas promessas feitas pelos líderes.

A dívida global é atualmente três vezes maior que o PIB do mundo, representando cerca de 318 por cento dele, ou 233 trilhões de dólares, conforme dados do terceiro trimestre de 2017,[23] fatos repetidos constantemente pela imprensa e por organizações internacionais. O FMI diz que os níveis de dúvida da China chegaram a 234 por cento do PIB global segundo dados de 2016. Débitos de governos locais continuam se expandindo em um ritmo insustentável. Em 2017, houve o dobro do aumento do ano anterior.[25] Quarenta e seis por cento dos trabalhadores dos Estados Unidos encontram-se tão endividados que muitos não possuem nem quinhentos dólares para cobrir uma emergência. Um estudo da Royal Society of Arts mostrou que cerca de setenta por cento dos trabalhadores britânicos estão cronicamente falidos, e cerca de 32 por cento têm menos de quinhentos euros em poupanças.[27] Estar endividado e falido gera raiva. E cada vez mais o público canaliza a raiva contra os líderes.

O problema da dívida é esmagador para a maioria das grandes economias do mundo, desde o Japão até quase todas as nações europeias. O ônus da dívida abrange tanto o setor público como o privado, embora o setor público minimize o privado porque os governos foram forçados a comprar ativos bancários do setor privado para salvá-lo. Há quem pense que a dívida não importa. Outros acham que os governos estão gastando muito além das suas possibilidades. A figura 2.1 mostra um gráfico da dívida pública como porcentagem do PIB, que é a medida usual do endividamento do governo.

Figura 2.1 Dívidas gerais dos governos (2015) — dívida total em % comparada ao PIB.

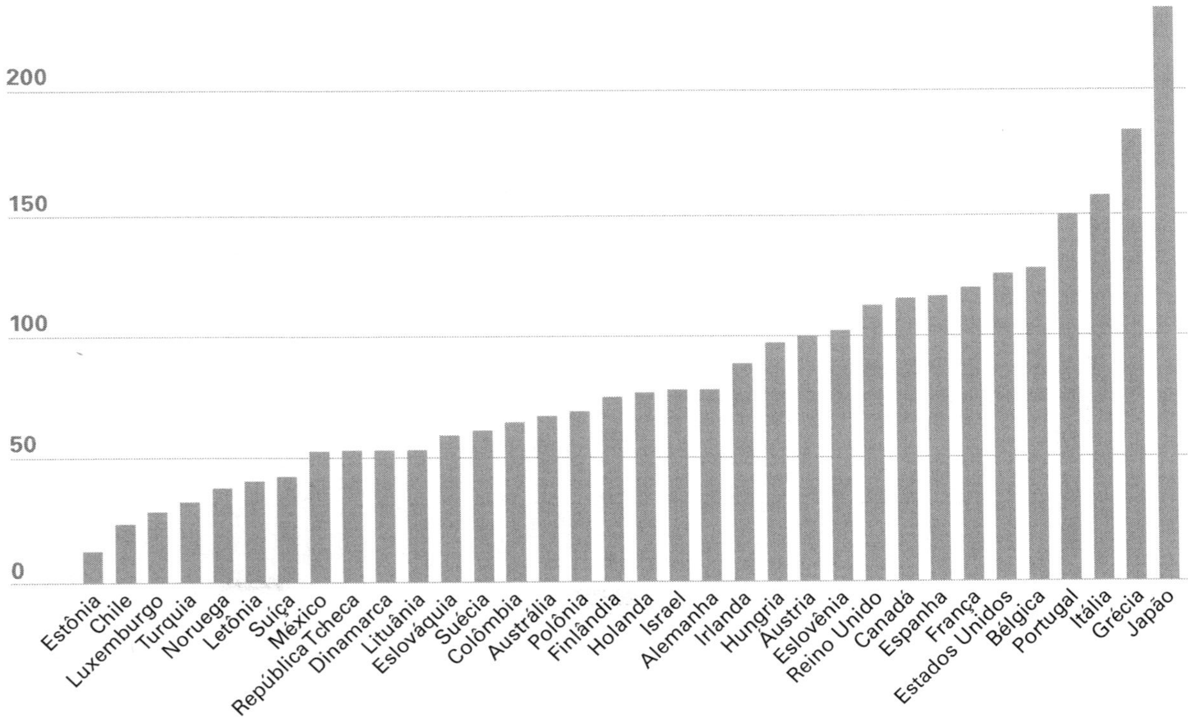


Fonte: OECD (2018) Dívidas gerais dos governos (indicadores), DOI: 10.1787 /a0528cc2-en (acessado em 5 de fevereiro de 2018).

## MÁ LIDERANÇA ESCONDE MÁS NOTÍCIAS

Como os nossos líderes permitiram que tal situação ocorresse? Bem, nós os incentivamos. Primeiro, os nossos sistemas políticos, especialmente as democracias, não encorajam o longo prazo. De que adianta tomar decisões difíceis que beneficiarão outro titular no próximo mandato? Segundo, se os políticos impõem a austeridade para equilibrar as contas, tornam-se impopulares e perdem eleitores. A moral política da história induz ao apelo esclarecedor do capítulo 8 — abraçar o paradoxo: vote em políticos preparados e com princípios suficientes para serem impopulares.

Considere como a dívida dos EUA saltaria em 2018, levando em consideração o Tesouro.[28] Na figura 2.2, vemos um gráfico que refletiu as expectativas do Tesouro dos EUA para o ano de 2018. O país avaliou a trajetória dos gastos e extrapolou o resultado provável, como vemos na figura.

Esses dados são, naturalmente, específicos dos Estados Unidos, mas o endividamento é a característica definidora do nosso tempo em muitos outros lugares. Por quê? Muitos afirmam que a dívida está sempre errada, mas, para o líder, pode estar errada e, ao mesmo tempo, certa. Há dívidas eficientes e ineficientes.[29] Se as taxas de juros são inferiores aos níveis de lucro em termos percentuais, então a dívida é eficiente. Quando a rentabilidade é inferior às taxas de juros, é ineficiente. Em teoria, no primeiro caso, quanto mais alavancagem, mais lucro. O mesmo pode ser dito das economias nacionais onde o PIB cresce à frente das taxas de juros. Isso só se aplica realmente em tempos em que as taxas de juro mantêm-se em níveis baixos recorde. Por isso, muitos afirmam que fazer empréstimos com taxas de juros baixas não faz sentido se já há um problema de dívida, enquanto outros dizem que é uma loucura não realizar empréstimos nessas condições. É possível sanar uma dívida assumindo mais dívidas? Os economistas discordam profundamente.

FIGURA 2.2 DÍVIDA NACIONAL NORTE-AMERICANA — PICO DE US$ 617 BI EM CINCO MESES

FONTE: TESOURO DOS EUA, WOLF STREET, WOLFSTREET.COM/2018/01/30/US-NATIONAL-DEBT-WILL-JUMP-BY-617-BILLION-IN-5-MONTHS.

O problema da dívida é que é fácil contrair e difícil de sanar, o que é especialmente verdade para governos com uma visão essencialmente de curto prazo, ou seja, para as próximas eleições. Em nível econômico nacional, existem vários métodos conhecidos para lidar com a dívida. Vamos examinar alguns deles.

Primeiro, uma nação pode se recusar a pagar, atitude chamada de "padrão argentino" ou *Argentine-style default*. A recusa de novos empréstimos, nesse caso, é iminente, a menos que envolva taxas absurdamente altas. Em segundo lugar, é possível afirmar que a dívida será paga, mas a longo prazo. A isso chama-se *haircut*, e a Grécia tem mantido grande parte da sua dívida nacional dessa forma. O país, nesse caso, adia os pagamentos para o futuro, o que leva a situações de inadimplência para os detentores originais da dívida. Em terceiro lugar, as nações podem buscar austeridade, o que faz o Estado cortar gastos com a população e/ou tributá-la ainda mais. Quarto, a economia poderia simplesmente crescer para sair da dívida, uma alternativa possível, que já aconteceu durante a Revolução Industrial, mas é muito mais difícil de alcançar.

E, por último, os políticos podem anunciar que permitirão uma inflação mais alta a fim de corroer a dívida. É um imposto implícito e sorrateiro em que os credores recebem o dinheiro de volta, mas valendo menos do que antes. E agora, a melhor das opções! Podemos abandonar completamente todo o sistema financeiro, moedas e contabilidade, e introduzir um novo sistema. Falaremos mais dessa possibilidade neste capítulo.

## NADA NOVO SOB O SOL

Os criativos sempre apresentam um conceito simples. Eles acreditam que haja uma ideia genuinamente nova — o que não existe. O que existe é apenas a história que eles ainda não conhecem. Todas as ideias já foram concebidas anteriormente, apenas o contexto que é novo.

Não é a primeira vez que os países contraem dívidas. Por exemplo, os Estados Unidos lidaram com as dívidas acumuladas da Revolução Americana inflando o valor da moeda colonial imprimindo cada vez mais notas, conhecidas como *Continentals*.[30] Tantas foram emitidas, que toda a confiança em seu valor foi perdida. Tornaram-se inúteis, o que chegou a criar um ditado: "Não vale um *Continental*." O fato ocorreu novamente durante a Guerra Civil. As dívidas de guerra desapareceram quando os Estados Unidos efetivamente entraram em inadimplência, em um momento em que a inflação atingiu mais de cinco mil por cento. Da mesma forma, muitos investidores acreditam que os Estados Unidos não pagaram as dívidas acumuladas na década de 1960. O custo da guerra no Vietnã e do programa Great Society excederam a capacidade de reembolso. A figura 2.3 mostra os vários períodos em que os Estados Unidos escaparam de um problema com a dívida ao inflacionar sua moeda.

FIGURA 2.3 INFLAÇÃO DOS EUA ENTRE 1775 E 2015 — MUDANÇAS NA PORCENTAGEM ANUAL EM PREÇOS PARA O CONSUMIDOR.

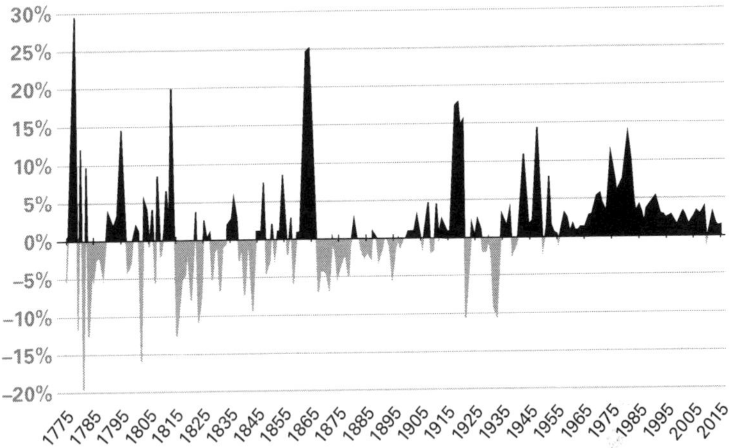


FONTE: ZUMBRUN, J. *A BRIEF HISTORY OF US INFLATION SINCE 1775*, THE WALL STREET JOURNAL, 14 DEZ. 2015, REIMPRESSO COM PERMISSÃO DO *THE WALL STREET JOURNAL*, COPYRIGHT © (2015) DOW JONES & COMPANY, INC. TODOS OS DIREITOS RESERVADOS EM TODO O MUNDO. LICENÇA NÚMERO 4282560442295.

As informações acima deixam claro que os Estados Unidos abraçaram a inflação muito mais do que a deflação, especificamente em torno de períodos de endividamento, como, por exemplo, imediatamente após o período de guerra. Quando isso acontece, os credores internacionais perdem dinheiro. Eles podem receber de volta o dinheiro que emprestaram, mas o mesmo valor compra muito menos quando a inflação é contabilizada. Naturalmente, muitos investidores temem que os Estados Unidos voltem a optar por essa alternativa. Alguns dizem até mesmo que a decisão já foi tomada. Afinal, a solução para a crise financeira é simplesmente seguir políticas inflacionistas, o que aumenta os preços dos ativos.

Foi exatamente o que aconteceu. Seguindo os Estados Unidos, governos de todo o mundo injetaram cerca de 24 trilhões de dólares na economia mundial, a maior parte dos quais ainda existe. Nunca na história da humanidade tantas nações injetaram tal montante de forma tão consistente e por tanto tempo. De acordo com *A history of interest rate*, de Sidney Homer e Richard Sylla, as taxas de juros após a crise financeira caíram para os níveis mais baixos registrados desde o Sacro Império Romano (figura 2.4).[31]

Figura 2.4 Taxas de curto e longo prazo

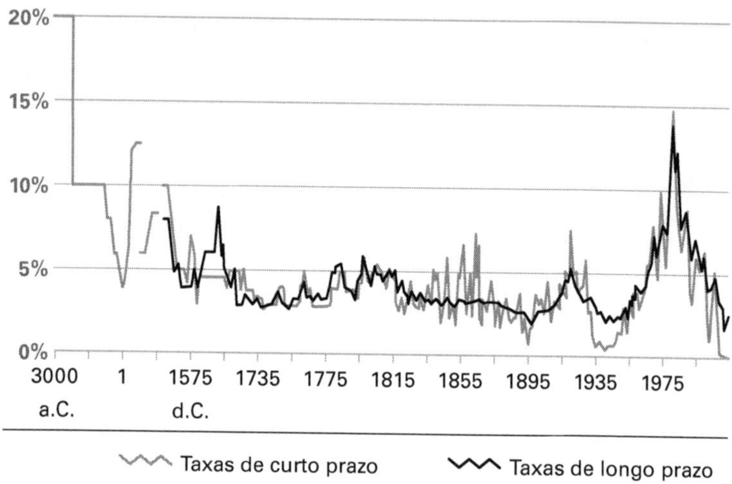


Nota: os intervalos no eixo X mudam ao longo do tempo até 1715; a partir daquele ano, os intervalos são de vinte em vinte anos. Antes do século XVIII, as taxas refletem o país com a menor taxa relatada para cada tipo de crédito: de 3000 a.C. ao século VI a.C. — Império Babilônico; século VI a.C. ao século II a.C. — Grécia; século II a.C. ao século V d.C. — Império Romano; século VI a.C. ao século X d.C. — Bizâncio (limite legal); século XII d.C. ao século XIII d.C. — Países Baixos; século XIII d.C. ao século XVI d.C. — estados italianos. A partir do século XVIII, as taxas de juros são de uma frequência anual e refletem as do mercado monetário dominante: de 1694 a 1918 assume-se que é o Reino Unido; de 1919 a 2015 assume-se que são os Estados Unidos. As taxas utilizadas são as seguintes: taxas curtas: 1694-1717 — taxa de desconto do Banco da Inglaterra; 1717-1823 — taxa de seis meses em títulos do Leste da Índia; 1824-1919 — taxa de três meses em notas principais ou de primeira classe; 1919-1996 — taxa em nota comercial americana de quatro a seis meses; 1997-2014 — taxa em nota comercial AA americana em três meses para não financeiros. Taxas longas: 1702-1919 — taxa

SOBRE ANUIDADES E CONTROLES DE LONGO PRAZO DO GOVERNO DO REINO UNIDO; 1919-1953 — TAXA SOBRE OS RENDIMENTOS DAS OBRIGAÇÕES DE LONGO PRAZO DO GOVERNO DOS EUA; 1954-2014 — TAXA SOBRE A FONTE DOS TESOUROS DOS EUA EM DEZ ANOS. FONTE: HOMER, S. E SYLLA, R. *A HISTORY OF INTEREST RATES*. WILEY, 1991; HEIM, C. E MIROWSKI, P. *INTEREST RATES AND CROWDING-OUT DURING BRITAIN'S INDUSTRIAL REVOLUTION*, JOURNAL OF ECONOMIC HISTORY, 47, 1987, PP. 117-139; WEILLER, K. E MIROWSKI, P. *RATES OF INTEREST IN 18TH CENTURY ENGLAND*, EXPLORATIONS IN ECONOMIC HISTORY, 27 (1), 1990; HILLS, S.; THOMAS, R. E DIMSDALE, N. *THE UK RECESSION IN CONTEXT – WHAT DO THREE CENTURIES OF DATA TELL US?*, BANK OF ENGLAND QUARTERLY BULLETIN, 4O TRIMESTER, 2010; BANCO DA INGLATERRA, ESTATÍSTICAS HISTÓRICAS DA EDIÇÃO MILENAR DOS ESTADOS UNIDOS (HTTPS://HSUS.CAMBRIDGE.ORG/HSUSWEB/HSUSENTRYSERVLET), E BANCO DE DADOS ECONÔMICOS DA RESERVA FEDERAL (HTTPS://FRED.STLOUISFED.OR).

O objetivo foi especificamente aumentar a taxa de inflação, em uma tentativa de evitar a ocorrência de mais deflação de ativos. Funcionou no sentido em que os preços dos ativos subiram. A inflação tem ocorrido em tudo, desde imóveis até pinturas. As bolsas de valores nos Estados Unidos, Grã-Bretanha, toda a Europa e em muitas partes do mundo atingiram níveis recordes no início de 2018. Os dados do IPC na maioria das economias subiram também, embora lentamente e a partir de uma base baixa. Em 2018, vimos a inflação aumentar nos Estados Unidos, Reino Unido, UE, Japão, China e outros países, mas, como já apontamos, inteligentemente disfarçada.

## NO CARGO, MAS NÃO NO PODER

Os banqueiros centrais zombam da noção de que podemos repetir episódios inflacionários graves, especialmente considerando o peso recorde da dívida. Alguns acham que temos sorte em experimentar um pouco mais de inflação. Outros argumentam que pode ser a única forma de escapar do peso da dívida. Os atuais banqueiros centrais também detêm alto grau de confiança, até mesmo de arrogância, sobre o assunto. Eles realmente acreditam que podem controlar a inflação através das taxas de juros. Aumente-as, e a inflação cai, e vice-versa. Mas e se eles estiverem fazendo uma leitura errada? O problema é a falta de pensamento conjunto. Os banqueiros consideram apenas as ferramentas políticas e áreas de interesse, mas não outras forças contribuintes. Vejamos todos os itens inflacionários que não são controlados por eles:

- Aumento das despesas com a defesa nacional (uma nova onda de capital, tal como a flexibilização quantitativa).
- O investimento chinês na iniciativa One Belt Road.
- O aumento dos salários na China.
- Novas criptomoedas, tais como o Bitcoin.

Esses fatores são compensados por algumas questões deflacionárias, que também estão fora do controle dos banqueiros, incluindo:

- Custos de energia em queda.
- Competição através da internet.
- Dívida (setor privado e público).
- Países que controlam os dólares americanos a fim de manterem suas moedas competitivas.

Sabemos que os banqueiros têm mais medo da deflação do que da inflação. Eles preferem correr mais riscos com a inflação para compensar o risco de deflação, o que significa aumentar as taxas de juros lentamente e a conta-gotas, ao mesmo tempo em que avisam os mercados com bastante antecedência. Na melhor das hipóteses, as pequenas e ocasionais subidas de taxas são um meio de normalizar suavemente as taxas de juros de volta aos níveis mais típicos. Os mercados tendem a acompanhar esses movimentos porque confirmam que as economias estão mais fortes.

Será que tais aumentos nos pouparão de uma inflação mais alta? Vale a pena considerar a opinião de Paul Volcker, presidente da Reserva Federal de 1979 a 1987. Ele matou o dragão da inflação durante aquele período, elevando as taxas de juros para 21 por cento — um remédio amargo. Em maio de 2013, ele disse ao Clube Econômico de Nova York: "Toda a experiência demonstra amplamente que a inflação, quando iniciada deliberadamente, é difícil de controlar e reverter."[32] Os atuais banqueiros centrais parecem pensar que o sr. Volcker e suas opiniões são irrelevantes.

O problema com o pensamento deles é que as coisas mudaram desde 2008. Primeiro, os funcionários na China, e em outros mercados emergentes, não estão mais dispostos a trabalhar por salários cada vez menores. Os trabalhadores asiáticos desfrutam dos maiores aumentos salariais em qualquer parte do mundo.[33] De acordo com a *Forbes*, alguns salários chineses excedem agora os salários europeus.[34] Atualmente, o único grande mercado emergente que tem os salários mais baixos é o México. Seus salários são de vinte a quarenta por cento mais baixos do que os da China, e seu controle de qualidade é padrão americano.

Os fabricantes em mercados emergentes, exceto no México, estão deslocando cada vez mais suas operações de volta ao Ocidente. Em setembro de 2017, a Foxconn, a segunda maior empregadora da China, anunciou a sua intenção de construir uma fábrica em Wisconsin.[35] Com Wisconsin superando Shenzhen, é claro que transformações importantes estão acontecendo. A perda de competitividade em bens de baixo valor está forçando a China a apostar em produtos que podem sustentar muito melhor o crescimento econômico a longo prazo. Isso explica porque os chineses estão interessados em fazer produtos de maior valor, como trens super-rápidos e ferrovias, assim como pequenas usinas nucleares. Além disso, o país está investindo mais de três trilhões de dólares em sua iniciativa One Belt Road — outra grande injeção de capital na economia mundial.

## A INTERNET É DEFLACIONÁRIA OU INFLACIONÁRIA?

A maioria dos economistas está muito certa de que a internet é deflacionária: estimula a concorrência, e isso abaixa os preços. Torna as cadeias de abastecimento mais eficientes e facilita a procura dos preços menores. Para eles é óbvio que a internet seja deflacionária, porque aumenta a produtividade. O advento da internet também coincidiu com vários outros eventos e forças deflacionárias que podem mascarar as pressões subjacentes.

Por exemplo, quando Paul Volcker se comprometeu a aumentar as taxas de juros em 1982, o choque abrandou a inflação. Então, em 1989, a União Soviética deixou de existir, e o Muro de Berlim caiu, um evento extremamente deflacionista, porque os trabalhadores dos mercados emergentes começaram a ter seus salários e preços sistematicamente diminuídos. Pouco depois, a Guerra Fria acabou, representando uma força deflacionária adicional, porque os gastos com a defesa foram cortados, e o efeito multiplicador inverso entrou em ação. Todo esse capital poderia agora ser redirecionado aos gastos com armamento para usos mais produtivos.

Além disso, a grande expansão da internet aconteceu com a introdução do iPhone em 2007. Uma manchete de 2016 da revista *Forbes* declarou: "Como a economia da internet matou a inflação."[36] É fácil perceber, porque as pessoas pensam que a inflação acabou depois de uma série tão longa de choques deflacionários. Além disso, faz mais de dez anos desde que os governos acrescentaram todo esse estímulo à economia mundial. Muitos poderiam dizer que isso simplesmente não funcionou. Pode ter evitado a possibilidade de outra Grande Depressão, mas não desencadeou a inflação. Então não há muito com que se preocupar, certo? No entanto, em 2018, o escândalo da Cambridge Analytica revelou que o Facebook ganha dinheiro através da venda de dados. As pessoas ficaram indignadas. A resposta de Mark Zuckerberg foi simples. Se não podemos ganhar dinheiro com publicidade, então temos que cobrar para que você use o Facebook. Ele sugeria um potencial aumento de preço, de zero para outro valor. Lembre-se que o Facebook é um monopólio virtual. O fato prova que a internet também pode ser inflacionária. A questão é que achamos muito fácil assumir que a internet é sempre uma força deflacionária, mesmo que, às vezes, ela não seja.

## ESTÁ NA HORA DE SER NERD

Mas o que os nossos economistas realmente entendem? Sabemos que eles perderam a maior parte dos grandes eventos da economia. Também nos perguntamos se eles mediram a economia corretamente. Sabemos que eles usam principalmente dados históricos, que estavam errados sobre a crise financeira, o Brexit, a desaceleração na China e muitos resultados eleitorais. Então aqui vai uma pergunta: e se a internet aumentar o volume de dinheiro, a velocidade e o número de transações?

Os economistas usam uma equação, que está no centro da flexibilização quantitativa e do monetarismo bruto (conhecida como teoria quantitativa da moeda):

$$MV = PT$$

Onde:
M é a quantidade de dinheiro (*money*) no sistema;
V é a velocidade que o dinheiro flui em torno da economia;
P é o nível de preços;
T é o número de transações.

Você não precisa ser um economista para descobrir que a internet é potencialmente inflacionária em quase todos os sentidos. Isso porque o volume de dinheiro (M) e os preços (P) são ambos múltiplos da velocidade do dinheiro (V) e do volume de transações (T).

Em um momento em que a internet está mudando estruturalmente a economia global, o que os governos nacionais têm feito? Eles têm comprado os próprios títulos e aplicado gastos na defesa, o que também eleva o M. Portanto, se V fosse fixo, empurraria P ou T, ou ambos.

> **Dica Rápida:** Em termos econômicos, os líderes devem enxergar a internet como transformadora, e não meramente transacional. Não é apenas uma infraestrutura, é também uma forma de multiplicar o fornecimento de dinheiro através do financiamento coletivo, pagamentos por telefone e criptomoedas, por exemplo.

O problema é que, ao longo da história, tem sido muito difícil medir o volume e a velocidade do dinheiro. Ele costumava ser medido em contas de poupança e cheques. Depois, a medida incluiu cartões de crédito. Hoje em dia, o financiamento coletivo, os sistemas de pagamento por telefone e as criptomoedas já são amplamente utilizados, mas não estão incluídos. Os banqueiros tentam acompanhar o movimento, ampliando a definição do volume de dinheiro. M1 foi chamado de moeda estreita, e incluiu notas e moedas em circulação e depósitos bancários. Depois tivemos o M2 e o M3, que acrescentaram depósitos com prazos mais longos e fundos do mercado monetário. O Federal Reserve Bank dos EUA deixou de medir o M3 em 2006, porque era uma medida inútil da realidade. Atualmente, o volume de dinheiro continua a expandir-se para formas inteiramente novas e difíceis de mensurar. Então, agora tendemos a nos referir à MZM, que, em geral, significa tudo, exceto o que não pode ser medido. Há muito disso, incluindo todas as formas de dinheiro que a tecnologia está criando.

Falamos no capítulo 1 sobre a falta do pensamento conjunto. A política monetária, então, quando vista isoladamente, longe da geopolítica e das mudanças técnicas, pode ser compreendida como um exemplo do pior tipo de pensamento estreito, analítico e reducionista.

## A SOLUÇÃO DEFINITIVA PARA A INFLAÇÃO — ESMAGUE-A

Os governos podem, é claro, esperar que a economia apenas cresça para livrarem-se do problema da dívida. Foi o que aconteceu no início da Revolução Industrial. Após décadas de guerra napoleônica, a Grã-Bretanha havia acumulado dívidas que pareciam totalmente intransponíveis. O governo tomou a decisão de mudar radicalmente o sistema monetário para estimular a economia e desgastar a dívida com a inflação.

Aquele sistema era baseado em palitos de contagem, do qual quase ninguém se lembra hoje em dia. Eram tábuas de madeira feitas de salgueiro, pinheiro ou aveleira, rachadas ao meio para que os dois lados combinassem perfeitamente e de forma única. As ranhuras da madeira serviam como uma marca confiável. Qualquer compra e venda, pagamentos de impostos e empréstimos eram gravados em ambos os lados do quadro. O lado menor e mais estreito era reservado aos compradores, o que gerou a frase "ficar com a ponta do graveto", que significa sofrer as consequências de uma situação. O graveto mais longo (*stick*), ou ação (*stock*), sempre foi para o emprestador, daí os termos *stockholder* (acionista) e *stock market* (mercado de ações). Buracos nas tábuas indicavam valores. Um buraco do tamanho da palma da mão era equivalente a mil euros. Um buraco do tamanho de um polegar equivalia a cem libras. O sistema foi abandonado em 1783 para dar lugar a uma inovação — o papel-moeda. Por que o papel? O material permitiu que a inflação ajudasse a erodir as dívidas de guerra. Ninguém confiava em pedaços de papel, no entanto. Então, as pessoas continuavam a usar os gravetos. Em 1834, o governo, frustrado, tornou o sistema ilegal e confiscou os utensílios. Eles foram levados ao Parlamento, onde foram queimados na noite de 16 de outubro de 1834. Infelizmente, foi uma daquelas ocasiões em que o evento e a metáfora se fundem. O fogo ficou fora de controle. O Parlamento ardeu. J. M. W. Turner capturou o evento em seu quadro *The Burning of Parliament*. Pouco depois, a Revolução Industrial começou, e a Grã-Bretanha cresceu para sair da dívida.

Elas são exatamente o que muitos governos esperam utilizar atualmente. Já sabemos o nome do novo sistema de dinheiro, chamado dinheiro eletrônico. O novo sistema de contabilidade já é conhecido como *blockchain*. A combinação das duas novas tecnologias está preparada para transformar radicalmente a economia, tal como no início do século XIX. Já os banqueiros alertam sobre a falta de controle inerente a tais criptomoedas. Talvez porque eles desejam emiti-las e controlá-las.[37]

Existem agora mais de mil novas criptomoedas na internet. Por qualquer medida, a criação de novas moedas fora da base monetária é inflacionária. Mas o dinheiro eletrônico por si só não resolve o problema da dívida. É preciso adotar um *blockchain*, um balanço totalmente novo no qual cada transação é automaticamente registrada. Em suma, o dinheiro eletrônico e o *blockchain* são a sentença de morte da economia moribunda. Os governos poderão tributar as transações no exato momento em que elas ocorrerem. Embora a ação melhore as finanças de todos os governos de forma positiva e permanente, também pode castigar novamente aqueles que estão no fundo do poço.

A internet está claramente mudando o valor do dinheiro. No passado, ele estava ligado ao ouro. Isso porque os governos concordaram que deveria haver algum tipo de relação proporcional entre o volume de dinheiro e o valor do ouro que tinham em suas reservas. Os Estados Unidos acabaram com essa política em 1971, e muitos outros países os seguiram. Desde então, o volume de dinheiro tem sido uma função dos julgamentos feitos pelos economistas da Reserva Federal e outros bancos centrais. Naturalmente, isso desafia a confiança necessária para que o povo deposite a sua fé naquilo que é conhecido como moedas fiduciárias, como o dólar americano, o euro, a libra esterlina e assim por diante. Essas são moedas declaradas de curso legal, mas não suportadas por uma mercadoria física. O valor da moeda fiduciária deriva da relação entre a oferta e a procura, e não do valor do material do qual o dinheiro é feito. O fato de a maioria dos governos ter gastado mais do que arrecadou e de agora enfrentar problemas de dívida recorde mina ainda mais a fé e confiança. Isso aumenta o interesse em mudar para o dinheiro eletrônico que a internet oferece.

## UMA BOLSA DE VALORES EM EXPANSÃO

Para além do estímulo da flexibilização quantitativa (FQ), temos agora o aumento das despesas com a defesa, os cortes fiscais presidenciais e a iniciativa One Belt Road (OBR). A China está investindo trilhões de dólares em infraestrutura global no projeto, mas essa injeção de capital não é necessariamente captada por medidas monetárias agregadas tradicionais. Ninguém está somando todos os novos gastos da OBR do Cazaquistão para a Nicarágua. Além disso, os salários chineses estão aumentando constantemente. Onde antes a China exportava deflação, agora exporta inflação.

A internet derrubou as fronteiras nacionais para criar um ecossistema financeiro global, mas os governos nacionais insulares ainda medem a economia nas fronteiras nacionais. Consequentemente, em 2018, a inflação se materializou, e todos procuravam um porto seguro. Com isso, os investidores estão sendo puxados para os mercados à medida que a inflação e a inovação aumentam. Pequenos aumentos das taxas de juros confirmam que o crescimento é real. A inflação, mesmo em níveis baixos, obriga os investidores a abandonar o dinheiro. A inflação corrói o valor dele. Isso faz com que os investidores não estejam inclinados a comprar mais títulos, porque a inflação reduz o que eles valem.

Sabemos que os EUA e outros bancos centrais não estão especialmente preocupados com o aumento da inflação. Os líderes da Reserva Federal têm insinuado que estamos há tanto tempo abaixo da meta de inflação média, que já devemos ultrapassá-la daqui a algum tempo.

Entretanto, sabemos que mais dinheiro mais rápido geralmente permite maior alavancagem. Em outras palavras, mais pessoas podem pedir empréstimos contra suas garantias ou fazer apostas desproporcionais ao seu capital real. A internet poderia facilitar mais alavancagem, mais transações e, portanto, mais inflação?

E as pensões subfinanciadas, em um mundo em que as populações estão envelhecendo? São deflacionárias? Charles Goodhart, economista britânico muito respeitado, escreveu um artigo no qual argumentava que o envelhecimento da população pode, na verdade, revelar-se inflacionário.[38] Afinal, haverá menos jovens por perto, por isso, naturalmente, eles desejarão aumentar o preço de sua força de trabalho. Além disso, os mais velhos estão reentrando no mercado em taxas recordes, o que oferece mais rendimento disponível e gera mais gastos. Talvez a população em envelhecimento seja inflacionista, e não deflacionista?

## É IGUAL NO MUNDO TODO: A CULPA É DOS POBRES E OS RICOS FICAM COM TUDO?[39]

A canção de Billy Bennett "She was poor but she was honest", de 1930, poderia ter sido escrita atualmente. A maior de todas as questões continua a ser a dívida. Todos sentem o problema. Em nível nacional e internacional, os políticos têm incentivado o consumo e penalizado a poupança. Esse tem sido o propósito de registrar taxas de juros baixas. Ninguém pode se surpreender que o nível da dívida pessoal tenha subido. A dívida pessoal está se aproximando dos máximos de sempre. Isso é preocupante, dado o aumento das taxas de juros e da inflação. Não é preciso muita imaginação para compreender que a situação é insustentável. Nem as consequências do fracasso econômico pessoal são difíceis de enxergar. O consumo tem sido encorajado ao facilitar tanto o consumidor quanto o crédito e os gastos. Na figura 2.5, vemos os níveis astronômicos da dívida pessoal, que se interconectam aos dos governos que vimos anteriormente.

Figura 2.5 Dívidas familiares (2015) dívida total como porcentagem da renda líquida disponível

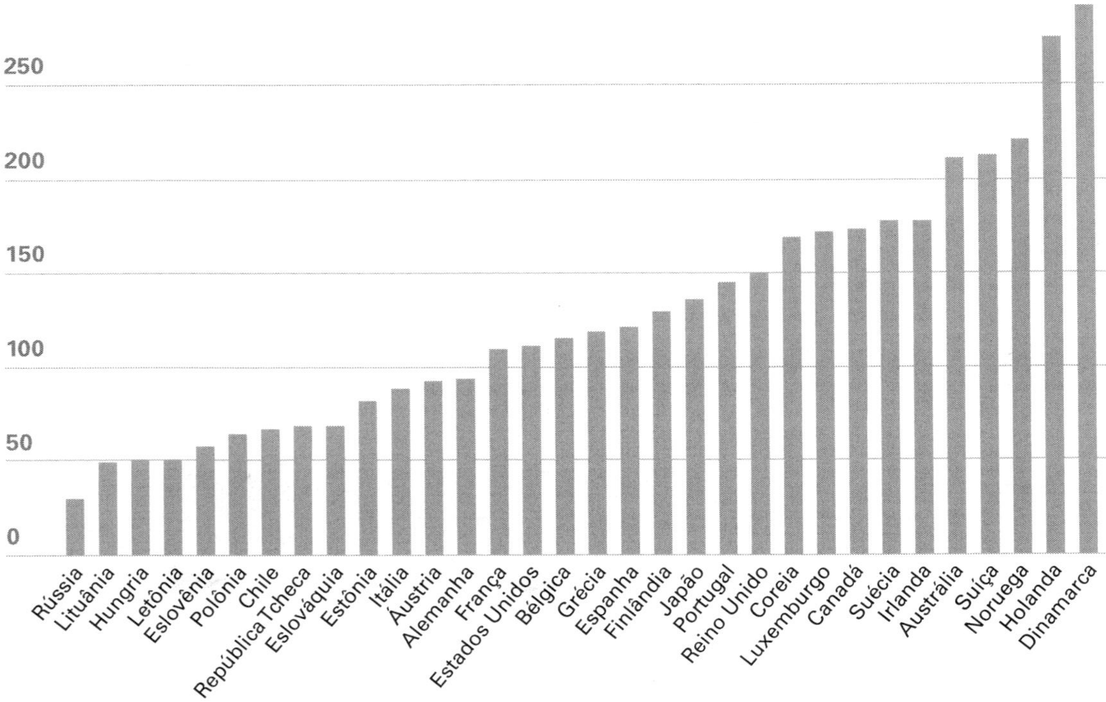


Fonte: OECD (2018) Dívidas familiares (indicadores) DOI: 10.L787/F03B6469-EN (acessado em 5 de fevereiro de 2018).

Há um conluio intencional da liderança comercial, política e econômica no processo de endividamento dos pobres? Uma conspiração direta seria complexa demais, mas é difícil concluir que a eventualidade não foi pelo menos prevista como uma opção por líderes tão inteligentes. Certamente eles sabiam que o objetivo de suas políticas era induzir a inflação. O processo de empobrecimento daqueles menos capazes de competir dificilmente é algo novo. Desta vez, porém, ele é diferente em termos de escala e localização. Envolve as democracias ocidentais. Esse é o material de que são feitas as revoluções políticas.

Não contentes em prejudicar o presente ao desencadear um pouco de inflação, a liderança também conspirou, sem dúvida, para destruir as pensões e os programas estatais de aposentadoria, quase universalmente subfinanciados. O problema está aparecendo agora. Os fundos de pensão americanos em cidades como Dallas e Los Angeles estão aos poucos admitindo que não podem cumprir a promessa de aposentadoria por estarem terrivelmente subfinanciados. Surpreendentemente, isso está acontecendo enquanto os mercados bolsistas atingem valorizações recordes, quando se espera que seja mais fácil cumprir as metas de desempenho e financiamento.

Pensionistas de todo o mundo começam a se perguntar como e por que as suas poupanças evaporaram. Em alguns casos, as baixas taxas de juros foram as culpadas. Em outros, a má gestão ou mesmo o roubo. No Reino Unido, vimos exemplos de grandes empresas em que um novo proprietário majoritário poderia retirar todo o dinheiro, mesmo quando o fundo de pensões sofresse carência. Muitos magnatas dos negócios são desprezados por isso. Veja o caso de sir Philip Green, fundador da Topshop e proprietário da BHS, investigado por absorver cerca de £400 milhões (através de sua esposa, que mora em Mônaco, um paraíso fiscal *offshore*) deixando o fundo de pensões da companhia subfinanciado entre £70 milhões e £570 milhões.[40]

Tudo isso fez surgir exigências de que os governos protegessem o povo do sistema bancário *offshore*, da ganância dos acionistas e das consequências fiscais. Os líderes podem ainda não ter percebido que acalmar a sua força de trabalho é o menor dos seus problemas. Lidar com aqueles que costumavam trabalhar para eles pode revelar-se mais intratável.

Além disso, todos no mundo financeiro sabem que os fundos de pensão em todos os lugares afirmam que estão alcançando um desempenho muito além da realidade. Por quê? Porque o ambiente de taxas de juros não pode alcançar o que os fundos de pensão precisam para atender aos pagamentos em dinheiro. As pensões alegam atingir cerca de 8,5 por cento de retorno em um mundo em que os preços das ações e títulos são elevados e não estão aumentando muito. Eles nos garantem que os retornos estarão lá em cinco ou dez anos. Mas podemos confiar nisso?

Então, talvez esse seja o triunfo do reducionismo ocidental em sua encarnação final. Aperfeiçoamos a arte da análise financeira, mas esquecemos de fazer o básico: cuidar dos idosos, dos doentes e dos pobres. Viver dentro das nossas possibilidades.

É justo dizer que a fé, a confiança e a crença em líderes econômicos estão em baixa. O cinismo e a quebra de confiança atingiram níveis epidêmicos. Os dados sobre a economia e a história de um indivíduo são duas coisas muito diferentes. Os líderes prestam demasiada atenção ao quantificável, o que os deixa vulneráveis às coisas que afetam a qualidade de vida dos seus seguidores.

Como eles podem sentir que a deflação é certa, mesmo quando os riscos de inflação estão se tornando mais aparentes, até nos dados? Será mais uma surpresa que cegará os líderes? Talvez o envolvimento em cenários sobre inflação e deflação fortaleça a capacidade de enfrentar um futuro desconhecido? A preparação pode ser uma opção ainda melhor do que a previsão.

## IMPLICAÇÕES DA LIDERANÇA NAS MUDANÇAS ECONÔMICAS

Os líderes do século XXI precisam saber não apenas onde estão, mas como suas equipes se sentem. Eles precisam ter certeza de que estão navegando no lugar certo e da maneira certa. Isso significa mais estudo e mais escuta, e que devem compreender que o desempenho da economia, expresso pelos números, e a sua história, expressa pelos sentimentos, podem não corresponder entre si. A percepção e a realidade podem divergir profundamente tanto na mente do líder como na de seus subordinados. Em resposta a uma mudança econômica tão rápida, é fácil, mas perigoso, voltar às velhas noções de como é a realidade.

Os paradoxos aqui são impressionantes. A dívida nos separa, mesmo quando a internet nos une. A inflação eleva os preços, mesmo quando esperamos que a internet os diminua. Os dados nos dizem uma coisa, e as pessoas dizem outra. Analisamos dados históricos nacionais mesmo depois da internet ter criado uma economia global. Talvez o sentido mais difícil de encontrar é que o mundo está se tornando mais conectado e mais insular ao mesmo tempo. Esse é outro dos paradoxos da internet.

Tentamos lidar com a dor, mas talvez a economia mundial já esteja consertando muitas coisas sozinha. Nós nos engajamos em maiores gastos de defesa no exato momento em que a interconexão produz cada vez mais PIB. Muitos clamam por soluções nacionalistas no momento em que a globalização redistribui riqueza e poder para tantos que ainda não os detinham.

## CONCLUSÕES

Os líderes precisam compreender as forças que atingem as pessoas. Recorrer às verdades de ontem sobre a economia mundial expõe rapidamente a falta de compreensão. É o erro clássico redutor ocidental. Os dados históricos são lineares, mas a história raramente é linear.

Essa lacuna de percepção da realidade é o desafio que os líderes enfrentam quando se trata da economia mundial. A globalização continuará a longo prazo, mas ocorrendo de novas formas. Os Estados Unidos e o México são agora capazes de competir com os mercados emergentes estabelecidos. A China entra no cenário mundial como produtora de marcas globais e de produtos manufaturados de alta variedade. A história da economia mundial em que gostamos de recorrer não corresponde mais à história que está se desenrolando.

Não podemos separar o econômico do comportamental, cultural, político ou técnico. Sabemos que, depois do 11 de setembro, a resposta política foi reduzir as taxas de juros mundiais a zero, e esperava-se que todos fizessem empréstimos e gastassem, o que criou um enorme *boom* de crédito, levando ao colapso dos bancos e das sociedades sob uma montanha de dívidas. A resposta política para 2008 foi baixar as taxas de juros, em alguns casos para zero. Os poupadores e os cidadãos foram punidos enquanto os devedores e os tomadores de risco foram recompensados. As grandes instituições foram socorridas e os pequenos empresários e cidadãos ficaram com a conta. Há uma palavra que as pessoas comuns dão como resposta à crise financeira: "Loucura." A falta de uma liderança econômica especializada era óbvia demais. Os líderes que seguiram essas políticas dizem que teria sido "loucura" não agir daquela maneira. O problema é que poucos anteciparam a crise, apesar dos sinais. Muitos bancos famosos foram destruídos por causa do excesso de confiança de que nada poderia dar errado. Tudo era lógico, linear e apenas elegantemente extrapolado para um futuro fantástico.

Vamos supor por um segundo que é *tudo* uma loucura. Literalmente, um comportamento absurdo. Mesmo comportamentos disparatados podem ser geridos se houver confiança de que, de alguma forma, por mais louco que seja, algo ainda funciona. A confiança, porém, não é uma conclusão. É um sentimento. Uma emoção que espreita entre todos os dados, indicadores, análises e lógica. Essa é uma das razões pelas quais os líderes precisam lidar com sentimentos, bem como com fatos. Eles precisam avaliar a confiança neles.

Se as economias mundiais estivessem crescendo fortemente, a enorme dívida e as mudanças tecnológicas históricas seriam um problema menor. Dos Estados Unidos à Europa e à China, todos os indicadores são claros. A economia mundial *está* crescendo novamente, se recuperando, pelo menos até agora. Portanto, o que os líderes precisam fazer é ajudar a guiar as pessoas para o futuro, visualizando-o, explicando-o e compreendendo como as pessoas se sentem. Pode ser um mundo mais instável, mas isso traz oportunidades que líderes sábios podem perseguir. Em parte, eles devem mergulhar mais fundo na tecnologia. É isso que sustenta a inovação e o crescimento econômico, mas cria muitos dos problemas, como veremos a seguir.

## NOTAS

1. https://www.forbes.com/quotes/6957
2. Strauss, W.; Howe, N. *The Fourth Turning: An American prophecy – what the cycles of history tell us about America's next rendezvous with destiny*. Nova York: Broadway Books, 1997.
3. http://lyricsplayground.com/alpha/songs/s/shewaspoorbutshewashonest.html
4. Sinclair, U. *I, Candidate for Governor: And how I got licked*, 1935, repr. University of California Press, 1994, p 109.
5. https://www.wired.com/2002/03/schumpeter
6. http://www.businessinsider.com/henry-blodget-our-debt-will-kill-us-2009-10?IR=T
7. https://www.nytimes.com/2017/11/05/world/paradise-papers.htm
8. https://www.ft.com/content/168c88f6-01c7-11e6-ac98-3c15a1aa2e62
9. https://tradingeconomics.com/united-states/inflation-cpi
10. https://www.ft.com/content/21dabb8e-f0d5-11e7-b220-857e26d1aca4
11. https://www.cnbc.com/2018/01/30/chart-of-surging-us-health-care-costs-explains-why-buffett-getting-involved.html

12. http://money.cnn.com/2018/01/30/news/companies/amazon-berkshire-jpmorgan-health-insurance/index.html
13. https://www.forbes.com/sites/joelkotkin/2017/10/19/rising-rents-us-housingcrisis/#502d293c1ef5
14. http://www.nydailynews.com/new-york/nyc-rents-soar-incomes-decline-article-1.1765445
15. https://www.cnbc.com/2018/01/19/how-rent-in-cities-like-new-york-and-san-francisco-changed-in-2017.html
16. http://www.pewresearch.org/fact-tank/2017/07/19/more-u-s-households-are-renting-than-at-any-point-in-50-years
17. http://www.pewresearch.org/fact-tank/2018/01/31/more-adults-now-share-their-living-space-driven-in-part-by-parents-living-with-their-adult-children/
18. https://www.bloomberg.com/news/articles/2017-10-18/xi-renews-call-housing-should-be-for-living-in-not-speculation
19. https://www.standard.co.uk/news/london/london-is-most-expensive-city-forrenting-in-europe-for-third-year-in-a-row-a3741731.html
20. https://www.globalagriculture.org/whats-new/news/en/32979.html
21. https://seekingalpha.com/article/125866-thinking-small-to-gain-big
22. http://www.latimes.com/business/la-fi-laz-shrinking-toilet-paper-20150121- story.html
23. https://www.iif.com/publication/global-debt-monitor/global-debt-monitorjanuary-2018
24. https://www.theguardian.com/business/2016/jun/16/chinas-debt-is-250-of-gdpand-could-be-fatal-says-government-expert
25. https://www.theguardian.com/business/2017/aug/15/imf-warns-china-debts-low-down-financial-crisis
26. https://www.cbsnews.com/news/most-americans-cant-afford-a-500-emergencyexpense
27. https://www.msn.com/en-gb/money/personalfinance/seven-in-10-uk-workersare-chronically-broke-study-finds/ar-AAv9tH3?li=AA54rU&;sa=U&;ved=0ahUKEwjWq-Ta-u3RAhWBwLwKHdTgDBIQFgiXATAW&%252525253Busg=AFQjCNGtalDGc78eftzTQy-u3Pbx5pqueg
28. https://seekingalpha.com/article/4141548-u-s-national-debt-will-jump-617-billion-5-month
29. https://www.wealthenhancement.com/blog/understanding-the-differences-between-efficient-and-inefficient-debt
30. https://allthingsliberty.com/2015/02/how-was-the-revolutionary-war-paid-for

31. http://www.businessinsider.com/chart-5000-years-of-interest-rates-history-2016-6.
32. https://ftalphaville.ft.com/2013/08/06/1593422/guest-post-dual-mandate-rightgoals-wrong-agency
33. https://www.kornferry.com/press/korn-ferry-2018-salary-forecast-smaller-real-wage-increases-across-most-parts-of-the-world
34. https://www.forbes.com/sites/kenrapoza/2017/08/16/china-wage-levels-equal-to-or-surpass-parts-of-europe/#5f4a34d53e7f
35. https://www.washingtonpost.com/news/fact-checker/wp/2017/09/08/president-trumps-repeated-claim-of-credit-for-foxconns-deal-in-wisconsin/?utm_ term=.4351788c7c1e81
36. https://www.forbes.com/sites/greatspeculations/2016/09/28/how-the-internet-economy-killed-inflation/#3f680489788b
37. http://www.bbc.co.uk/news/business-43254537
38. https://www.bloomberg.com/news/articles/2017-08-08/aging-populations-set-to-spur-higher-interest-rates-says-study
39. http://lyricsplayground.com/alpha/songs/s/shewaspoorbutshewashonest.html
40. https://www.ft.com/content/2b219156-0287-3419-b309-06d5bb3a4f6f

CAPÍTULO 3

# COMPREENDENDO UM NOVO TIPO DE COMPORTAMENTO

## *IMEDIATISMO E IMPACIÊNCIA*

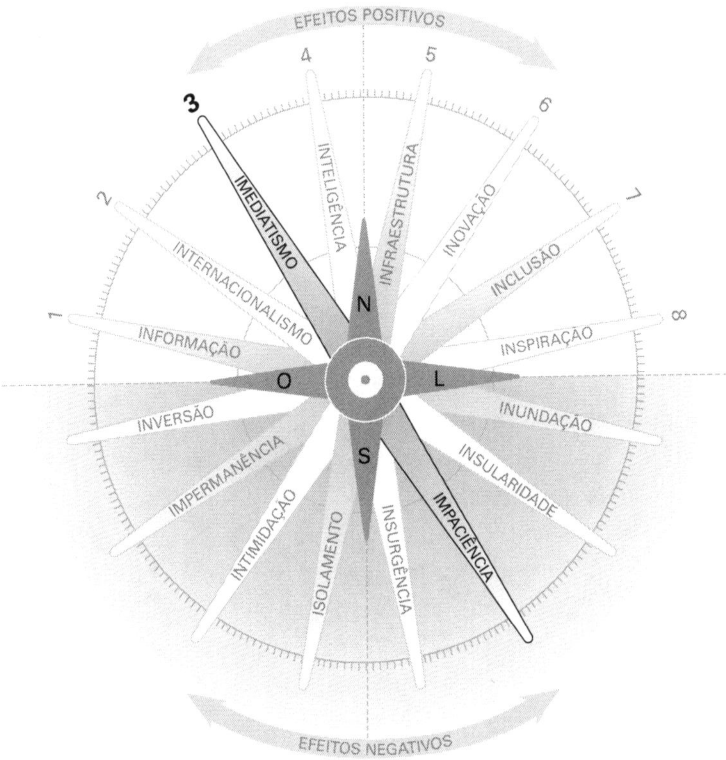

Analisamos até agora como a informação pode sobrecarregar os líderes e criar mudanças significativas de comportamento. Da mesma forma, a internet está acelerando as transações e fomentando o comércio global, criando oportunidades ímpares, além de expandir a velocidade e o volume da oferta de dinheiro. Ao mesmo tempo, a internacionalização vem sendo combatida por uma crescente onda de nacionalismo ligado à desigualdade econômica, ao consumo excessivo, à migração e à dívida.

Neste capítulo, vamos explorar outras mudanças de comportamento paradoxais causadas, ao menos à primeira vista, por uma grande eficiência tecnológica, parcialmente compensada pelo aumento dos níveis de comportamento negativo.

Nós temos encontros de cinco minutos. Comemos fast food. Utilizamos filas de autoatendimento em mercados. Experimentamos dietas de "fim de semana" e pagamos mais caro para entregas em 24 horas. Buzinamos quando o semáforo fica verde. Lutamos com relatórios de ganhos trimestrais. Conversamos através de frases encurtadas, *emojis* e acrônimos. Tuitamos histórias em 280 caracteres, ou menos. Fazemos curvas, tomamos atalhos. Nós escrev... E começamos coisas que não termin...

Preferimos abandonar, em vez de esperar. Muitas vezes, largamos a leitura de uma notícia se ela não estiver disponível naquele momento. Estamos esquecendo de que somos parte do meio ambiente, e não o contrário.

A principal característica da internet é conectar pessoas e seus dispositivos. Ela é usada para trocar e-mails, realizar pesquisas, baixar arquivos, ingressar em grupos de discussão, jogar jogos interativos para fins de educação e autoaperfeiçoamento, para fazer amizades ou networking, ler jornais e revistas eletrônicas, procurar empregos e fazer compras.[1] Em quase todos os casos, era mais caro, difícil e lento fazer tudo isso antes da internet. Ostensivamente, a mudança é boa, mas com ela também perdemos algo. A eficiência e a velocidade criaram a noção de que tudo deve ser rápido e fácil.

A internet contribui para um "eu quero agora!", uma impaciência guiada pela web. Veremos como essa mudança forçou outras, e como a impaciência muda as expectativas. Essa impaciência pode ser encontrada desde os seus benefícios, tais como eficiência e a mostra de informações em tempo real, até a erosão da confiança em níveis estratégicos.

A impaciência é a razão porque muitos não ouvirão as ideias neste e em outros livros, ou porque muitos objetivos de longo prazo não se realizam. Também é a razão porque muitas carreiras e relacionamentos a longo prazo falham, ou porque muitos adultos e crianças não atingem seus potenciais. É também o principal motivo porque a ignorância reina. Como Churchill disse: "Muitos ocasionalmente batem de frente com a verdade, mas muitos fogem dela como se nada tivesse acontecido."[2]

Veremos neste capítulo:

- Eu quero agora!
- Como nos submetemos às forças da Amazon.
- O aumento consistente dos rendimentos disponíveis.
- A paciência não é uma virtude; mas, sim, três.
- A paciência é um fator-chave na eficiência.
- Impaciência e estresse.
- A paciência pode ser aprendida?
- Impaciência e relacionamentos.
- O efeito na política, liderança e confiança.
- A impaciência da mudança, mesmo que seja apenas a sua percepção.
- A impaciência *é* a fonte da divisão.
- Conclusões.

## EU QUERO AGORA!

A paciência tem sido uma das grandes vítimas do século XXI até agora. Em uma época em que a eficiência tecnológica cria mais tempo de lazer e rendimento, assistimos um efeito paradoxal ao mesmo tempo. Como aprendemos no capítulo 1, um influxo de comunicações vem sobrecarregando todos nós. Atualmente, nos sentimos mais ocupados do que nunca à medida que adicionamos mais às nossas vidas. A impaciência é definida como irritação em relação a qualquer coisa que cause atraso ou o desejo irrequieto de mudança e excitação. A internet nos permite seguir em frente muito mais rápido, e agora esperamos de tudo.

Bem, quem se importa se todos nós queremos que as coisas aconteçam mais rápido? Não é uma tendência nova. Na figura 3.1, é possível ver que, mesmo antes da internet, o tempo de permanência em um emprego vem diminuindo, especialmente para homens mais velhos.

Entre os 25 e 44 anos de idade, a permanência média é entre três e sete anos. Se tomarmos o ponto médio como cinco anos, então podemos dizer que a rotatividade média da equipe é de vinte por cento ao ano. As relações no local de trabalho estão encurtando, talvez devido aos empregados não serem tão leais aos empregadores ou vice-versa.

FIGURA 3.1 MEDIANAS DE DURAÇÃO DE EMPREGO ENTRE HOMENS (25-64 ANOS)

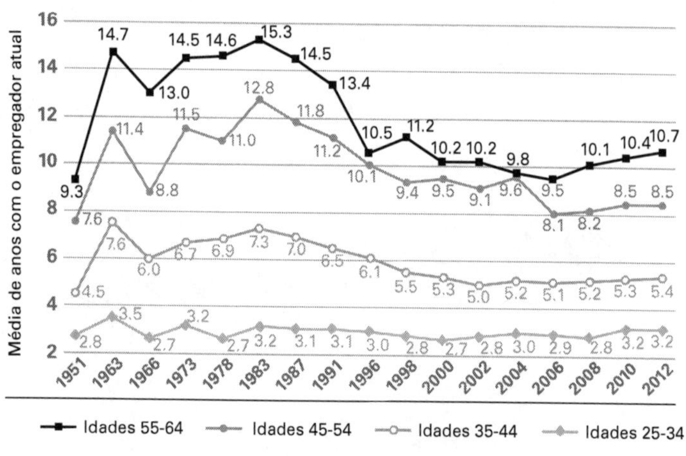


FONTE: DADOS (PARA 1951, 1963, 1966, 1973 E 1978) DA *MONTHLY LABOR REVIEW* (SETEMBRO DE 1952, OUTUBRO DE 1963, JANEIRO DE 1967, DEZEMBRO DE 1974 E DEZEMBRO DE 1979) E DE COMUNICADOS DE IMPRENSA (PARA 1983, 1987, 1991, 1996, 1998, 2000, 2002, 2002, 2004, 2006, 2008, 2010 E 2012) DO DEPARTMENT FOR LABOR, BUREAU OF LABOR STATISTICS (EUA).

FIGURA 3.2 PROPORÇÃO DE AMERICANOS QUE VIVEM SOZINHOS AUMENTOU, ESPECIALMENTE ENTRE OS JOVENS ADULTOS

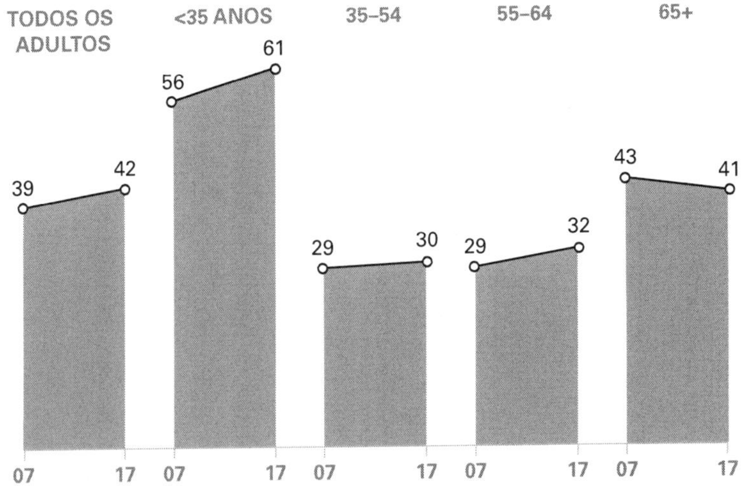


NOTA: ADULTOS SEM PARCEIROS SÃO AQUELES SEM CÔNJUGE/PARCEIRO PRESENTE.
FONTE: ANÁLISE DO PEW RESEARCH CENTER DE 2007 E PESQUISA DE 2017 DO SUPLEMENTO ANUAL, SOCIAL E ECONÔMICO CURRENT POPULATION (IPUMS), HTTP://WWW.PEWRESEARCH.ORG/FACT--TANK/2017/10/11/THE-SHARE-OF-AMERICANS-LIVING-WITHOUT-A-PARTNER-HAS-INCREASED-ESPECIALLY-AMONG-YOUNG-ADULTS

O mesmo se aplica, no entanto, para a parcela de pessoas solteiras. A figura 3.2 mostra o aumento desse grupo nos Estados Unidos, divididos entre idades, em um período de dez anos entre 2007 e 2017. É o gráfico de uma sociedade atomizada com mais relacionamentos fluidos e curtos.

Por que isso importa? Somos, então, "ambiciosos" e "folgados"? Com certeza, sim. Mas essa é uma tendência que não suporta extrapolação linear. Quando a rotatividade dos funcionários atinge um certo nível, os empregos tornam-se "coisas", com pouca ou nenhuma previsibilidade ou estabilidade. Tudo bem se você está em seu primeiro emprego, mas para aqueles que possuem dependentes, a estabilidade a longo prazo é mais eficiente.[3] A hipoteca americana padrão, de trinta anos, foi concebida em torno da duração média do emprego ao longo da vida.[4] Elas foram estendidas em comprimento para permitir que quem acabasse de atingir essa faixa etária se tornasse dono de alguma propriedade. A capacidade de planejar e gerenciar um orçamento é uma relação linear. As comunidades são construídas sobre a paciência. Elas cuidam dos doentes, idosos e enfermos. Assim, qualquer falha em uma relação eficiente de curto prazo com o setor privado resulta em uma relação ineficiente e de longo prazo com o setor público. Isso cria a ilusão de velocidade e eficiência, mas, muitas vezes, a realidade é o oposto.

> **Dica Rápida**: Os líderes devem reconhecer que parte do seu papel consiste na proteção de suas equipes e suas comunidades. A flexibilidade pode ser valorizada, mas deve ser equilibrada com os benefícios que a estabilidade traz. A última é mais eficiente a longo prazo.

O paciente educa, alimenta e contribui para a comunidade. Todas essas tarefas se tornam mais caras e menos eficientes quando feitas pelo Estado, o que é especialmente verdade quando há famílias envolvidas. A instabilidade dos relacionamentos também é ruim para os negócios. A rotatividade de funcionários de um empregador reflete sua capacidade de manter o negócio e construir relacionamentos. Se a permanência média no emprego é de cinco anos, ela equivale a uma rotatividade anual de vinte por cento do pessoal. Muitas empresas conseguem apenas três anos, lidando, assim, com uma taxa de rotatividade de 33 por cento.

A incerteza[5] dificulta o envolvimento dos líderes com as pessoas. Nesse sentido, eles devem trabalhar mais para enfatizar a visão e a missão, a fim de esclarecer expectativas e comunicá-las. A conclusão inevitável é que, se a internet está desestabilizando e minando o emprego, então ela também está desintermediando a própria liderança. O tempo que a liderança tem para engajar-se pode se tornar tão curto que a sua efetividade talvez seja prejudicada.

Paralelamente, o mesmo pode ser dito dos pais que tentam chamar a atenção de adolescentes movidos a iPhones. Muitos momentos são perdidos devido à impaciência dos adolescentes em ver o que há de novo em seus aparelhos. Essa geração, mais do que qualquer outra, tem expectativas de que o mundo off-line esteja cada vez mais próximo do mundo on-line.

O único grupo que é visto com frequência vivendo com outro parceiro são os maiores de 65 anos. E quem se importa se você mora com um parceiro? Mais uma vez, é uma questão de eficiência. As pessoas que vivem com parceiros tendem a ser mais saudáveis, vivem mais tempo e podem pagar por moradias melhores.[6] Quanto mais famílias, maior é a pressão sobre os preços das casas.

Essa tendência para relações mais curtas e mais rápidas na internet é clara. Metade dos solteiros britânicos nunca convidou alguém para sair pessoalmente. Quarenta e seis por cento dos solteiros nunca terminaram o relacionamento com alguém pessoalmente, mas o fizeram on-line ou através de SMS.[7] A internet facilitou tanto o começo quanto o fim de relacionamentos. Nesse sentido, aplicativos de relacionamento têm assumido papéis de software de recrutamento.

A maioria dos usuários desses aplicativos admitem que os namoros virtuais os tornaram criteriosos quanto à aparência e mais propensos a escolher parceiros rapidamente.[8] A impaciência crescente é uma tendência também reconhecida pelo professor Ramesh Sitarman, da Universidade de Massachusetts, em Amherst, que mostrou que a maioria dos internautas desistiria, por exemplo, de esperar que um vídeo fosse carregado após dez segundos.[9] A maioria dos visitantes de um site tem ainda menos paciência: a menos que a página seja carregada em três segundos, a desistência é certa.[10] Sabemos, portanto, que, sempre que há escolha envolvida, as pessoas avançarão rapidamente para outra alternativa. Isso aumenta o número de relacionamentos no total.[11]

**Dica Rápida:** Líderes devem ter o cuidado de rever sua presença on-line, seja ela pessoal ou corporativa. Se um item demorar para ser encontrado ou levar muito tempo para carregar, será descartado.

## COMO NOS SUBMETEMOS ÀS FORÇAS DA AMAZON

A mudança tecnológica ao longo dos últimos quinze anos tem sido apenas um fator contribuinte; e não abrange apenas o iPhone. Em 4 de fevereiro de 2004, Mark Zuckerberg lançou o Facebook, e agora conta com 1,7 bilhões de usuários. Em 15 de outubro de 2009, a Amazon anunciou que passaria a entregar produtos no mesmo dia para os Estados Unidos. Em 2018, a empresa fez mais de 6,4 bilhões de dólares em vendas.[12] Em 12 de setembro de 2012, um aplicativo chamado Tinder foi lançado. Em março de 2018, ele já tinha alcançado a marca de mais de vinte bilhões de usuários.[13]

Agora, é possível ter bancos digitais. Ninguém espera para revelar fotografias. A maioria dos serviços governamentais está on-line. Você está conectado em qualquer lugar — viajando, no banheiro, na cama, na escola, até mesmo no topo do Monte Everest. É possível ver qualquer pessoa e em qualquer lugar do mundo via Skype, FaceTime, Zoom e assim por diante, ou monitorar a segurança e controlar a temperatura em sua casa remotamente. Você pode usar o WebMD para diagnosticar seus sintomas on-line sem ter que marcar uma consulta médica. Por que, então, todos os médicos não fazem o mesmo?

Mencionamos brevemente a Lei de Metcalfe, que trata do valor de sistemas de comunicação, no capítulo 1, mas precisamos revisitá-la para entender que a velocidade a que estamos nos movendo agora pode muito bem ser contraproducente. Se voltarmos quinze anos no tempo, será possível constatar como as novas tecnologias, como o e-mail e a teleconferência, contribuíram para um aumento significativo na produtividade. Os fluxos de informação aumentaram à medida que a colaboração entre os funcionários ocorria. O impacto na produtividade foi significativo: cresceu mais rapidamente durante os anos 1990 e início dos 2000 do que nos anos anteriores e, de repente, estagnou,[14] desde 2007. O iPhone foi lançado no mesmo ano. Pode ser essa a razão?

Se a Lei de Metcalfe funciona, então a utilidade e o valor de uma rede aumentam exponencialmente à medida que a tecnologia atinge a sua maturidade. Dois telefones não acrescentam valor; mas se todos tiverem um, sim. O problema surge quando se examinam as relações custo/utilização. É facilmente entendido que o uso aumenta à medida que os custos diminuem. Mas o que acontece quando o custo cai a tal ponto em que todos passam a interagir em tempo real?

**Dica Rápida:** A tecnologia é amada pelos impacientes. É útil até certo ponto, mas proporciona retornos decrescentes. A nova tecnologia nem sempre é melhor, é apenas diferente.

Quando, anteriormente, a tecnologia de produtividade estava confinada ao local de trabalho, ela representava, nos termos de Metcalfe, um número menor de nós. Quando se expande para quase todos e também para todas as horas, o número de conexões se expande exponencialmente. Isso é o que logicamente aconteceria se todos tivessem um iPhone. Sob essas circunstâncias, a produtividade é, então, substituída pela letargia, pois todos se comunicam com todos, em tempo real, a todo instante. Quando esse fator se liga à impaciência, transforma-se em uma receita para a sobrecarga, como vimos no capítulo 1. Essa é talvez a razão pela qual a produtividade nos escritórios tem diminuído drasticamente desde 2007. Na figura 3.3, podemos ver a aceleração consistente na produtividade de 1973 até 2007, quando o ganho tecnológico começou a ser compensado pela Lei de Metcalfe e pela sobrecarga. Agora, não é mais uma certeza que mais informação e mais tecnologia aumentarão a produtividade.

Figura 3.3 Mudança de produtividade no setor empresarial não agrícola (1947-2016)

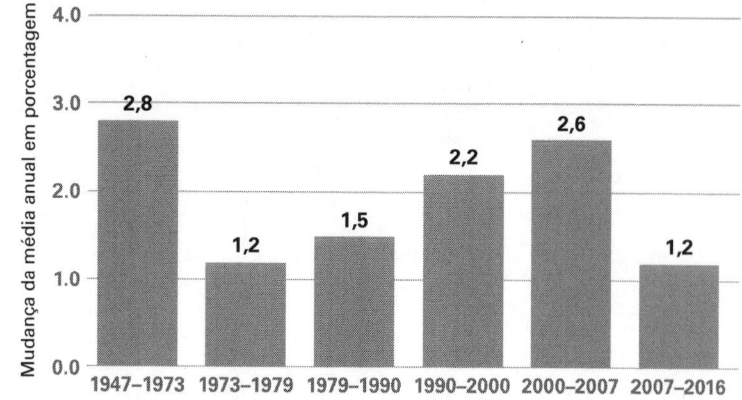


Fonte: Escritório de Estatísticas Trabalhistas dos Estados Unidos, https://www.bls.gov/lpc/prodybar.htm.

As empresas, porém, têm investido sucessivamente em novas tecnologias sob o pressuposto, por vezes mal orientado, de que a produtividade melhora automaticamente. Os novos sistemas, no entanto, podem não ser *melhores* ou mais produtivos; podem ser apenas *diferentes*. A tecnologia tornou-se tão inundada por outras tecnologias de comunicação que começou a ter o efeito oposto. O resultado líquido é que a liderança trabalha agora com um dos públicos mais distraídos na história. A nossa própria capacidade de concentração foi corroída pelo declínio constante das atenções. Pior, os líderes competem por atenção com os melhores diretores de vídeo e designers gráficos, todos com a capacidade de tornar o material mais estimulante.

Agora leva mais tempo para estabelecer as comunicações de gestão porque, primeiro, precisamos chamar a atenção, depois mantê-la e, em seguida, verificar se os receptores retiveram a informação. Além disso, a liderança tem agora verificações de conformidade para avaliar periodicamente se a amnésia causada pela sobrecarga não expeliu a informação anterior.

A liderança deve evoluir no que diz respeito à comunicação. Não é possível depender apenas de planilhas e slides de PowerPoint, mas ir além para incluir maior brevidade, entretenimento, humor, gráficos e assim por diante.

> **Dica Rápida:** Os líderes nunca devem confundir comunicação com conversa. Eles devem aproveitar todas as oportunidades para falar com um grupo de interessados mais amplo possível. Devem usar todas as oportunidades para apoiar o que dizem com gráficos e vídeos atraentes.

Desse modo, a Lei de Metcalfe tem um lado obscuro: à medida que o custo das comunicações diminui, o número de interações aumenta exponencialmente, assim como o tempo necessário para processá-las. O princípio também se aplica às reuniões. À medida que o custo das tecnologias de videoconferências, tais como o Zoom, diminuiu, o número de reuniões aumentou, e o de participantes por reunião explodiu. Agora, cerca de quinze por cento do tempo coletivo de uma organização é gasto em reuniões — uma porcentagem que tem aumentado a cada ano desde 2008, de acordo com a *Harvard Business Review*.[15]

Quando o custo da comunicação era maior, mais tempo era investido em uma comunicação. A quantidade de comunicações aumentou, mas a qualidade diminuiu. O baixo custo e a comunicação abundante passaram a ser o ponto de virada e, como aprendemos no capítulo 1, geraram sobrecarga. Pior ainda, toda a tecnologia tem algo em comum: o substituto é mais rápido do que aquilo que substituiu. E, esse é um dos grandes efeitos positivos da internet: dispor de mais rapidez do que nunca. Não há necessidade de esperar ou de gratificações tardias. Isso gera expectativa não só para as aplicações, mas para todo o resto.

Por que precisamos, por exemplo, de lojas e assistentes de venda, já que podemos ter acesso a tudo através de telefones e receber as encomendas horas mais tarde? Esse fator está causando um efeito especial em centros urbanos. Ao permitir que você escolha um parceiro alternativo, o Tinder cria a expectativa de que os relacionamentos são fáceis de dissolver e mais ainda de substituir. Há muitas alternativas. Por que eu deveria aturar este parceiro quando eu posso ter outro? Esse fenômeno aplica um efeito profundo na longevidade das relações em nível pessoal e também no local de trabalho. Quando o Facebook permite que você *goste* de algo, ele ouve a sua opinião e cria a expectativa de que talvez a vida inteira deva ser assim também. Por exemplo, por que alguém que é obviamente culpado por um crime não é condenado imediatamente? Por que precisamos dar um mandato aos políticos? Por que não tomamos os votos para nós mesmos? Por que não podemos ter democracia direta?

A impaciência está mudando os comportamentos e as expectativas em muitas áreas. Agora vamos olhar para as suas consequências econômicas.

## O AUMENTO CONSISTENTE DOS RENDIMENTOS DISPONÍVEIS

No capítulo 1, vimos que a abundância de fatos fornecida pela internet não está necessariamente correlacionada a sua assimilação. A fantasia é sempre muito mais divertida do que os fatos — daí o aparecimento de notícias falsas. Da mesma forma, o maior período de melhoria da riqueza material jamais coincidiu com o maior debate sobre a desigualdade de salários. Isso porque não importa o que dizem os números médios ou gerais; há vencedores e perdedores. Esses grupos também podem se dividir em subgrupos por idade, sexo, etnia, área residencial, educação e assim por diante.

O aumento consistente dos rendimentos disponíveis para os ricos também contribuiu para a impaciência, e vice-versa, tanto no Reino Unido[16] quanto nos Estados Unidos.[17] Impaciência, superconsumo e dívida são, portanto, relações espelhadas.

A velocidade com que o comércio pela internet opera on-line significa que as compras podem ser feitas sem consentimento ou anonimamente, como ocorre, por exemplo, com o Amazon Quick Buy, microtransações, taxas de dados em *roaming*, jogos e apostas on-line, Apple Pay e assim por diante. Por vezes, a fixação de preços variáveis de acordo com a procura pode aumentar os custos sem consentimento formal. Nessas circunstâncias, não escolhemos o que queremos comprar pelo preço que desejamos, mas ganhamos a ilusão de escolha e preço em vez disso. Nos é perguntado o que gostaríamos de consumir, e não se queremos consumir. Tudo isso é alimentado por publicidade programática direcionada (e redirecionada), concebida para nos lembrar constantemente das compras perdidas e reforçar a consciência da sedução e de sua abundância.

## A PACIÊNCIA NÃO É UMA VIRTUDE; MAS SIM, TRÊS

A definição de paciência é "esperar sem reclamar";[18] ser paciente é suportar o desconforto em silêncio. Isso envolve três outras virtudes: autocontrole, humildade e generosidade. Portanto, a paciência não é necessariamente uma virtude única, mas uma amálgama de outras, e a falta dela tem consequências sociais profundas.

A paciência é necessária em quase todos os aspectos da vida, além de estar intrinsecamente ligada à justiça. Leva tempo para um tribunal ouvir as testemunhas, considerar os fatos, fazer perguntas e reunir um júri. A justiça na mídia é mais rápida, mas, infelizmente inadequada. Para que uma decisão justa seja alcançada, todas as testemunhas precisam ser consultadas, e todos os depoimentos, lidos. Os advogados e solicitantes devem trabalhar em conjunto para acordar a acusação correta. Se alguma condenação ocorrer, deve estar sujeita a um direito de recurso, por vezes em vários níveis.

A democracia depende da paciência. Os candidatos devem fazer campanha. As políticas públicas devem ser elaboradas e orçamentadas.

O eleitorado precisa ouvir os dois lados da discussão. Depois das eleições, os representantes devem trabalhar pacientemente para redigir a legislação. Mudar a lei estatutária é um processo especialmente meticuloso. As leis devem passar por várias fases de consulta para que os governados concordem.

A construção requer um planejamento paciente de todas as considerações ambientais. Tem de ser autorizado por todos os representantes de segurança relevantes. Cada ofício deve ser cuidadosamente coordenado para garantir que funcione em sequência. Às vezes, projetos de engenharia, em particular, encontram dificuldades imprevistas que exigem mudanças de plano.

Ensinar requer a compreensão de que nem todos aprendem no mesmo ritmo ou da mesma maneira. Há muitas formas de aprender, e o aprendizado não termina depois da escola ou da faculdade. A enfermagem reconhece que a cura não é um processo linear. Há dias bons e ruins. Para contratar alguém, um empregador deve ter paciência para permitir que uma função seja aprendida e admitir que erros acontecem, o que significa paciência sob a forma de tolerância. Há, claro, muitos tipos de paciência. Algumas tarefas de liderança podem ser fastidiosas, mas muitas das mais importantes são repetitivas e requerem persistência; paciência como determinação, talvez uma das maiores — e mais subestimada — de todas as habilidades de liderança. Os líderes também estão sujeitos aos problemas de toda a equipe, para além dos seus próprios. Os bons líderes aprendem a minimizar os seus próprios impasses ante aos da equipe, ou seja, paciência como autossacrifício ao colocar os outros em primeiro lugar.

As virtudes humanas de cuidar, nutrir, e até mesmo de ser pai ou mãe, dependem da paciência. O próprio tecido da nossa sociedade está, portanto, sendo minado pelo aumento da velocidade da tecnologia, tão valorizada e apreciada. Esse é, naturalmente, outro paradoxo onde o que parece ser um ganho é apenas uma melhoria a curto prazo, à custa da eficiência a longo prazo.

## A PACIÊNCIA É UM FATOR-CHAVE NA EFICIÊNCIA

Em *Too Fast to Think*, podemos examinar a diferença entre a ilusão e a realidade da velocidade. Mover-se ao longo de uma linha em zigue-zague pode parecer rápido, mas o mesmo percurso em linha reta leva menos tempo. Para isso, é necessário um planejamento paciente em vez de uma partida imediata para os objetivos. A avidez pela ação, em sua forma mais crua, representa, então, um desperdício de energia que poderia ser melhor aplicada na elaboração de uma solução para um problema.

A paciência não é apenas necessária para carreiras, mas também para inspirar a liderança. Demonstrações de paciência podem ser poderosas. Quando um líder revela uma meta de longo prazo, cada revés é uma forma de renovar a determinação para alcançar o objetivo. A vitória sem contratempos não é tão inspiradora.

De forma semelhante, quando um líder espera com a sua equipe ou até mesmo vai para o fim da fila com ela, demonstra que todos aqueles que estão à espera são igualmente dignos de obter aquilo que esperam. Essa é a paciência sob a forma de democracia, e também como modos, e a demonstração de autodisciplina revela uma liderança forte. A melhor maneira de uma equipe se identificar com um líder é partilhar as mesmas dificuldades. Isso demonstra que o líder não está apenas consciente dos seus próprios pensamentos e necessidades, mas também dos pensamentos e necessidades dos outros.

Poder e paciência andam de mãos dadas. A pressa no julgamento e as exibições de poder a curto prazo não projetam nada além de fraqueza. Menos é mais. A paciência na liderança, portanto, é importante, mas está surpreendentemente ausente em outras áreas. Veja os acionistas, a título de exemplo. Dependendo do país, algumas bolsas de valores em todo o mundo insistem no imediatismo e que os investidos respondam aos investidores a cada noventa dias. É aqui que a paciência e a confiança estão ligadas.

**Dica Rápida**: Não confunda a ilusão de velocidade com a realidade. A velocidade das decisões é geralmente inversamente proporcional às ações implementadas.

## IMPACIÊNCIA E ESTRESSE

Não surpreende que a impaciência e o estresse estejam ligados. As formas para lidar com o estresse estão bem desenvolvidas e incluem exercício, meditação, ioga, qualidade de atenção e assim por diante. Aulas para desenvolver paciência, porém, não são tão bem desenvolvidas, mas podem ajudar a lidar com a impaciência, que causa tanto estresse em outros. Parece, no entanto, que os sistemas que criam tanta eficiência também encorajam as nossas expectativas de que tudo deve ser rápido e fácil. Reconhecemos e lidamos com o estresse, mas raramente abordamos a sua verdadeira causa — a nossa própria impaciência que nos faz nos abastecer tanto quanto a internet permite, e depois usar qualquer tempo livre para mais. Temos de parar, criar espaço e depois ver o que acontece.

## A PACIÊNCIA PODE SER APRENDIDA?

Diz-se, muitas vezes, que a liderança é um talento natural: uma pessoa pode tê-la ou não. A paciência, porém, está no centro de uma boa liderança de longo prazo. Ela pode ser aprendida em uma escola de negócios? A maioria das instituições concentra-se em submeter líderes à pressão de tempo e a problemas complexos. Essa, é claro, é talvez uma situação mais realista. Os líderes do mundo real são, muitas vezes, obrigados a tomar decisões sob estresse, privados de sono e, muitas vezes, com informações inadequadas, geralmente com prioridades conflituosas.

A primeira experiência pode ser frustrante, isolante e estressante. O primeiro ponto em que os líderes têm de aprender a ter paciência é com o seu próprio desempenho, o que requer perseverança. Você não pode demonstrar resistência e empatia com os outros sem antes aplicá-las a si mesmo. É por isso que às vezes o fracasso pode ser um excelente estímulo para o sucesso. Aqueles com paciência e determinação para tentar novamente têm mais chances de sucesso.

Esse fator destaca um divisor de águas entre um líder e um gerente. O último concentra-se em trabalhar ordenadamente. O primeiro, em optar pelas escolhas certas. Isso requer coragem e responsabilidade pessoal para absorver a noção de fracasso e reenquadrá-la positivamente. Uma abordagem amarga ou ressentida do fracasso é a marca de uma liderança incompetente.

Em *Strength of Will and How to Develop It*, E. Boyd Barrett oferece os seguintes exercícios:

- Espalhe cinquenta moedas no chão. Depois, calma e lentamente, ordene-as em uma pilha. O autor sugere realizar o exercício uma vez por dia durante vários dias, aumentando o número de moedas à medida que avança;
- Pegue um livro de pelo menos 150 páginas e folheie-as silenciosa e lentamente, fazendo uma marca a lápis em cada página à medida que avança;
- Começando com o número um, conte em voz alta, devagar, durante dez minutos.

Se isto parece inútil a você, então já é possível perceber o que está acontecendo. Essa é a mesma perseverança necessária para melhorias físicas incrementais, como dieta ou exercício. A disciplina mental é a mãe da paciência.

**DICA RÁPIDA**: Ser paciente é um amálgama entre ser disciplinado, atencioso e altruísta. É eficiente a longo prazo. Com a paciência, é possível promover a unidade e a confiança a longo prazo. A impaciência atomiza as equipes. É difícil respeitar os valores a longo prazo com impaciência.

A questão sobre paciência e autodisciplina foi destacada nas chamadas "experiências marshmallow" realizadas pelo psicólogo Walter Mischel com crianças no início dos anos 1960 na Universidade de Stanford, na Califórnia.[19] Mischel ofereceu às crianças a escolha entre uma recompensa (como um marshmallow, um pretzel ou uma bala) que elas poderiam comer imediatamente ou uma recompensa maior (dois marshmallows), pela qual teriam que esperar, sozinhas, por até vinte minutos. Foi um estudo longitudinal que descobriu que as crianças que tinham esperado pelo segundo marshmallow geralmente alcançavam sucesso na vida, anos depois. Os estudos mostraram, por exemplo, que uma criança que escolheu esperar pela segunda opção estava ligada a pontuações acadêmicas mais altas e índices de massa corporal (IMC) mais baixos. Os pesquisadores descobriram até mesmo que os pais dos "retardatários" relataram que seus filhos eram mais competentes do que os "imediatistas", mesmo sem saber quais escolhas as crianças tomaram.

## IMPACIÊNCIA E RELACIONAMENTOS

Nem todas as relações começam bem. Muitos podem confirmar esse fato. Às vezes leva tempo para que as pessoas cresçam juntas. Será que o aumento da taxa de divórcio e o declínio da paciência estão interligados? A existência de alternativas também é um fator relevante. Os impacientes provocam impaciência nos outros. É uma reação em cadeia, aceita e acelerada. De acordo com o Escritório de Estatísticas Nacionais do Reino Unido, um quarto das crianças estão em famílias monoparentais.[20] Todos os pais de adolescentes sabem que as "fases" da adolescência podem ser desafiadoras, o que também leva tempo e paciência. É amor como um alótropo de paciência.

## O EFEITO NA POLÍTICA, LIDERANÇA E CONFIANÇA

Acima de tudo, é impossível desenvolver confiança onde não há paciência. Portanto, podem não ser os representantes que estão em falta, mas os eleitores. Será que a causa raiz da falta de confiança não é a mudança da natureza humana, mas sim a elevação das expectativas para além do que seria real?

Na obra de Jean-Jacques Rousseau de 1762, *Do contrato social,* foi estabelecida a ideia da soberania do povo e da sua relação com a liderança política. "O homem nasce livre; e, a todo lugar, ele está acorrentado. Um pensa-se dono dos outros e continua a ser o escravo maior. Como a mudança se deu? Eu não sei. O que pode torná-la legítima? Acho que posso responder." O filósofo segue discutindo a relação entre os líderes (em seu caso, governo e monarquia) e o povo. O trabalho de Rousseau é relevante para o assunto tratado neste livro porque foi reverberado pelas mídias sociais da época — panfletos impressos a baixo custo que incitaram o ódio pela monarquia e plantaram as sementes para a revolução.

## A IMPACIÊNCIA DA MUDANÇA, MESMO QUE SEJA APENAS A SUA PERCEPÇÃO

Vejamos a impaciência como a proveniência da mudança política. Quer os políticos gostem ou não, são líderes cívicos. A primeira tarefa de qualquer líder é proteger e servir os seus seguidores e os seus sistemas políticos. O Brexit e a ascensão do nacionalismo tanto na Europa como nos Estados Unidos são sinais de que grandes grupos não sentem que os líderes tenham feito o suficiente para protegê-los.

Isso se aplica às suas percepções de justiça, saúde, educação, lei e ordem. O cenário não mudou rápido o bastante aos olhos deles.

Pouco depois das eleições americanas de novembro de 2016, o *The Guardian*[21] perguntou a alguns cidadãos americanos o porquê de suas escolhas. Alguns disseram que não queriam que o legado Clinton continuasse na Casa Branca, citando o impeachment de Bill Clinton. Outros admiravam o candidato presidencial como um *self-made man*. Alguns queriam mudar os Estados Unidos para servir ao povo, em vez de um sistema político que quer servir a si mesmo. "Ele mostra quem manda" foi outra razão.

Os Estados Unidos e o mundo estavam fortemente divididos entre aqueles que pensavam que o novo presidente seria um desastre e os que achavam que seria um sucesso incontestável. Parte do quadro aqui é que existem duas nações impacientes no mesmo país: ambas querem mudanças, mas através de modelos diferentes. Uma é composta por cidades costeiras e conhecidas pelo resto do mundo, incluindo Nova York, Boston, Washington, Los Angeles, São Francisco. Alguns se referem a elas como o Arquipélago Clinton. A outra nação encontra-se no interior, mais amplo e menos conhecido mundialmente, locais que incluem Wyoming, Utah, Idaho, Kansas, Montana, Alasca, Alabama, Nebraska e Dakota do Norte. O voto "do núcleo dos Estados Unidos" ganhou a corrida presidencial, o Senado, a Câmara e a maioria dos governadores, e eles pretendiam virar o país na direção deles.

Quantos líderes pensam que conhecem os Estados Unidos só porque passam tempo em Nova York? Viajar não é necessariamente compreender. É muito fácil fazer julgamentos a partir de uma breve experiência. As suposições precisam de desafios no novo mundo.

## A IMPACIÊNCIA É A FONTE DA DIVISÃO

O novo presidente não vai de forma alguma suavizar a sua posição, e muitos o apoiam por isso. Portanto, mesmo quando as manchetes dizem uma coisa, a taxa de aprovação entre os seus apoiadores permanece estável. Portanto, não adianta mais falar sobre a popularidade ou impopularidade do presidente. Os Estados Unidos estão divididos pela impaciência com o outro. Muitas pessoas têm até mesmo problemas com descendentes que se casam com pessoas que não compactuam com o seu espectro político.[22]

É fácil ser tomado pelo discurso vexaminoso do presidente Trump. Sem dúvida, alguns acham que o seu comportamento é ofensivo. Pode ser, no entanto, que haja mais um movimento global antissistema do que se pensa. É mais cômodo fixar a culpa em um homem facilmente detestável do que aceitar que a onda de populismo (ou impaciência popular) seja mais ampla, global. Parte da mensagem de sua campanha era sobre a impaciência dos eleitores com Washington. Esse ponto manifestou-se especificamente como uma promessa de devolver o governo ao nível estadual, em vez de federal. As suas repetidas afirmações de que ele queria "drenar o pântano" indicavam a alguns que ele queria um governo menor no geral.

De forma semelhante, as ondas de alegações de assédio sexual que abalaram o entretenimento em Hollywood e a política de Westminster em 2017 também mostram a crescente impaciência com o sistema judicial. Muitas acusações contra indivíduos foram feitas e repercutidas na mídia, resultando em danos significativos à reputação dos indivíduos, apesar de condenações não terem sido asseguradas.

## CONCLUSÕES

O que mais gostamos nos doces é como eles nos fazem sentir bem instantaneamente, na mesma hora, a curto prazo. Talvez seja por isso que os Estados Unidos estejam consumindo quantidades recordes de açúcar.[23] O fato também vale para a internet. É ótimo receber gratificação instantânea para cada capricho. Em última análise, ambos são prejudiciais, porque criam a expectativa de que os prazeres a curto prazo não têm consequências a longo prazo.

O imediatismo dos ambientes online aumenta as expectativas de desempenho em ambientes off-line, como a política, os sistemas eleitorais e o sistema judicial. Os crescentes níveis de impaciência têm impacto em todos os aspectos das relações humanas. O consumismo aumenta à medida que a permanência no emprego e a duração média das relações diminui. Embora os rendimentos familiares estejam aumentando, o mesmo acontece com os níveis de endividamento à medida que as pessoas lutam para acompanhar as mudanças, o que causa maior estresse e instabilidade, que, por si só, impacta os relacionamentos. A condição atomiza e multiplica o número de lares, aumenta mais o consumo e impulsiona a dívida e a desigualdade. Em suma, pagamos um preço elevado pelo imediatismo e eficiência a curto prazo que obtemos da tecnologia. A longo prazo, cria grande ineficiência, desigualdade, infelicidade e desperdício, que corroem ainda mais a confiança tanto na liderança nacional como internacional. Tudo isso, combinado a outros fatores, resulta na erosão da política tradicional, que está levando a um mundo radicalmente mudado.

A consequência desses fatores é que existe uma relação causal entre a impaciência gerada pela internet e o risco de uma avaria nas relações em nível pessoal, doméstico, empresarial e político. As novas tecnologias, se aplicadas como as suas antecessoras, só irão exacerbar essas tendências.

A impaciência é um assassino oculto em potencial, e é provavelmente a razão pela qual muitos não chegarão a ler estas palavras.

## NOTAS

1. https://www.edn.com/electronics-news/4351406/Top-10-uses-of-the-Internet
2. http://www.bbcamerica.com/anglophenia/2015/04/50-churchill-quotes
3. http://ftp.iza.org/dp1470.pdf
4. https://bebusinessed.com/history/history-of-mortgages

5. http://westernct.dalecarnegie.com/assets/70/15/Engaging_Employees_During_Times_of_Uncertainty.pdf
6. https://www.theguardian.com/lifeandstyle/2016/apr/17/couples-healthier-wealthier-marriage-good-health-single-survey-research
7. https://www.datingsitesreviews.com/staticpages/index.php?page=On-line-Dating-Industry-Facts-Statistics
8. https://www.datingsitesreviews.com/staticpages/index.php?page=On-line-Dating-Industry-Facts-Statistics
9. http://digitalmarketingphilippines.com/the-age-of-impatience-interesting-things-you-must-know
10. http://www.bbc.co.uk/news/business-37100091
11. http://www.telegraph.co.uk/news/health/news/7450868/Young-women-have-three-times-as-many-sexual-partners-as-grandmothers-did.htm
12. http://www.telegraph.co.uk/technology/2017/06/27/facebook-now-has-2-billion-users-mark-zuckerberg-announces
13. http://www.news.com.au/finance/business/the-real-story-behind-hugely-successful-dating-app-tinder/news-story/81c7d4587ea0d7f6f7aea7e20dcd4027
14. https://www.bls.gov/lpc/prodybar.htm
15. https://hbr.org/2014/05/your-scarcest-resource
16. http://webarchive.nationalarchives.gov.uk/20160107023650/http://www.ons.gov.uk/ons/rel/social-trends-rd/social-trends/social-trends-41/index.html
17. https://fred.stlouisfed.org/series/DSPIC96
18. http://www.christianitytoday.com/biblestudies/articles/spiritualformation/virtue-of-patience.html?start=7
19. https://www.theatlantic.com/health/archive/2014/09/what-the-marshmallowtest-really-teaches-about-self-control/380673
20. https://www.ons.gov.uk/peoplepopulationandcommunity/birthsdeathsandmarriages/families/bulletins/familiesandhouseholds/2015-01-28#lone-parents
21. https://www.theguardian.com/us-news/2017/oct/26/no-regrets-one-year-after-they-voted-for-trump-has-he-delivered
22. https://www.pri.org/stories/2016-02-15/people-don-t-date-across-political-party-lines-any-more-why
23. https://www.statista.com/statistics/283198/us-households-consumption-of-donuts-doughnuts-trend

CAPÍTULO 4

# COMPREENDENDO UMA NOVA FILOSOFIA

## *Inteligência e Insurgência*

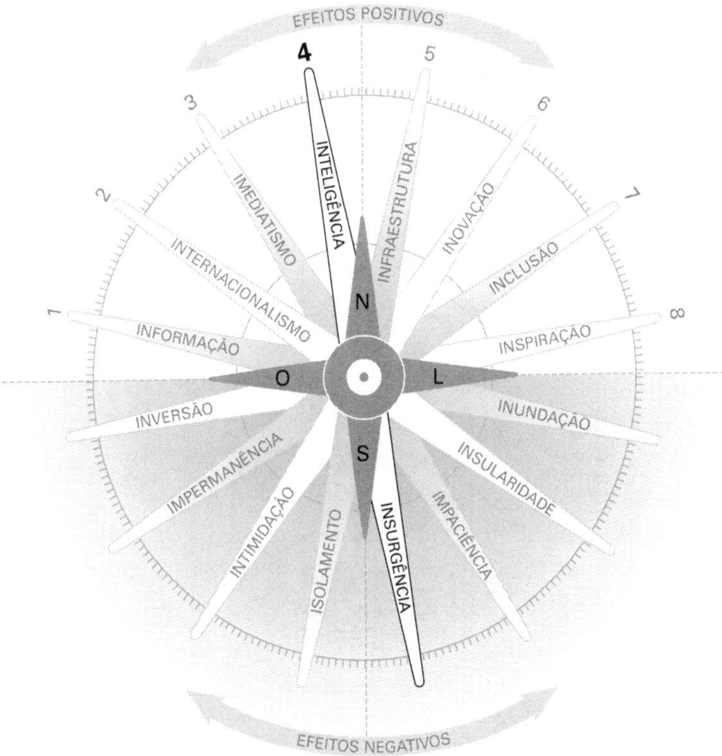

Vimos, até agora, como até mesmo as tecnologias atuais estão impulsionando grandes quantidades de informação e mudando comportamentos, o que resultou em maior transparência, compreensão e esclarecimento. Esses fatores, por sua vez, impulsionaram a cooperação, a riqueza e melhor compreensão dos desafios. Pelo padrão que estabelecemos, também teve o efeito oposto — a sobrecarga, que pode nos cegar. Também vimos como a tecnologia acelerou a economia, gerando enormes oportunidades e, ao mesmo tempo, consumo excessivo, endividamento e isolacionismo. Também verificamos como as eficiências trazidas pelas tecnologias de internet "sob demanda" aumentam as expectativas de que devemos exigir a mesma velocidade de todas as outras áreas de nossas vidas. A morte da paciência está sobre nós, e com ela vem a iminência da ignorância. A aprendizagem e a escuta requerem paciência. Quando ela deixa de existir, a experiência e o conhecimento também são minados, e entramos em uma era moderna de ignorância educada. Esquecemos rapidamente. O ontem já não existe; o amanhã ainda não chegou, e tudo o que importa é o agora.

A praga da ignorância mostra-se primeiro como impaciência. O que não é controlado torna-se raiva, mãe do ódio e, eventualmente, da violência. Essa é a consequência negativa da conectividade que desfrutamos. Quanto mais nos movemos nesse presente interrompido, mais somos empurrados para maior divisão e atomização, impulsionados por um pensamento cada vez mais relacionado ao lado esquerdo do cérebro.

Grandes líderes não podem entender como liderar a menos que entendam primeiro essas dinâmicas. Isso também significa investigar e compreender a sua própria capacidade do lado direito do cérebro. Não é possível montar uma equipe em paz consigo mesma sem um líder que tenha consciência da importância dela. As pessoas precisam sentir que pertencem ao time. Não há testes psicométricos para esse fim. Como você pode medir paciência, determinação, senso de humor e caráter? Todos eles estão altamente relacionados à liderança de sucesso, mas são subjetivos, irracionais e intangíveis; no entanto, não menos importantes. A aquisição dessas habilidades é mais um indicador de inteligência verdadeira do que mero intelecto.

No século XX, a proveniência de tanto pensamento *mainstream* sobre saúde física e bem-estar veio de áreas marginalizadas da ciência, como, por exemplo, a medicina homeopática, os alimentos orgânicos e o ambientalismo. O século XXI não será diferente no que diz respeito às esferas filosófica e espiritual. A meditação, a consciência e o pensamento holístico entrarão na sala de reuniões não por estarem na moda ou por falta de determinação, mas por serem eficazes na defesa da cultura e valores organizacionais e comunitários e na mitigação da atomização que estamos vivenciando.

Este capítulo falará de:

- O que é inteligência?
- A inteligência como esclarecimento
- O eixo do desafio da liderança
- Por que estão todos tão nervosos (nesta m***a)?
- Qual é a gravidade do problema?
- A oportunidade de liderança
- Uma nova oportunidade comercial?
- Os principais meios de comunicação nos deixam irritados
- As redes sociais também nos enfurecem
- Desintermediação
- A crítica do líder
- Regra 34
- O caso do mindfulness
- Resolução de conflitos
- A ganância é boa?
- O egoísmo supremo
- Empatia
- O processo de não fazer
- O papel do humor
- Proveniência criativa
- Conclusões

## O QUE É INTELIGÊNCIA?

Há muitas definições de inteligência, mas a maioria diz respeito simplesmente à capacidade de adquirir e aplicar conhecimentos. O problema que a inteligência enfrenta é o contexto dentro do qual ela funciona.

FIGURA 4.1 OS OITO SINAIS DE INTELIGÊNCIA SEGUNDO HOWARD GARDNER
COMEÇANDO DO ITEM NO TOPO E SEGUINDO SENTIDO HORÁRIO (CONFORME UM RELÓGIO, COMEÇANDO ÀS 0H):

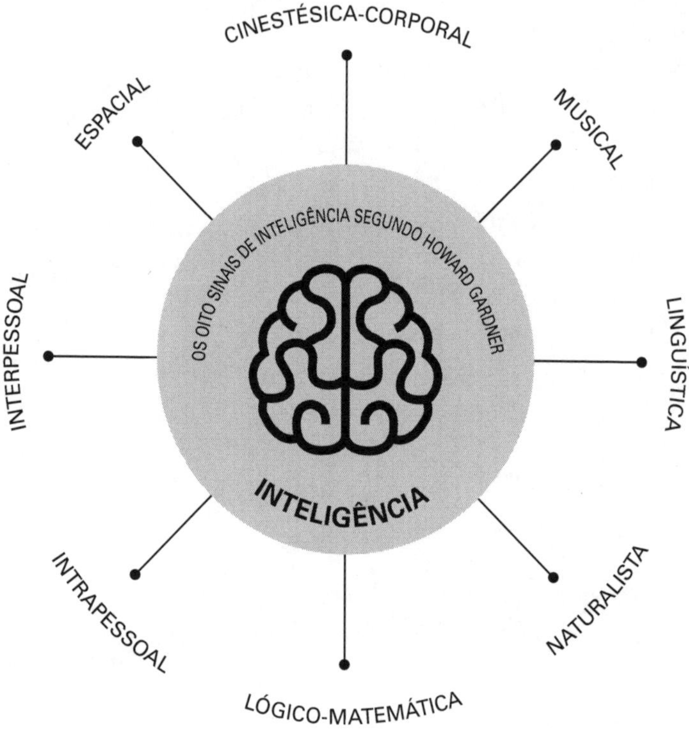


FONTE: GARDNER (2006).[1]

A inteligência é, geralmente, sinônimo de pensamento reducionista ocidental. A evidência da inteligência é codificada em exames e diplomas, mas alguns, como Howard Gardner,[2] por exemplo, começaram a avançar em teorias alternativas. Gardner, por exemplo, afirmou que existem vários tipos de inteligência (figura 4.1).

Como você pode ver, poucas dessas qualidades são referenciadas ou codificadas nos modelos tradicionais do ensino primário, secundário e terciário. A ênfase ortodoxa está muito mais nos vetores lógicos-matemáticos (ciência) ou linguísticos-históricos (artes). O autor e educador best-seller, sir Ken Robinson, também apontou as limitações desse modelo e enfatizou como os paradigmas educacionais estão mudando.[3] Como ele diz, é um mundo onde "há uma resposta correta, e ela está na parte de trás do livro".

> **Dica Rápida:** O trabalho do líder não é ser a pessoa mais inteligente da sala; o líder faz com que todos se sintam dessa maneira. Nesse caso, se você é a pessoa mais inteligente do local, está na sala errada!

Até aqui tudo bem, mas a inteligência não é necessariamente fundamental para a liderança. Claro, ajuda, mas a liderança também está fortemente relacionada a muitas outras habilidades e qualidades pessoais básicas, como determinação e tenacidade, qualidades que também aumentam a probabilidade de que outras aptidões sejam adquiridas. Muitas vezes, essas competências também ditam quem são os mais educados entre os que têm menor instrução em determinados assuntos. O problema é que algumas dessas qualidades são difíceis de identificar. Determinação inconveniente e estupidez são quase completamente indistinguíveis.

## A INTELIGÊNCIA COMO ESCLARECIMENTO

O modelo educacional que prevalece atualmente foi criado durante o Iluminismo, um movimento intelectual europeu que ocorreu entre os séculos XVII e XVIII e enfatizava a razão e o individualismo em vez da tradição. Foi nele que o reducionismo ocidental atingiu a maioridade. Desde o início do século XXI, está em curso um novo Iluminismo, que considera a consciência como inteligência. Muito do que ele abraça é equilíbrio e autoconsciência.

## O EIXO DO DESAFIO DA LIDERANÇA

Um dos grandes benefícios do pensamento parentético é a sua capacidade em detectar desequilíbrios. O modelo mostrado na figura 4.2 foi desenvolvido para equilíbrio pessoal, mas tem aplicações úteis em um sentido organizacional. O objetivo é manter-se o mais próximo possível da origem dos eixos.

FIGURA 4.2 EIXO DO DESAFIO DA LIDERANÇA

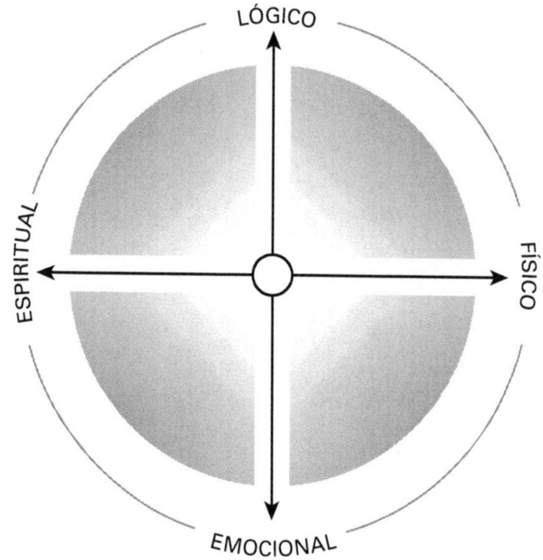


FONTE: LEWIS RISE ACADEMY

O estresse em um quadrante do modelo é contrabalançado pela aplicação total e oposta no outro. Assim, por exemplo, se a organização passa por um período de intenso desafio, como longas horas de trabalho no desenvolvimento de um novo produto com muitos desafios, pode se encaixar no quadrante Lógico/Físico. Um item de equilíbrio Espiritual/Emocional para esse desafio pode significar um evento social, como um dia de família ou uma saída noturna com a equipe. A perda de um cliente importante pode indicar um desafio Espiritual/Emocional enfrentado por uma resposta Lógica/Física, como, por exemplo, treinamento intensivo adicional. Um desafio lógico, como um conjunto de exames profissionais, pode ser equilibrado com algo emocional, por exemplo, tempo com a família ou assistir a um jogo da sua equipe favorita.

Esse modelo de equilíbrio é importante no sentido em que reconhece que a ênfase de uma área — tipicamente o eixo lógico — provoca desestabilização no equilíbrio geral. É claro que o mundo da lógica domina os desafios da liderança. Vivemos em um mundo de regras e regulamentos que também delineia logicamente esferas de atividade e comportamento. Talvez o aumento da reação emocional seja o efeito igual e oposto.

## POR QUE ESTÃO TODOS TÃO NERVOSOS (NESTA M***A)?

O século XX matou mais pessoas em mais países do que em qualquer outro século anterior. É discutível, portanto, se o século XXI é mais enraivecido do que qualquer outro período. O que é claro, porém, é que podemos ouvir e ver mais do que nunca. As redes sociais estão cheias disso. Enxergamos isso nas escolas com o cyberbullying. Também em estádios, em companhias aéreas e em hospitais. No Reino Unido, as agressões físicas às equipes do sistema público de saúde aumentaram de 67.864 em 2014/15 para 70.555 em 2015/16.[4] Podemos constatar a raiva em bares e no trânsito. Alguns motoristas na Califórnia até mesmo jogaram seus carros contra trabalhadores da construção civil porque estavam nervosos com os atrasos.[5] Constatamos os nervos elevados no debate político. Quanto mais atomizados nos tornamos, mais frustrados ficamos com o "outro". É muito mais fácil ficar irritado e violento com aqueles com os quais sentimos que não temos nenhuma ligação. A atomização e a raiva também são reflexivas.

> **Dica Rápida:** Os líderes devem certificar-se de que os membros da equipe conheçam a si mesmos. É mais fácil se irritar com pessoas desconhecidas. Quanto mais unida socialmente, mais eficaz a equipe se torna. Os líderes devem levar um tempo para apresentar as pessoas e fazê-las trabalhar juntas. Ignorância e medo são as verdadeiras origens da raiva.

Os motivos que levam à raiva podem ser muitos — medo, estresse, impotência, frustração, dor, exaustão, a tentativa de chamar a atenção ou apenas um mau hábito. Não se esqueça também de que algumas pessoas sentem prazer na raiva e até mesmo pagam para senti-la (procure mais tarde pelo The Wrecking Club, que fica em Nova York). O que sabemos agora é que a raiva está aumentando.

## QUAL É A GRAVIDADE DO PROBLEMA?

A British Association of Anger Management[6] (sim, ela existe) diz que quase um terço das pessoas tem um amigo ou familiar com problemas para controlar a raiva. Mais de uma em cada quatro pessoas dizem que se preocupam com a raiva que sentem. Um quinto relata ter sentido raiva ao terminar relações. A maioria concorda que as pessoas estão ficando mais irritadiças. Quase metade de nós regularmente perde a calma no trabalho e confessa ter "raiva do escritório". Um terço de todas as enfermeiras do sistema de saúde nacional da Inglaterra foi atacada no trabalho. A maioria das faltas ao trabalho são causadas por estresse. Um terço dos britânicos não fala com os seus vizinhos. Houve 10.854 incidentes de raiva[7] relatados por companhias aéreas em todo o mundo em 2016, acima dos 9.316 em 2014. O Reino Unido tem a segunda maior fúria rodoviária do mundo, logo após a África do Sul.[8] Mais de 80% dos condutores dizem ter se envolvido em discussões em rodovias. 25% cometeram um ato de ódio. 71% dos internautas admitem ter sofrido com a raiva na internet. 50% de nós reagimos a problemas com o computador desferindo socos no aparelho, jogando longe partes dele ou lidando com colegas abusivos. Mais de um terço da população do Reino Unido está perdendo o sono por causa da ansiedade.[9]

De acordo com uma pesquisa da Esquire/NBC News, publicada em janeiro de 2016, metade dos americanos se sentia mais irritada do que no ano anterior.[10] Se analisarmos de perto, as mulheres relatam mais o aumento da raiva. Os movimentos na internet "#metoo" e "#timeup" são exemplos da tendência. É possível que as mulheres tenham mais empatia do que os homens no que diz respeito ao tratamento interpessoal? Para responder a essa questão, temos de olhar para o que a raiva representa. Pode ser a resposta de alguém que tem grandes expectativas frustradas ou o comportamento de alguém que está estressado. Já estabelecemos no capítulo 1 que as pessoas estão sob maior estresse. Quando interrompemos as pessoas constantemente, as impedimos de se concentrar na tarefa em mãos. A raiva também pode significar um conjunto de injustiças percebidas, tais como desigualdade de renda, injustiça de gênero, assédio sexual ou racismo.

## A OPORTUNIDADE DE LIDERANÇA

Líderes de todo o espectro político são definidos pela forma como lidam com a raiva e o conflito. Nelson Mandela,[11] Mahatma Ghandi e Martin Luther King tornaram os protestos pacíficos parte de suas campanhas. Seus motes eram: "O pacifismo é uma arma poderosa. De fato, é uma arma única na história, que corta sem produzir feridas e enobrece quem a empunha."[12]

Líderes eficientes podem canalizar a raiva e usá-la produtivamente. É uma oportunidade de liderança. A pior situação para qualquer líder é a apatia universal. Quando há raiva, ao menos as pessoas mostram-se suficientemente envolvidas emocionalmente. O trabalho do líder é garantir que a canalização seja feita de forma produtiva e positiva. Se não for controlada, a raiva leva ao ódio. É função do líder reconhecer e afastar as pessoas do ódio, seja pelo exemplo ou através de conversas. O líder deve ter uma narrativa de tempos melhores. Não se pode liderar com pessimismo.

O primeiro passo é perceber que a raiva não é realmente nova. A escala é maior atualmente porque a tecnologia removeu o filtro. É nesse ponto que precisamos ter cuidado para não confundir comunicação com conversa. É mais difícil ter uma conversa prolongada e, ao mesmo tempo, irritadiça.

## UMA NOVA OPORTUNIDADE COMERCIAL?

Acredite ou não, o fenômeno da raiva é tão difundido atualmente que atrai os empresários.[13] Em 2017, 1.500 pessoas pagaram para quebrar louças, eletrônicos e móveis em duas salas de um *pub* em Manhattan chamado The Wrecking Club.[14] Lá, é possível reservar trinta minutos para o caos (a música é opcional), durante os quais você pode quebrar praticamente tudo que eles têm. Leva cerca de quinze minutos para vestir todo o equipamento de segurança. Qualquer pessoa pode participar, a partir dos 12 anos de idade.

O The Wrecking Club não é a primeira empresa baseada na raiva. O Anger Room abriu as portas em Dallas, em 2008, para permitir que os clientes batessem nos retratos de Hillary Clinton e Donald Trump. O The Rage Room, que começou em Toronto, em 2015, tem agora filiais em Budapeste, Singapura, Austrália e Grã-Bretanha. A raiva está se tornando um grande negócio. Será que a comercialização a torna legítima?

## OS PRINCIPAIS MEIOS DE COMUNICAÇÃO NOS DEIXAM IRRITADOS

Até certo ponto, o nível de raiva é um processo adquirido. A influência dos principais meios de comunicação tem exercido efeito, segundo Edward Wasserman, professor de Ética Jornalística da Universidade de Washington e Lee. Ele afirma que os meios oferecem um mau exemplo. "Infelizmente, os meios de comunicação fizeram uma fortuna ensinando às pessoas maneiras erradas de se comunicar através de programas como os de Jerry Springer, *Crossfire* ou Bill O'Reilly. As pessoas concluem, compreensivelmente, que a raiva é o vernáculo político, que é assim que se fala de ideias públicas. E não é."[15]

## AS REDES SOCIAIS TAMBÉM NOS ENFURECEM

As redes sociais mudaram muitos comportamentos porque conferem autoridade para comunicar sem responsabilidade e, muitas vezes, também sem identidade. Onde quer que as pessoas possam esconder sua identidade, também se comportam de forma irresponsável e, em muitos casos, sem medo de punição. A Lei de Godwin é uma ilustração disso. Ela afirma que, quanto mais longa for uma discussão online, maior a probabilidade de um dos participantes comparar o outro a um nazista. A Lei da Exclamação também se aplica nesses casos; quanto mais exclamações houver em um comentário, mais desequilibrado mentalmente está o autor. Logo mais veremos sobre algumas regras da internet.

A propensão para "gritar" online é conhecida como desinibição. Muitas pessoas não diriam mais da metade do que digitam se seus nomes estivessem visíveis. É uma forma comum de bullying, surpreendentemente difundida. É, em parte, esse tipo de agressão que impulsiona o tráfego e as taxas de cliques. Muitos leitores do *Daily Mail* de todo o mundo participam ativamente da gritaria nas seções de comentários das notícias. Será que é por isso que o jornal é o periódico online mais popular do mundo?[16]

O ambiente traz consequências terríveis no que diz respeito ao cyberbullying. O comportamento não se resume a crianças. Em junho de 2016, no Reino Unido, a deputada Jo Cox foi assassinada por um eleitor que encontrou informações sobre ela online. Centenas de pessoas estão diariamente sujeitas a ameaças de morte e estupros. Vale a pena examinar a impunidade em relação a esses casos, porque não apenas os políticos estão na mira do problema. Cada vez mais, a maioria dos líderes terá de enfrentar críticas online, o que, muitas vezes, parece pior do que é, devido à característica anônima da ameaça.

O psicólogo especialista em internet, John Suler,[17] escreveu sobre seis características da rede que levam a mudanças radicais no comportamento online:

### Anonimato

Online, as pessoas sentem que não podem ser identificadas da mesma forma que são em público. Ironicamente, porém, algumas pessoas são muito menos anônimas online do que off-line. Por causa do efeito de desinibição, alguns compartilham muito em seus perfis de redes sociais, às vezes até coisas que não admitiriam aos seus amigos mais próximos.

### Invisibilidade

Quando sabem que não podem ser vistas online, as pessoas não têm de se preocupar com as suas expressões faciais. Isso permite que se abram sobre assuntos que não podem discutir cara a cara. Os grupos de apoio online contam com essa abertura para consentir que os membros discutam suas esperanças e medos mais profundos. Esse é um dos aspectos potencialmente positivos do efeito de desinibição online, desde que os utilizadores protejam a sua privacidade e identidade.

## Parar/começar a comunicação

Pessoalmente, as reações das pessoas podem ser notadas imediatamente, enquanto, online, não existem tais restrições: por causa da *sincronicidade*, é possível dizer algo e esperar 24h para ler a resposta, ou nunca lê-la de novo. Isso funciona para ambos os lados. Os chamados "trolls da internet" são pessoas que postam em fóruns de discussão ou outros grupos online com o propósito expresso de provocar controvérsia. Eles talvez não expressem as suas críticas pessoalmente. São apenas especialistas de uma espécie de atropelamento e fuga emocional.

## Vozes na sua cabeça

O próprio ato de ler online cria uma conexão surpreendentemente íntima. Embora os humanos leiam romances e cartas há séculos, são modos de comunicação relativamente formais, e só na última década é que a comunicação online trouxe a intimidade de uma carta para uma conversa informal e cotidiana.

## O mundo imaginário

O anonimato, a invisibilidade e os elementos de fantasia das atividades online encorajam os participantes a pensar que as regras habituais não se aplicam às interações. O problema é que, quando a vida se torna um jogo passível de ser interrompido ao toque de um interruptor, é fácil atirar a responsabilidade pela janela.

## Sem polícia

O mundo imaginário parece não contar com a polícia, e não há figuras de autoridade nele. Embora haja pessoas com autoridade online, é difícil vê-las. Não há governo na internet, não há ninguém no comando. Assim, as pessoas se sentem mais livres online, longe da autoridade, da convenção social e da conformidade.

## DESINTERMEDIAÇÃO

A desinibição é ampliada porque as redes sociais também desintermediam as mensagens. É possível falar com qualquer um, e as pessoas respondem. Nunca foi tão fácil se fazer ouvir. Como as redes sociais são pessoais, é fácil chegar aos outros usuários com resultados, por vezes, intimidantes.

A raiva latente que espreita o Twitter, por exemplo, pode ser devastadora para aqueles que inadvertidamente a provocam. Em julho de 2012, logo após o massacre ocorrido no teatro Aurora, a Celeb Boutique, uma loja de roupas online que permite que as pessoas vistam-se como celebridades, tuitou: "#Aurora está nos *trends*, claramente por causa do nosso vestido aurora inspirado em Kim K."[18] Não é preciso dizer que a loja recebeu milhares de reclamações por e-mail, além de uma propaganda negativa significativa. Foi um tuíte de mau gosto, e há muitos exemplos disso.

> **Dica Rápida:** As redes sociais são facas de dois gumes. Elas podem ser poderosas para os líderes, desde que tenham o discernimento para usá-las sabiamente. As redes são mais poderosas quando usadas como ferramentas de escuta.

## A CRÍTICA DO LÍDER

Devido ao que foi exposto acima, os líderes podem estar sujeitos a um dilúvio de críticas; algumas anônimas, outras, não. Esse é especialmente o caso de posições públicas ou de empresas. No século XXI, para os não iniciados, pode ser um choque. Tire um dia para acompanhar a cobertura social de qualquer congressista, deputado ou figura pública; o nível de abuso é chocante. Uma deputada trabalhista britânica, Jess Philips, relatou seiscentas ameaças de estupro em apenas um dia.[19] É preciso coragem e determinação para manter qualquer posição pública quando você, sua família e seus colegas de trabalho estão sujeitos a isso.

Os líderes muitas vezes não recebem aviso prévio sobre esse tipo de crítica pública, e é desconcertante para aqueles que passam por uma crise, por exemplo. As críticas podem ou não ter nomes, e os volumes certamente alcançam níveis surpreendentes, com milhares de e-mails por minuto em alguns casos. É útil, porém, lembrar aos líderes as palavras do 25° Presidente dos Estados Unidos, Theodore Roosevelt:

> Não é o crítico que conta; não é o homem que aponta como o forte tropeça ou como alguém poderia ter agido melhor. O crédito pertence ao homem que está realmente na arena, cujo rosto está manchado pelo pó, suor e sangue; que se esforça corajosamente; que erra, que se abreviou uma e outra vez, porque não há esforço sem erro e sem falhas; mas quem realmente se esforça para fazer suas obras; quem conhece os grandes entusiasmos, as grandes devoções; quem se dedica a uma causa digna; quem, no melhor dos casos, conhece no final o triunfo da alta realização, e quem, no pior, se falhar, pelo menos falha ao mesmo tempo em que ousa, para que o seu lugar nunca esteja com as almas frias e tímidas que não conhecem a vitória nem a derrota.[20]

Líderes, em algum momento, podem esperar ser um alvo da raiva, seja de clientes, acionistas, eleitores, colegas ou do público. Você pode lidar com a raiva de uma forma simples. Lembre-se de que, quando uma briga irrompe em um bar, as pessoas correm para agredir quem quiserem, não quem começou o conflito. Apesar da provocação, é importante manter a calma (ou, pelo menos, agir). Isso significa falar devagar e com clareza. O que se põe em alguém é o que se tira. Raiva gera raiva. Você deve se perguntar se a ira é justificada. Pergunte que papel você desempenhou em sua causa e se há algo que você pode fazer imediatamente para consertá-la. Às vezes, o indivíduo está tão irritado que precisa se retirar por segurança e voltar quando estiver mais calmo.

## REGRA 34

A Regra 34 da internet, como ficou conhecida, diz que, para cada assunto concebível, há pornografia relacionada. Belinda Luscombe, ao escrever para a revista *Time*,[21] disse: "A pornografia é tão ubíqua que pode se desmembrar em qualquer coisa. A Regra 34, inclusive, diz que 'se algo existe, então também há uma versão pornô sobre o assunto.'" (Duendes? Confere. Pterodátilos? Confere. Pandas? Confere.) "A internet é como um buffet 24h que serve todo tipo de refeição sexual."

O mesmo vale para a raiva. Se tal assunto surge, há ira envolvida. Há outro efeito também. As vozes profundamente opinantes, grosseiramente intolerantes e ignorantes já não estão isoladas. Elas encontram conexões e formam grupos para criar uma norma de ódio, que gera, por sua vez, uma realidade mesclada entre o que ouvimos no mundo real e o que ouvimos online — alguns deles, fatos, e outros, definitivamente ficção. É assim tão difícil compreender a ascensão dos extremos em tal ambiente? O mesmo processo gira em torno de boas e más causas online, impulsionadas pelo "ativismo de sofá". Nele, as pessoas não se envolvem em boas causas, mas apoiam-nas à distância. Esse comportamento se aproxima muito do "*slacktivismo*", um termo que se refere àqueles que usam medidas simples para apoiar uma questão ou causa social sem que praticamente nenhum esforço seja operado pelos participantes. As atividades *slacktivistas* incluem assinar petições na internet, juntar-se a uma organização comunitária sem contribuir, copiar e colar textos nos *status* ou mensagens de redes sociais e alterar credenciais nas mesmas. O "*clicktivismo*" é semelhante; ele diz respeito ao uso de meios digitais para facilitar a mudança social e o ativismo. A ideia por trás é que as mídias sociais permitem uma maneira rápida e fácil de mostrar apoio a uma causa. Seu foco é inflar as taxas de participação, pedindo cada vez menos de seus membros.

## O CASO DO MINDFULNESS

OK, já sabemos que há muita raiva e ignorância lá fora. Talvez desde sempre. Será que a internet a flexibilizou? O que os líderes podem fazer sobre o assunto? Refreá-lo de cima para baixo. Os líderes são pessoas lógicas, práticas e engenhosas, não facilmente persuadidas pelo intangível, o ilógico e o espiritual. Mas também são feitos de carne e osso, não necessariamente dados a buscar o confronto aberto para alcançar objetivos. Às vezes, eles precisam ser capazes de absorver as pressões de um mundo enraivecido.

No capítulo 1, citamos o professor Ian McGilchrist, que resumiu o poder da mente analítica:[23] " O discurso do lado esquerdo do cérebro é muito convincente, porque já tirou tudo o que não se encaixa em seu modelo e o eliminou. Esse modelo é inteiramente autoconsistente, em grande parte porque se tornou assim. O lado direito do cérebro (a imaginação) não tem voz e não pode usar esses argumentos."

A atenção na liderança tem sido muito discutida,[24] e muitas empresas como Google, Aetna e General Mills têm implementado esquemas.[25] Esse é o lado direito do cérebro em destaque. Trata-se de prestar atenção a nós mesmos, estar atentos ao presente e evitar o autoengano. É o reconhecimento de que pensamentos são pensamentos, e não crenças. É o próprio reconhecimento de que os líderes mais atarefados podem ser levados à perda de conexão com os outros e com eles próprios. Santo Agostinho era um especialista nessa área: "Você almeja sucesso? Comece sendo o próprio sucesso. Quer costurar uma manta enorme e sublime? Pense primeiro nas fundações da humildade. Quanto maior a estrutura, mais sólida precisa ser a sua fundação."[26]

Muitos funcionários passaram por esse tipo de programa, e dados mostram que há um impacto definitivo nas habilidades de liderança nas áreas de produtividade, tomada de decisões, escuta e redução do estresse. Jon Kabat-Zinn é cientista, escritor e professor emérito na Faculdade de Medicina da Universidade de Massachusetts. Ele descreve o mindfulness como "ter foco de uma forma particular: de propósito, no momento presente e sem julgamento". Trata-se de estar no presente e, assim, agir com mais disciplina e concentração.

Ao defender o mindfulness, Monica Thakrar,[27] escrevendo na *Forbes Magazine*, afirmou: "O maior benefício do mindfulness é o seu impacto direto no desenvolvimento da inteligência emocional." Daniel Goleman, um dos principais especialistas em inteligência emocional, fez uma conexão direta entre ele e a consciência,[28] argumentando: "A inteligência emocional constrói atenção e foco, e essas são as pedras angulares para aumentar a autoconsciência, assim como a empatia. Por sua vez, essas são habilidades críticas para aumentar a consciência emocional."

Existem múltiplas técnicas de mindfulness sob nomes bem familiares, tais como meditação, respiração, ioga, caminhada, música, contato com a natureza e assim por diante — qualquer atividade que permita a volta ao momento presente. Qualquer ocupação que se concentre no agora é uma ferramenta de cuidado.

Megan Reitz e Michael Chaskalson,[29] em um artigo para a *Harvard Business Review*, dizem que o mindfulness funciona porque melhora a resiliência e a capacidade de colaboração e de liderança em condições complexas. Eles declararam, no entanto, que as técnicas precisam ser praticadas e enraizadas: "Assistir a um ou mais workshops pode ajudar a fortalecer a resiliência se compartilharem ferramentas e técnicas úteis, mas outras melhorias requerem prática." Os autores identificaram três áreas de perspectiva de liderança. A primeira é a metacognição, ou "a capacidade de simplesmente observar e sentir o que você está pensando, a fim de enxergar o que está acontecendo". Em segundo lugar, "a capacidade de deixar o acontecimento ser o que ele é. Trata-se de entender sua experiência com um espírito de abertura e bondade para consigo e para com os outros". Finalmente, Reitz e Chaskalson identificaram a curiosidade, ou o "interesse vivo no mundo interior e exterior".

## RESOLUÇÃO DE CONFLITOS

No livro de Jeffrey Krivis, *Improvisational Negotiation: A Mediator's Stories of Conflict*,[30] o autor aponta como o conflito é resolvido. O processo em si é digno de nota. Ele descreve a negociação como "reenquadrar uma situação para que as pessoas mudem as suas posições de uma forma que torne possível uma resolução". É mais do que apenas lidar com a raiva; é um processo semelhante ao da autoconsciência, que se baseia em prestar atenção. É como representar o papel de um jogador neutro que só quer resolver um problema. Krivis afirma que há cinco fases no processo:

**Convocação:** O negociador precisa averiguar se os grupos podem ter voz ou se é necessário separá-los.
**Abertura:** Envolve treinar os grupos, a fim de otimizar o tempo. Essa fase geralmente se inicia com uma fala de abertura de todos os lados.
**Comunicação:** Onde os argumentos legais e/ou pessoais são feitos. Eles devem ser colocados da maneira mais lógica possível.
**Negociação:** O cerne do processo, que envolve flexibilidade e imaginação para apresentar ideias que satisfaçam as exigências de ambos os lados.
**Encerramento:** Onde os acordos são codificados e ratificados por todas as partes.

Um ponto importante acerca da resolução de conflitos é verificar a fiabilidade das suposições que ambas as partes fazem. Em uma era de meias verdades nas redes sociais, esse fator pode ser significativo. A capacidade de empatizar e ser criativo são qualidades importantes no processo, especialmente quando se apela às emoções para um compromisso.

A capacidade para resolver conflitos depende muito do processo do lado direito cérebro. Essa é a competência de procurar semelhanças em vez de diferenças, alinhamentos em vez de contrastes e mutualidade em vez de conflito. No futuro, os líderes serão chamados com mais frequência para resolver conflitos, quer sejam individuais ou de grupo. A chave é compreender a causa primária dos enfrentamentos. Pode haver questões secundárias, mas estamos interessados na preocupação principal.

Como os acordos são, por vezes, improvisados, é possível que precisem ser "experimentados". Alguns podem apresentar desajustes imediatos. Humildade e reconhecimento de mal-entendidos podem ser habilidades úteis.

Krivis aponta para as habilidades do lado direito do cérebro: "A intuição pode ser uma poderosa ferramenta de mediação. É especialmente útil em situações em que se lida com noções pré-concebidas e é preciso improvisar. Lembre-se de que a improvisação eficaz é um produto de habilidade (educação mais experiência) e intuição." Às vezes, os líderes também precisam aceitar que a resolução nem sempre é possível. Krivis acrescenta: "Fique à vontade com a ideia de que, quando se trata de mediar os problemas dos seus funcionários, não há regras rígidas e rápidas. Negociar é ir com o fluxo e aproveitar as oportunidades à medida que elas surgem."

## A GANÂNCIA É BOA?

Essa noção pode ter sido atrativa em outros tempos, mas não mais. Não há nada de bom na ganância. Ela divide as pessoas, perpetua a injustiça. Não cria felicidade ou recursos, além de se apresentar sob muitas formas. Muitas vezes, só pensamos na ganância por dinheiro ou comida, mas a ganância por poder, controle e a atenção da mídia e da imprensa é igualmente ruim. Quando um líder de sucesso é conhecido e admirado na mídia, então o sucesso já não faz mais parte de sua história.

**Dica Rápida:** Em qualquer reunião, o verdadeiro líder é sempre aquele que facilita a discussão e procura a verdade. Ao resumir e fornecer suas opiniões, eles devem falar por último, quando falam.

A ganância é apenas mais uma forma de egoísmo e, não se enganem, provoca a raiva. O simples desejo por algo, como riqueza, poder ou comida, é uma tentativa de preencher um buraco que não pode ser preenchido. Liderança é querer o que se tem, não ter o que se quer.

## O EGOÍSMO SUPREMO

Há, aqui, uma lição sobre pensamento conjunto. Tomemos a liderança política nacional como um exemplo. Os eleitores não podem ser negligenciados. Nem aceitarão que seus direitos sejam adiados. Vimos anteriormente que os políticos têm medo dos direitos e da impaciência dos eleitores. O medo os leva, e também os economistas, a estimular a economia através da flexibilização quantitativa, criando, assim, inflação, o que reduz as dívidas da vida em geral, mas prejudica o resto. A internet acelera a impaciência e a ganância ao possibilitar que as pessoas atendam a diversos requisitos de forma mais rápida que antes. Isso, por si só, não as torna mais pacientes, nem menos egoístas. Quando o que elas estão acostumadas a receber é negado, o resultado é a raiva. Esse é o máximo do egoísmo, porque automaticamente assume que há injustiça e direitos reservados. Não há consideração quanto aos sentimentos de outras pessoas. Não há empatia.

## EMPATIA

No século XXI, a empatia é mais poderosa do que a autoridade. Não é uma fé ou crença em si mesma, mas a capacidade de se colocar na pele de outra pessoa. O reverendo Alasdair Coles[31] possui grande experiência como capelão em várias instituições: "Eu passo muito tempo ouvindo as pessoas, e é claro que, para muitos, é uma experiência nova", diz ele. A capacidade de resolver problemas através do diálogo individual é a liderança espiritual em seu melhor estado. Os líderes podem aprender muito com isso, mas precisam saber como ouvir, o que requer paciência (no mínimo), mas também tempo. É surpreendentemente simples como as ações necessárias tornam-se óbvias quando há tempo para ouvir. Em um relatório da *Harvard Business Review*,[32] a empatia foi definida como "profunda inteligência emocional intimamente ligada à competência cultural. A empatia permite àqueles que a possuem ver o mundo através dos olhos dos outros e compreender as suas perspectivas únicas".

## O PROCESSO DE NÃO FAZER

Ninguém fica sem fazer nada. Normalmente, um fim de semana é uma miríade de acontecimentos para a maioria das pessoas, e, se alguém não teve tantas coisas assim para fazer, é considerado estranho, esquisito. Foi Einstein que disse: "A criatividade é o resíduo do tempo desperdiçado."[33] O problema é que os líderes são pessoas ocupadas. Eles conquistaram o lugar que estão, fazendo coisas, e, como estamos começando a perceber, isso não é suficiente. Eles devem trocar a sua lista "do que fazer" por listas "do que ser". Devem aprender a ser alguma coisa.

Isso não é fácil, porque, para executar, é preciso ter cuidado. Isso significa arranjar tempo para si e para os outros. Significa encontrar novas formas de resolver problemas antigos. Acima de tudo, significa ganhar tempo para notar a interconectividade entre os diversos sistemas.

## O PAPEL DO HUMOR

Vivemos em tempos sérios. Talvez essa seja mais uma razão para levarmos o humor a sério. Podemos usar todos os tipos de técnicas para lidar com o estresse e a raiva em nossas equipes, mas, de longe, a mais fácil, rápida e acessível é o humor. Ele é facilmente descartado como um conceito, porque não se enquadra no modelo reducionista ocidental. Temos de estar atentos contra a noção de que só o intelecto e a lógica importam na liderança, o que pode facilmente nos transformar no que Nassim Taleb chama de IYI (*intellectual yet idiot*,[34] ou "intelectual, porém idiota", em tradução livre). O humor, quando executado corretamente, pode sinalizar uma série de qualidades vitais, como o julgamento. É preciso muita habilidade para usar o humor. Quando é mal-empregado, é pior do que não ser engraçado; é desastroso. Todos nós já vimos e ouvimos uma piada ser mal executada. Coragem, habilidade e *timing* necessários para fazer uma piada ser bem recebida são verdadeiras qualidades de liderança. Além disso, líderes com senso de humor tendem a ser mais relaxados. Suas equipes tendem a adquirir habilidades mais facilmente, porque a competência sempre segue a preferência. As pessoas se tornam boas no que gostam de fazer. Se estão se divertindo, isso as torna mais propensas a repetir tarefas e adquirir novas habilidades.

> **Dica Rápida:** Parece uma ideia estúpida, mas lembre-se de sorrir quando cumprimentar as pessoas. Muito do tom de uma reunião é definido pelo aspecto do líder.

Will McInnes é cofundador da empresa de mídia social NixonMcInnes, sediada em Brighton. Ele defende o uso da "igreja do fracasso",[35] uma técnica em que as pessoas ficam de pé e falam sobre como falharam. É uma ideia que mistura a filosofia de um grupo de apoio e uma igreja, e é muito interessante. É claro que a liderança tem que se comprometer e participar, mas destaca como o fracasso é uma parte do sucesso. Os líderes precisam estudar o fracasso, e também o medo do fracasso, pois, muitas vezes, ele é um ingrediente que torna as equipes resistentes. A mudança pode não ser o problema, mas o que ela traz pode ser objeto do medo.

**Dica Rápida**: Lide com a raiva em sua equipe organizando uma "igreja do fracasso". Pode ser engraçado, mas os resultados são sérios. Veja o que as pessoas consideram ser um fracasso.

## PROVENIÊNCIA CRIATIVA

Em *Too Fast to Think*,[36] muitos líderes seniores foram perguntados onde estavam e o que faziam quando tiveram as suas melhores ideias. As respostas foram, na maior parte das vezes, muito semelhantes: longe dos seus locais de trabalho, sozinhos e, o mais importante, não estavam pensando no assunto. Será que nossas mentes subconscientes trabalham nos bastidores, juntando os pontos e detectando padrões? Será coincidência que o resultado ocorra justamente quando o lado esquerdo do cérebro não está sendo ativamente solicitado? Nenhum dos líderes entrevistados relatou que o insight foi proveniente da raiva, mas alguns disseram que suas ideias surgiram quando uma sugestão foi feita como brincadeira. A conclusão é clara — a raiva e o medo podem inibir o desempenho individual e da equipe. Podem tornar as equipes disfuncionais e desperdiçar recursos em conflitos internos que devem ser utilizados em resultados mais positivos.

## CONCLUSÕES

A inteligência na liderança é muito mais do que mera realização acadêmica, fato particularmente acentuado quando se trata de aproveitamento. Isso é comprovado de muitas formas diferentes, e os líderes precisam encontrar tempo para se conectar com os membros da equipe para localizar e desenvolver essas habilidades. Manter o equilíbrio e a consciência geral, assim como a própria equipe, é outro fator de sucesso.

A promulgação de um tipo de inteligência hierárquica (de curto prazo, detalhada, acadêmica, baseada em dados, etc.) cria vulnerabilidades, limita o potencial e a imaginação. Exclui o longo prazo, a diversidade e a opinião, o que destrói a esperança e cria uma cadeia causal de frustração, impaciência e raiva. A extrapolação lógica do pensamento do lado esquerdo do cérebro é prejudicial à liderança, porque nota a diferença, mas não a semelhança, nas pessoas.

Como já vimos, a Cítera tem um lado obscuro que inclui impaciência, ignorância e raiva. É o próprio ambiente online, com sua facilidade de conectividade, que vem alcançando níveis recordes de abuso e bullying online. O fato fomenta um clima off-line, onde os ataques a enfermeiros, motoristas e tripulações de aviões, por exemplo, se tornaram frequentemente irracionais, mas comuns. A epidemia crescente de comportamento atomizado, cada vez mais voltada para indivíduos do que para uma comunidade mais ampla, é algo que os líderes precisam notar.

Acima de tudo, eles devem reconhecer a crescente maré de frustração e cinismo e trabalhar para criar resultados harmoniosos. Isso significa reconhecer e resolver conflitos e concentrar as equipes em torno de objetivos e valores partilhados. O cuidado é uma ferramenta importante nesse sentido. Mas mesmo considerá-la requer um salto de fé. Temos de suspender o nosso julgamento do lado esquerdo do cérebro o suficiente para considerar o intangível. A raiva e o ódio não são lógicos; então talvez o seu antídoto também não seja.

## NOTAS


1. Gardner, G. *Frames of Mind: The theory of multiple intelligences*. Nova York: Basic Books, 2011.
2. Gardner, G. *Frames of Mind: The theory of multiple intelligences*. Nova York: Basic Books, 2011.
3. https://www.youtube.com/watch?v=zDZFcDGpL4U
4. http://www.independent.co.uk/news/uk/politics/nhs-staff-violent-attacks-government-blind-spot-hospital-assaults-nurses-unions-doctors-a8009441.html
5. https://www.npr.org/templates/story/story.php?storyId=12370592
6. https://www.angermanage.co.uk/anger-statistics
7. http://www.iata.org/pressroom/pr/Pages/2016-09-28-01.aspx
8. http://www.iata.org/pressroom/pr/Pages/2016-09-28-01.aspx
9. http://www.iata.org/pressroom/pr/Pages/2016-09-28-01.aspx
10. http://www.esquire.com/news-politics/a40693/american-rage-nbc-survey
11. https://www.youtube.com/watch?v=skdvlysoL68
12. https://www.nobelprize.org/mediaplayer/index.php?id=2586
13. https://www.nytimes.com/2017/08/09/style/anger-rooms-the-wrecking- club.html
14. http://www.wreckingclub.com
15. https://www.scientificamerican.com/article/why-is-everyone-on-the-internet-so-angry
16. https://thenextweb.com/media/2012/01/25/the-daily-mail-is-now-the-most-popular-newspaper-website-in-the-world
17. http://www.spring.org.uk/2010/08/six-causes-of-on-line-disinhibition.php
18. https://www.pushon.co.uk/blog/social-media-in-2012
19. http://www.independent.co.uk/news/uk/home-news/labour-mp-jess-phillips-rape-death-threats-one-day-social-media-attacks-training-a7915406.html
20. http://www.theodore-roosevelt.com/trsorbonnespeech.html
21. http://ideas.time.com/contributor/belinda-luscombe/?iid=sr-link1
22. http://ideas.time.com/contributor/belinda-luscombe/?iid=sr-link1
23. https://www.ted.com/talks/iain_mcgilchrist_the_divided_brain
24. https://hbr.org/2016/12/how-to-bring-mindfulness-to-your-companys-leadership
25. https://hbr.org/2016/12/how-to-bring-mindfulness-to-your-companys-leadership

26. Garrison, B. *Leadership by the Book: Lessons from every book of the Bible.* Famington: Elevate Faith, 2016.
27. https://www.forbes.com/sites/forbescoachescouncil/2017/06/28/how-to-create-mindful-leadership/#26d0cdac342a
28. https://www.eqsummit.com/dr-martyn-newman-interviews-godfather-emotional-intelligence-dan-goleman-prior-eqsummit2017
29. https://hbr.org/2016/12/how-to-bring-mindfulness-to-your-companys-leadership
30. Krivis, J. *Improvisational Negotiation: A mediator's stories of conflict about love, money, anger – and the strategies that resolved them.* São Francisco: Jossey-Bass, 2006.
31. Lewis, C. *Too Fast to Think: How to reclaim your creativity in a hyperconnected work culture.* Londres: Kogan Page, 2016.
32. https://hbr.org/2015/09/empathy-is-still-lacking-in-the-leaders-who-need-it-most
33. https://www.barnesandnoble.com/review/the-residue-of-time-wasted-jonah-lehrer-talks-creativity
34. https://www.zerohedge.com/news/2016-09-16/nassim-taleb-exposes-worlds-intellectual-yet-idiot-class
35. https://www.inc.com/magazine/201311/leigh-buchanan/nixonmcinnes-innovation-by-celebrating-mistakes.html
36. Lewis, C. *Too Fast to Think: How to reclaim your creativity in a hyperconnected work culture.* Londres: Kogan Page, 2016.

CAPÍTULO 5

# COMPREENDENDO A GEOPOLÍTICA E A NOVA INFRAESTRUTURA

## *INFRAESTRUTURA E ISOLAMENTO*

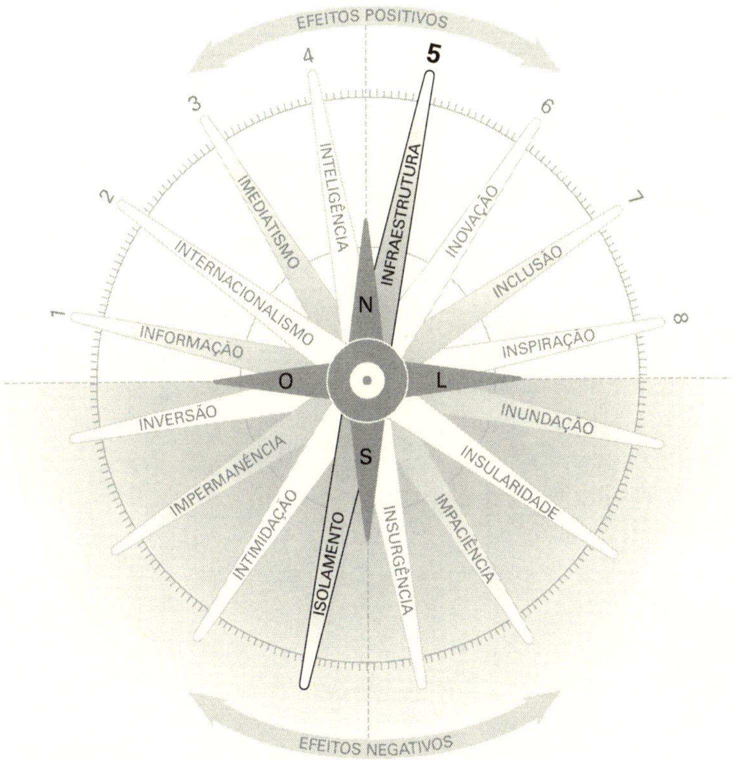

Este livro pretende ser um guia para a liderança global moderna. Até agora, analisamos algumas das tendências qualitativas paradoxais que estão impulsionando a mudança na liderança.

Já estabelecemos que é vital, para os líderes, observar o mundo com ponderação, bem como analisá-lo. No capítulo 2, tratamos da inflação, que mudou fundamentalmente quando o Muro de Berlim caiu. Embora tenha sido um evento político, foi também um acontecimento financeiro. A Guerra Fria ditou a política de intervenção econômica e as despesas governamentais. Os militares de repente tornaram-se menos importantes, onde, anteriormente, eram normalmente ligados ao governo.

Historicamente, a liderança teve que considerar a geopolítica, mas desde que o Muro de Berlim caiu, uma geração cresceu despreocupada. Agora, a geopolítica está de volta e, nesta encarnação, é fretada com considerações comerciais e militares. As despesas com a defesa tornaram-se a nova flexibilização quantitativa. Elas são um estímulo de reserva para a economia; suas tecnologias avançaram e não possuem tanto apelo militar quanto antes. Trazem lucros comerciais imediatos. Em vez de novos porta-aviões, as novas tecnologias fabricam satélites militares de altitude. Governos e suas forças armadas continuam a ser atores maciços e influentes. Eles reformulam fundamentalmente o ambiente de liderança e as economias que os rodeiam. As suas decisões afetam os cidadãos de muitas maneiras. Vale ressaltar que o recrutamento está sendo trazido de volta à discussão em muitos países europeus, e organizações privadas estão sendo cada vez mais solicitadas a cumprir tarefas de inteligência em nome de seus governos.

O que os líderes sabem sobre a paisagem da geopolítica? Muitos viajam pelo mundo com tanta facilidade e conforto que pensam entender os países que visitam. Eles podem passar algum tempo na China e na Índia e, no entanto, ficar surpreendidos quando as manchetes revelam tensões estratégicas de segurança entre os dois países. Muitos líderes comentam frequentemente que o centro de fábricas do mundo é Shenzhen, e o de programação, Bangalore.

Talvez os líderes se refiram a países produtores de petróleo como "ricos". Mas isso ainda é verdade? O que ocorre, de fato, é que muitas nações estão em constante fluxo, tal como a tecnologia, a economia, os preços e a competitividade relativa.

> **Dica Rápida**: Só porque você esteve em um país, não significa que o conhece. Visitar não significa conhecer. Os bons líderes precisam trocar com os *players* locais e entender o que está mudando. Em qualquer caso, alguns países estão mudando tão rápido que devem ser "amostrados" periodicamente. Os líderes precisam estar ligados e antenados à corrente. A geopolítica local precisa ser verificada com a mesma frequência que o tempo. Ela está em ascensão. Uma grande proporção dos eleitores do Trump nunca deixou suas cidades natais.[1]

Os líderes põem em perigo a si mesmos e suas equipes ao cair em noções antigas e no excesso de confiança. Eles não só devem acompanhar o dia de hoje, como também precisam antecipar o amanhã, pois são constantemente solicitados a alocar recursos. Por exemplo, os países ainda importam tanto quanto as cidades? As cidades estão crescendo como centros de população. Os presidentes das Câmaras são, por vezes, mais importantes do que os primeiros-ministros. A China ainda é o futuro, ou os Estados Unidos são um lugar melhor para investir tempo e capital? A Grã-Bretanha selou o seu destino com o resultado do Brexit ou está embarcando em um futuro mais forte? A UE está se alinhando ou caminhando para a fragmentação? Como fica o Oriente Médio agora que a Arábia Saudita e Israel aliaram-se a outros vizinhos e intensificaram velhas rivalidades?

A sobreposição da geopolítica está se tornando uma paisagem comercial mais complexa. A política governamental é responsável por vastos fluxos de capital; por isso, compreender a forma como se comportam é importante para os líderes. Estar ao lado do futuro pode fazer uma grande diferença. Por exemplo, organizações como o Conselho de Relações Externas e a OTAN deixam cada vez mais clara a possibilidade de estarmos mais próximos de algum tipo de nova Guerra Fria.[2]

Todos assumem que o sistema de regras internacionais do pós-guerra pode prevenir outros conflitos. Os líderes do século XXI, no entanto, não podem se dar ao luxo de tomar nada por garantido. Eles precisam pensar na competição por recursos escassos, no aumento das despesas de defesa e na aparente perda de confiança no sistema de regras internacionais.

Tudo isso levanta uma questão-chave: o que sabemos realmente sobre a geografia do mundo? Nesse novo ambiente, tudo o que assumimos precisa estar sujeito a perguntas difíceis. Ser um especialista de longa data em qualquer área já não confere autoridade. Não há mais autoridades. Há apenas aqueles que são mais ou menos ignorantes. A proveniência da certeza é agora a mediocridade, e não a excelência.

Este capítulo cobrirá:

- A geografia é o destino.
- *One Belt, One Road, One Circle* (BRI[3]) — uma novíssima infraestrutura global.
- O maior projeto de infraestrutura que o mundo já viu.
- Os gastos com a defesa estão crescendo.
- Antigas e novas causas: mas e quanto ao muro?
- Um novo mundo multipolar com muros.
- Conflitos causam migração e vice-versa.
- Infraestrutura de recursos.
- O meio ambiente em seu sentido mais amplo.
- Proteína.
- Energia e o fim do petróleo.
- Centralização *versus* descentralização.
- A infraestrutura é a nova política.
- Regras.
- Diplomacia.
- Conclusões.

## A GEOGRAFIA É O DESTINO

Em 2015, Henry Kissinger disse ao Comitê de Serviços Armados do Senado dos Estados Unidos: "Os Estados Unidos não enfrentam uma gama tão diversificada e complexa de crises [de política externa] desde o final da Segunda Guerra Mundial." Cada nação, ainda de acordo com Kissinger, deve enfrentar esse problema, porque "a própria ordem internacional existente está sendo redefinida". Em outras palavras, a geografia do próprio sistema de regras internacionais está mudando. A geografia física do mundo também está se modificando. Países como a China estão construindo novas ligações de transporte, e os Estados Unidos e a Europa estão levantando novas muralhas. Alguns lugares estão se tornando mais competitivos, e outros, menos. As pessoas estão em movimento. A migração continua a ser uma das características mais importantes da paisagem geopolítica, assim como a competição contínua por recursos escassos. As fronteiras também são fluidas e estão em constante adaptação.

## ONE BELT, ONE ROAD, ONE CIRCLE (BRI) — UMA NOVÍSSIMA INFRAESTRUTURA GLOBAL

Os ocidentais habituaram-se à sua versão do mundo. Os britânicos previram a importância do sistema internacional de data e hora, por isso, instituíram o meridiano de Greenwich. Londres tornou-se, assim, uma das poucas cidades que poderiam realizar um anúncio no mesmo dia para a maior parte do planeta. Heathrow só recentemente foi ultrapassado como o aeroporto internacional mais movimentado do mundo. No entanto, as infraestruturas já não apontam automaticamente para Nova York, Londres ou Singapura. Em vez disso, a China está reorientando dramaticamente o mundo em sua direção. Ela precisa de recursos de todo o planeta para sustentar o seu crescimento. Os chineses já não podem contar apenas com a infraestrutura construída pelas nações ocidentais e as certezas territoriais do século XX.

## O MAIOR PROJETO DE INFRAESTRUTURA QUE O MUNDO JÁ VIU

A infraestrutura é geopolítica. Muitos líderes ainda não mediram a magnitude da chamada *Belt Road Initiative*. Na China, no entanto, é real e está acontecendo. O resto do mundo não tem muitas notícias do plano, porque ele está sendo executado em locais distantes. Muitos líderes talvez nem notem o BRI, porque acreditam que a nova infraestrutura no Cazaquistão, por exemplo, talvez não seja relevante para os seus interesses. É fácil pensar que o projeto é simplesmente um aprimoramento da antiga Rota da Seda, que ia da China até a Ásia Central. O pensamento, no entanto, seria um erro. Segundo a *The Economist*, o BRI "é o tipo de liderança que os Estados Unidos não têm demonstrado desde o pós-guerra, nos dias do Plano Marshall na Europa Ocidental". O BRI é, na verdade, sete vezes maior financeiramente.

Ele não é realmente um plano. Trata-se de uma série de acordos de infraestrutura discreta com diferentes propósitos, acordos de financiamento e participantes. Juntos, no entanto, formam uma rede maciça. Rotas e caminhos específicos estão sendo estabelecidos ou reforçados, como por exemplo:

- Uma ferrovia ligará Yiwu, na China Oriental, a Londres e Madri via Cazaquistão, Rússia, Bielorrússia, Polônia, Alemanha, Bélgica e França. Essa ligação também conectará Yiwu a Roterdã via Moscou e Urumqi, na China.
- A via se conectará às redes ferroviárias regionais, como as do Sudeste Asiático. Comboios de Kunming, na China, se ligarão ao Vietnã, Laos, Tailândia, Camboja e Myanmar. Na África Oriental, o BRI ligará a Etiópia, Djibuti, sul do Sudão, Quênia,

Tanzânia, Uganda e Ruanda.[5] Em cada país, alguns portos também estão sendo construídos ou modernizados.

- No Himalaia, a China está construindo ligações ferroviárias e rodoviárias tanto no Paquistão como em Bangladesh, para se conectar ao mar através dos dois países em um Corredor Econômico China-Paquistão e do Corredor Bangladesh-China-Índia-Myanmar.[6] O projeto da Orla Econômica do Himalaia vai juntar o Nepal, Índia, Butão e Tibete.[7]
- No Oriente Médio, a China procura unir a Turquia, Líbano, Síria, Iraque, Irã e Jordânia. As rotas ferroviárias da região serão complementadas por portos novos ou melhorados em locais como Omã e até Atenas, na Grécia.
- A estrada e as ligações marítimas (*belt*) percorrem milhares de quilômetros. O "*circle*" se aplica ao lado Ártico. O Círculo Ártico é agora um caminho rápido para os mercados ocidentais da China, que vai de Dalian, na ponta sul da Província de Liaoning, e permitirá que as mercadorias da China Oriental cheguem a Roterdã em 26 dias através do Ártico ou, mais provavelmente, na direção oposta.
- Um novo porto proposto será construído na costa leste do México, em Lazaro Cardenas.[8] Espera-se que seja maior do que o de Long Beach na Califórnia (o segundo maior nos Estados Unidos[9]). Ele permitirá aos navios chineses contornar os portos da Costa Oeste americana para aqueles com águas mais profundas na Costa do Golfo e na Costa Leste dos EUA. Alguns sugerem que até um quarto das aproximadamente sessenta milhões de toneladas de carga que Los Angeles e Long Beach movimentam a cada ano poderiam ser desviadas.[10] O México terá novos portos, rodovias e ferrovias modernizadas, no esforço de garantir que o comércio das costas leste e oeste da América do Norte chegue à China cada vez mais facilmente.
- Esse caminho será combinado com outros dois canais para navios do tamanho Panamax, o primeiro na Nicarágua — o

Canal da Grande Nicarágua —,[11] e o segundo na Península do Kra, na Tailândia — o Canal da Tailândia.[12] A China também está se aproximando da Malásia em seus projetos BRI e investiu 14 bilhões de dólares de Singapura no projeto Melaka Gateway, um porto que poderia substituir Singapura como o principal ponto de entrada na região.
- Na América Latina, o BRI tomará a forma de uma ferrovia oceânica, que irá do Brasil ao Chile, e a Rodovia Transamazônica, através do Brasil.
- O aspecto ártico do BRI é uma rota marítima que vai de Dalian, no leste da China, através do Círculo Polar Ártico até Roterdã, e depois para o sul, através do Canal de Suez, e de volta à China. A ampliação do Canal de Suez para acomodar o tráfego de navios-tanque de duas vias e navios tipo Panamax é um dos maiores projetos de todos dentro do BRI.

Todo esse investimento adicionará pelo menos mais cinco trilhões de dólares ao investimento global. Quando se adiciona o montante aos dezoito trilhões de dólares já investidos pelos bancos centrais globais, é possível perceber que nada disso é insignificante.

O BRI é ambicioso mesmo dentro da própria China. De acordo com o *China Daily* oficial, "29 das 31 províncias e regiões da China são agora servidas por trens de alta velocidade, faltando apenas algumas regiões do Tibete e Ningxia no noroeste para se conectarem à via".[13]

Os esforços da China para gerir a geografia não são apenas físicos. O país também está desenvolvendo o *Data Sphere* (ver capítulo 6). Os líderes da China estão obrigando o mundo cada vez mais a se comunicar por meio de plataformas chinesas, como o WeChat. Eles estão criando infraestrutura para chamadas telefônicas quânticas, ditas à prova de invasão. A infraestrutura de comunicações pode estar menos ligada ao Ocidente, mas o Ocidente está se tornando mais conectado (fisicamente) à China.

## OS GASTOS COM A DEFESA ESTÃO CRESCENDO

A Cítera nos mostra que há sempre um lado obscuro nas tendências. Nenhuma discussão atual sobre geopolítica e geografia global pode evitar a referência ao fato de que as despesas com defesa nacional estão aumentando. Esse é um tipo diferente, mas igualmente importante, de infraestrutura global. O relatório do Jane's Defence Budgets projetou que "as despesas globais com a defesa devem aumentar novamente em 2018 para atingir o seu nível mais elevado desde o fim da Guerra Fria".[14] Por exemplo, a China, os Estados Unidos, a Rússia e alguns outros países estão se movendo para fabricar armas hipersônicas que viajam a velocidades Mach e podem cruzar o planeta em muito pouco tempo.

Novas embarcações e aeronaves navais que operam sem seres humanos estão sendo inventadas. As superpotências estão em uma nova corrida espacial, gastando dinheiro em velocidade e precisão.

O assunto levanta questões que os líderes devem considerar. Afinal, até o Council on Foreign Relations, um *think tank* independente e não partidário, escreve sobre a possibilidade de "uma nova Guerra Fria".[15] Enquanto todos querem evitar tal resultado, é difícil ignorar os incidentes entre superpoderes. Há incursões aéreas e marítimas entre muitas nações. Os japoneses queixam-se da acumulação da presença russa nas Ilhas Kurile, tal como os Estados Unidos denunciam a presença crescente da China no Pacífico. A Rússia e membros da OTAN acusam-se regularmente uns aos outros de se envolverem em atos de provocação no ar e no mar. Uma das motivações para isso pode estar no fato de que todos os outros antigos membros do Pacto de Varsóvia, exceto a Rússia, fazem, agora, parte da OTAN.[16] Dado que o Muro de Berlim caiu em 1989, era impensável que, em 2005, apenas dezesseis anos mais tarde, todos os antigos aliados russos se tornariam aliados do Ocidente.

Sob a perspectiva da Rússia, os Estados Unidos e a OTAN têm o objetivo de invadir o país. O que ocorreu na Ucrânia é um ponto-chave para entender as discordâncias. O apoio russo tem crescido para que ele também possa aderir. A manobra se intensificou desde que a Rússia assumiu o controle da base naval em Sevastopol, que serviu a Ucrânia durante muitos anos. O Ocidente pode ter considerado que não tomar medidas para apoiar a Ucrânia, a longo prazo, a forçaria a aproximar-se mais da OTAN. Permitir que a Rússia continuasse usando o porto não era mais do que o *status quo*. A Marinha russa não poderia atacar, porque ainda precisaria navegar no Bósforo, que é controlado pela Turquia, um membro da OTAN.

Entretanto, os dirigentes seniores prestam atenção ao “Arco de Aço” russo,[17] o que implica que a Rússia está construindo presença estratégica de segurança desde o Báltico até o Mediterrâneo e o Oriente Médio. Implica também no endurecimento das capacidades nucleares. A Rússia entende a questão da mesma forma ao observar os Estados Unidos e a China expandirem seus arsenais nucleares e segurança.

As superpotências regionais estão envolvidas em novos conflitos. O conflito saudita/iemenita ameaça se alastrar para outros locais. A questão nuclear norte-coreana continua chamando a atenção para a Península Coreana. A Rússia e a OTAN[18] acusaram-se mutuamente de simularem guerra em vários exercícios militares. A China e seus vizinhos protagonizam frequentemente discussões que envolvem navios e aviões militares. É como se o “Dividendo de Paz” estivesse chegando ao fim. A solução é, naturalmente, maior diplomacia e diálogo, mas, como já dissemos, a mudança de comportamento não se limita nem aos governos nem aos civis. Ambos se comunicam, mas não conversam. O tom é, muitas vezes, enraivecido e impaciente. Nenhum dos lados demonstra empatia.

Líderes do setor privado e do terceiro setor estão bem posicionados para influenciar o diálogo. Eles têm menos orgulho nacional e prestígio político investidos no processo. Precisam de maior consciência acerca das pressões geopolíticas, mas, em alguns casos, pode ser mais fácil para eles gerir o diálogo. A tendência de evitar ou suprimir o assunto pode contribuir para resultados piores.

## ANTIGAS E NOVAS CAUSAS: MAS E QUANTO AO MURO?

O que está causando tudo isso? A resposta simples é que a geopolítica sempre foi uma característica da paisagem global. Seu recuo nas décadas subsequentes à queda do Muro de Berlim foi uma histórica exceção à regra.

A política econômica ajudou a incentivar o retorno da geopolítica. Quando os bancos centrais estão sob escrutínio para injetar estímulos e QE, as despesas com a defesa são uma forma de acrescentar mais dinheiro sem atrair críticas econômicas. É uma forma de estímulo econômico e popular entre os eleitores em tempos de crise financeira. Uma das razões apresentadas para promover as vendas em defesa é que elas geram empregos em círculos políticos-chave.

Em tempos de divisão e recessão, os militares são também os empregadores de último recurso. Os governos podem apoiar as economias e perspectivas políticas através da expansão das despesas militares. Também é verdade que a presença de um adversário estrangeiro pode ajudar a unir o público durante tempos econômicos difíceis. A política interna em muitos países se beneficia da alegação de que as potências estrangeiras foram, de alguma forma, a causa. Isso não é novidade na história. Os líderes, no entanto, estão em uma posição favorável para escolher resultados positivos se eles puderem enxergar os padrões e abraçar a colaboração em vez do combate.

Considere a Península Coreana. Depois de muitas manchetes assustadoras que sugeriam o risco real de um evento nuclear, vimos a China e as duas Coreias promovendo o diálogo. As duas Coreias chegaram aos Jogos Olímpicos de Inverno de 2018 sob a mesma bandeira. Muitos intercâmbios culturais têm sido anunciados. Apesar de todo o ódio entre os Estados Unidos e a China, as duas superpotências parecem alinhadas em seu desejo de evitar o pior resultado possível sobre a questão norte-coreana.

## UM NOVO MUNDO MULTIPOLAR COM MUROS

Quando um conflito insolúvel é posto, a reação natural obtida é a de uma barreira. É inegável que a Rússia e os seus vizinhos entram em choque. A Polônia e a Lituânia estão ambas construindo um muro armado em torno de Kaliningrado,[19] enquanto a Rússia está aumentando sua presença naval e expandindo ali o seu arsenal de mísseis.[20] A Suécia e a Lituânia reintroduziram o alistamento militar como resultado de suas preocupações com a escalada de todos os lados do Mar Báltico.

A Arábia Saudita está envolvida em algo não visto há décadas — um bloqueio naval. O alvo é o seu vizinho, o Qatar. A maioria das pessoas pensou que os países do Golfo estavam alinhados. Acontece que não estão. O que mais pode nos surpreender? Vale a pena prestar mais atenção a algumas partes do mundo. A Rússia está restabelecendo a sua presença naval no Mediterrâneo,[21] agora que tem controle sobre os portos na Síria. Foram encontrados novos campos de gás no Mediterrâneo Oriental, e muitas nações regionais os reclamarão para si à medida que o seu valor aumentar. Como o norte de África vem se tornando menos estável,[22] não seria surpresa se as nações mais afastadas se interessassem por seus ativos de petróleo e gás.[23]

## CONFLITOS CAUSAM MIGRAÇÃO E VICE-VERSA

Enquanto a China conecta o mundo, outros países constroem novas barreiras. Todos já ouviram falar do muro entre os Estados Unidos e o México. Há, no entanto, muitos mais. O historiador Timothy Garten Ash diz: "Os muros na Europa estão sendo reerguidos — é como 1989, mas ao contrário."[24] Ash fala das "cercas de navalha e arame farpado, como grande parte da velha cortina de ferro" que agora atravessam as fronteiras europeias. Elisabeth Vallet, autora de *Borders, Fences and Walls: State of Insecurity?*, afirma: "Há atualmente cinco vezes mais barreiras do que havia à época do Muro de Berlim, em 1989."[25] Muros estão sendo levantados no norte da África e através de grandes áreas do Oriente Médio, incluindo entre os sauditas e o Iêmen, entre Israel e a Cisjordânia, e entre a Turquia e a Síria.

A imigração parece ser o principal condutor da nova mentalidade. Em 2015, António Guterres, o Alto Comissário das Nações Unidas para os Refugiados, deixou claro: "Em 2014, 59,5 milhões de pessoas migraram por conta de conflitos ao redor do mundo."[26] Seus números eram gritantes. "Em 2010, havia 11 mil novos refugiados decorrentes de conflitos por dia. Em 2011, o número subiu para 14 mil. Em 2012, já eram 23 mil. Em 2013, a marca alcançou 32 mil. E em 2014, 42.500 pessoas se deslocaram de seus locais originais fugindo de diversos conflitos."[27]

Os dados não incluem migrantes econômicos que estão simplesmente à procura de uma vida melhor. Agora, os Estados Unidos recebem um maior número de imigrantes nascidos no estrangeiro do que em qualquer fase da sua história (figura 5.1).

Alguns já decidiram que um muro entre os Estados Unidos e o México seria um desastre. No entanto, aconteceu algo interessante que lhes pode ter escapado à atenção. A economia do México tornou-se muito competitiva. No momento, os salários no México são substancialmente mais baixos do que na China. O controle de qualidade mexicana é padrão americano, e está profundamente enredado nas cadeias de fornecimento americanas. Como resultado, os mexicanos não estão mais se mudando para o norte, porque há bons empregos em casa. Mas os líderes empresariais dos EUA estão se deslocando para o sul, mudando suas operações para aquele local competitivo. Da mesma forma, a China não enxerga uma ameaça no México, mas uma oportunidade de investimento, uma vez que o país melhorou sua infraestrutura, incluindo aeroportos, portos e ligações ferroviárias.

Figura 5.1 População nascida no estrangeiro e nativa dos Estados Unidos (1850-2010)

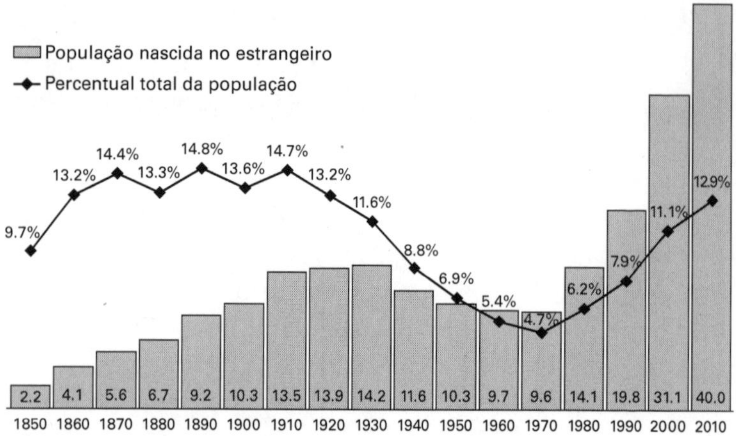


Fonte: Censo dos EUA, Censo da População (1850-2000) e American Community Survey (2010)

As economias europeias são profundamente afetadas pelos fluxos migratórios. Os conflitos no Oriente Médio e a sedução da vida europeia atraíram, juntos, a guerra, os migrantes econômicos e políticos. Os europeus estão divididos quanto a essa questão. Alguns líderes querem liberdade de entrada para todos os refugiados, e não apenas por razões éticas. A Europa tem uma população envelhecida e precisa da infusão da juventude. Outros acham que o lento crescimento da Europa e a limitada capacidade de criação de empregos deixarão os imigrantes sem recursos e oportunidades enquanto ameaçam a vida e a subsistência dos cidadãos nativos.

Tanto para os Estados Unidos como para a Europa, a questão resume-se aos dois pontos cardeais da Cítera: infraestrutura e isolamento. Ou abraçam as oportunidades criadas pelos fluxos migratórios ou levantam muros contra eles.

O acesso a matérias-primas como água, proteínas e energia continuam impulsionando a geopolítica, porque moldam o comportamento tanto das nações quanto dos migrantes. Mesmo em uma era de avanços tecnológicos sem precedentes, esses recursos ainda são importantes. A China, por exemplo, não tem água e terra arável suficientes para se alimentar. Ela responde por 20% da população mundial, mas detém apenas 7% da água. O problema é a linha Heihe-Tengchong.[28] A oeste dessa linha encontra-se 57% da China em área, mas apenas 6% da população. A leste, estão 43% em área, e 94% da população. Mesmo após oitenta anos, a área a oeste da linha continua subdesenvolvida e pobre em comparação ao lado leste. Muito daquela área é um deserto. É por isso que a proveniência da água realmente importa. Apesar dos custos de energia caírem nas previsões de longo prazo,[29] a dessalinização ainda não pode fornecer água para o interior chinês. Isso porque o processo necessita de um abastecimento abundante de água do mar, mais a capacidade de eliminar os resíduos fortemente poluídos sem causar danos ambientais. Os líderes da China compreendem que não pode haver padrões de vida ocidentais sem aumento no consumo de água. O problema é: apenas 2,5% de toda a água do planeta é doce, e, dessa parte, 2% está congelado nas geleiras. Os dados estão ilustrados na Tabela 5.1.[30]

A China não está sozinha quando se trata de problemas de água. O Oriente Médio, Índia, África e até mesmo os Estados Unidos sofrem com a falta do líquido. Essa é uma das razões pelas quais os líderes mundiais estão focados em soluções que diminuem a dependência da água, que incluem métodos de cultivo mais eficientes sem tanto gasto do recurso.

TABELA 5.1 RESERVAS NATURAIS DE ÁGUA NO MUNDO

| Fonte de água | Volume de água em milhas cúbicas | Volume de água em quilômetros cúbicos | Percentual de água pura | Percentual total de água |
|---|---|---|---|---|
| Oceanos, mares e baías | 321,000,000 | 1,338,000,000 | – | 96.54 |
| Calotas de gelo, geleiras e neve | 5,773,000 | 24,064,000 | 68.7 | 1.74 |
| Subsolo | 5,614,000 | 23,400,000 | – | 1.69 |
| Água pura | 2,526,000 | 10,530,000 | 30.1 | 0.76 |
| Salinas | 3,088,000 | 12,870,000 | – | 0.93 |
| Umidade do solo | 3,959 | 16,500 | 0.05 | 0.001 |
| Gelo no solo e camadas polares | 71,970 | 300,000 | 0.86 | 0.022 |
| Lagos | 42,320 | 176,400 | – | 0.013 |
| Água pura | 21,830 | 91,000 | 0.26 | 0.007 |
| Salinas | 20,490 | 85,400 | – | 0.006 |
| Atmosfera | 3,095 | 12,900 | 0.04 | 0.001 |
| Água de pântanos | 2,752 | 11,470 | 0.03 | 0.0008 |
| Rios | 509 | 2,120 | 0.006 | 0.0002 |
| Água biológica | 269 | 1,120 | 0.003 | 0.0001 |

FONTE: GLEICK, P. H. (ED) WATER IN CRISIS: A GUIDE TO THE WORLD'S FRESH WATER RESOURCES, 1993, CAPÍTULO DE IGOR SHIKLOMANOV: "WORLD FRESH WATER RESOURCES", TABELA 2.1, COM A PERMISSÃO DA OXFORD UNIVERSITY PRESS, EUAE.

## O MEIO AMBIENTE EM SEU SENTIDO MAIS AMPLO

O sucesso econômico da China também criou novos problemas. O país perdeu 6,2% das suas terras agrícolas entre 1997 e 2008, de acordo com um relatório da Organização das Nações Unidas para Alimentação e Agricultura e da OCDE.[31] Em uma era de preços imobiliários em espiral, os governos locais são incentivados a vender terras agrícolas para empreendimentos imobiliários mais lucrativos. Essa tendência, combinada à rápida transição para a manufatura, resultou em tanta degradação ambiental que os líderes da China tornaram-na agora uma prioridade máxima. No início do segundo mandato do Presidente Ji Xinping, no 19º Congresso do Partido, em 2017, ele anunciou que a nação estava "em guerra" contra a poluição.[32]

Nenhuma discussão sobre a geografia e infraestrutura do mundo está completa sem referências ao meio ambiente. Até hoje, definimos o ambiente mundial de forma muito restrita. Para que a natureza seja salva, é necessário que haja diálogo civil. A última catástrofe ambiental pode não ser o aquecimento global, mas o conflito. Os líderes precisam se perguntar mais sobre a atenção reservada aos resíduos plásticos do que à possibilidade de eventos militares apocalípticos. Ambos podem ser importantes.

## PROTEÍNA

A proteína é uma das razões pelas quais a China procurou focar em novas saídas marítimas. O país vislumbrou um mundo em que as proteínas são escassas. O *Washington Post* escreveu:[33] "O consumo de peixe per capita da China foi estimado pela Organização para Alimentação e Agricultura em quase oitenta libras em 2010, quase o dobro do consumo global, e está crescendo cerca de oito por cento ao ano." O dado ajuda a explicar os incidentes entre o país e seus vizinhos no Mar do Sul da China, e seu comprometimento com a região. "Peixe, o desestabilizador negligenciado do Mar do Sul da China", como caracterizou certa vez um grupo de pesquisa.[34]

A carne de porco também é importante para os chineses, um item alimentar importante para a sua população. Nos últimos anos, o preço da carne de porco subiu até trezentos por cento em um único ano. Assim, a China concentrou-se em adquirir não só mais carne de porco, mas também um melhor conhecimento sobre sua produção. Por esse motivo, um dos maiores negócios anunciados pelo país em 2013 foi a aquisição da empresa americana Smithfield Foods pela gigante chinesa Shuanghui International.[35] A Smithfield, que possui cerca de 27 milhões de porcos, rende mais de seis bilhões de quilos de carne suína por ano e é proprietária do maior matadouro e fábrica de processamento de carne do mundo. Foi adquirida por trinta por cento do seu preço de mercado, o que, à época, representou a maior aquisição chinesa de uma empresa americana de todos os tempos.

## ENERGIA E O FIM DO PETRÓLEO

A China também não possui recursos energéticos, outra razão para suas conexões físicas e diplomáticas com o Oriente Médio — embora, como veremos, sejam países que estão se afastando da produção de petróleo. Os recursos energéticos desempenham um grande papel na compreensão da geografia. Os rendimentos das nações que dependem do petróleo foram dramaticamente prejudicados pela queda dos preços do produto. A Arábia Saudita, a Rússia, a Noruega, a Nigéria e o Irã foram alguns dos mais afetados. O fator coincidiu com um cenário de aumento de custos e inflação mais elevada à medida que os subsídios governamentais caíram. Muitos no mundo da tecnologia preveem que os avanços da energia alternativa podem reduzir o valor de um barril de petróleo para níveis historicamente baixos ao longo do tempo.

A Arábia Saudita mudou a sua liderança em resposta à crise de liquidez causada pela queda do preço do petróleo. O país saltou várias gerações para capacitar o novo príncipe herdeiro, Mohammed bin Salman. Ele reconheceu que a Arábia não pode mais fornecer os subsídios tradicionais para habitação, gasolina e comida, e que o país está empreendendo reformas radicais para diversificar a sua economia, afastando-se da dependência do petróleo. A nova liderança está agora promovendo o empreendedorismo e encorajando uma vasta gama de setores empresariais para o país. Tal como a Noruega, a Arábia Saudita também está vendendo ativos petrolíferos. O plano é flutuar a Saudi Aramco e depois usar as receitas para apoiar o programa de reforma, em vez de reinvestir na infraestrutura petrolífera.

A Arábia está expandindo suas universidades e estimulando uma nova cultura de empreendedorismo. O país revelou planos para gastar 500 bilhões de dólares criando uma zona econômica inteiramente nova chamada NEOM na costa noroeste do Mar Vermelho. A zona de 26 mil $km^2$ interligará a região à Jordânia e ao Egito, e espera-se que contribua com cem bilhões de dólares para o PIB até 2030.

A Nigéria também tem sofrido com a queda dos preços do petróleo. A população tem exigido responsabilidade cada vez maior sobre as receitas e o modo como elas são gastas. O país também está se diversificando para setores totalmente novos da economia.

A Arábia Saudita,[36] a Noruega,[37] a Rússia[38] e a Nigéria[39] estão promovendo o empreendedorismo. Todos esses países querem fortalecer a cultura de pequenas e médias empresas. Todos estão introduzindo novos setores. A Nigéria emergiu como o novo centro de programação do mundo. Mark Zuckerberg apoiou uma firma chamada Andela, especializada em treinamento de jovens nigerianos, homens e mulheres, com habilidades de codificação em classe mundial.[40] Como resultado, alguns argumentam que Lagos está substituindo rapidamente Bangalore como o maior centro de codificação no mundo. Essa é uma grande mudança na paisagem geográfica que os líderes devem ter conhecimento. Andela está se espalhando por Uganda e

Quênia, construindo essa mesma infraestrutura tecnológica humana por todo o continente.[41]

A Rússia também está se afastando do petróleo e do gás e investindo em alta tecnologia, uma das razões por que ouvimos o presidente Putin alegar que a nação que dominar a inteligência artificial (IA) "governará o mundo".[42] A Rússia antevê um futuro sólido na busca por "oportunidades colossais" que a IA oferece. A China concorda e continua diversificando a sua economia também nesse sentido.

De repente, podemos ver por que os líderes precisam repensar a sua compreensão da geografia do mundo. Cada lugar tem a sua própria história. Há muito tempo ouvimos dizer que a África é assolada pela fome e pela pobreza. Será que essa informação ainda nos cega para o fato de que o continente está se tornando cada vez mais conectado e impulsionado pela tecnologia? Algumas das economias que mais crescem no mundo estão localizadas atualmente na região da África Subsaariana.[43] Pensamos no Oriente Médio como um local dilacerado por guerras, mas também está mudando sua orientação de acordo com a Cítera. Os países daquela região optaram por investir em infraestrutura e em mais conectividade com a economia mundial.

## CENTRALIZAÇÃO *VERSUS* DESCENTRALIZAÇÃO

O populismo tem se difundido ao redor do mundo e se tornou um assunto recorrente. Muitas pessoas se perguntam se a solução para os problemas globais e locais é a centralização ou a descentralização do poder. O voto pelo Brexit no Reino Unido pode ser analisado sob esses termos. A liderança política na UE parece se mover para maior centralização, por exemplo, unindo o Exército e elegendo um único Ministro de Finanças e Exteriores. Enquanto alguns abraçam essa direção, outros têm certas reservas. Há mais desejo pelo poder localizado em nível local. Os líderes devem estar atentos a essa dinâmica, já que perceberão o mesmo em suas próprias organizações e instituições.

A Europa tem estado presa a esse debate, procurando uma alternativa entre o capitalismo e o socialismo. Pode o capitalismo alemão, ou *Rheinische Kapitalismus*, combinar o capitalismo de mercado livre com políticas sociais de formas aceitáveis? É uma questão considerada por muitas nações. O Japão vem tentando equilibrar os dois extremos. Até a população dos Estados Unidos tem indicado esse caminho: veja, por exemplo, os apoiadores do senador Bernie Sanders, que personifica a posição. A China também pretende encorajar os incentivos capitalistas e os *payoffs*, garantindo que a disparidade de renda e a descentralização do poder não sejam forças desestabilizadoras.

A questão é se o Brexit foi o fim do debate ou o primeiro sinal de uma fragmentação maior na Europa. Os líderes devem pensar sobre estas questões, porque deverão escolher entre o Reino Unido e a UE, tal como escolher entre os Estados Unidos e a China, ou mesmo entre a China e a África. O sucesso da Grã-Bretanha não significa o fracasso da UE, ou vice-versa. Ambos têm modelos políticos e comerciais diferentes. O sucesso da China não garante o fracasso dos Estados Unidos ou o contrário. Em vez disso, os líderes podem procurar as sinergias entre as partes do mundo e alavancar as relações entre elas. Há espaço em cada caso para que ambos sejam bem-sucedidos, mas a flexibilidade é importante. Os líderes precisam garantir que as estruturas em que operam sejam tão flexíveis quanto possível.

Os Estados Unidos talvez estejam passando por um fenômeno semelhante. Ambos os presidentes Obama e Trump foram eleitos com um mandato que prometia a mudança. A população deseja mudar Washington. Alguns almejam que a capital e o governo federal sejam maiores; outros não desejam que tanto poder esteja concentrado lá. Novamente, o argumento de centralização.

**Dica Rápida:** A liderança precisa estar consciente do equilíbrio entre a tomada de decisões centralizada e descentralizada. Essa é uma medida dinâmica que deve ser alterada em função das condições econômicas, normalmente uma decisão centralizada em períodos de recessão.

## A INFRAESTRUTURA É A NOVA POLÍTICA

A China tratou de forma inteligente a questão da centralização, introduzindo o BRI. A nova infraestrutura assegura que o país terá novos mercados, tanto para comprar quanto para vender. Todas as estradas, no entanto, levam de volta à China. O país está se colocando no centro do mundo, permitindo, ao mesmo tempo, uma grande diversidade nas economias internas e externas com as quais ela interage. O BRI tanto centraliza como descentraliza, simultaneamente.

Verdade seja dita, quando os britânicos estabeleceram o Prime Meridian e as vias marítimas, ou quando os Estados Unidos e a Alemanha construíram suas autoestradas e *autobahns*, ambicionavam a mesma coisa. É simplesmente uma lição de história reinventada.

## REGRAS

Os maiores desafios no cenário geopolítico global envolvem as regras do jogo. Desde a Segunda Guerra Mundial, os Estados Unidos têm apoiado um sistema de regras globais concebido para beneficiar todos aqueles que aderem a ele. Veio com objetivos claros — o livre comércio, a circulação mais livre possível de capital, bens, serviços e capital humano e a livre transmissão de ideias. Foram construídas instituições para apoiar e facilitar esses resultados — o Banco Mundial, o FMI, a ONU e outras organizações internacionais —, mas os novos desenvolvimentos e escândalos enfraqueceram a fé e a confiança nas regras e em todas as instituições.

A China e a Rússia tornaram-se cada vez mais céticas, temendo que nunca conseguissem um lugar à mesa à altura do seu poder.[44] A China, em particular, tentou reparar e reformar essas instituições e ideais ocidentais no rescaldo da crise financeira. Foi rejeitada. Em vez disso, decidiu criar as suas próprias instituições globais, tais como o Banco Asiático de Investimento em Infraestruturas, que agora rivaliza com o Banco Mundial. Tanto a Rússia quanto a China sentem que os Estados Unidos têm sido demasiado arrogantes com as regras e as instituições, procurando primeiro satisfazer os seus próprios interesses. As nações de mercado emergentes há muito se queixam de que essas organizações oferecem injustamente os papéis principais para as nações desenvolvidas, a fim de que nunca venham a ter qualquer influência.

Entretanto, o público expressa opiniões cada vez mais populistas. Ele se inclina para o isolamento na Cítera. Não se interessa por regras comerciais que nunca o beneficiam. O apoio público ao livre comércio diminuiu. Todos parecem querer maior proteção contra a globalização no exato momento, ironicamente, em que a globalização espalha mais empregos e riqueza do que nunca. Quando antes todos os empregos costumavam estar principalmente na China, atualmente a economia mundial está distribuindo mais amplamente a criação de cargos. Talvez o público tenha adotado a ideia e decidido sozinho que é a melhor forma de pensar? Os líderes de todos os setores serão chamados para contribuir com o debate. A paisagem geopolítica está mudando rapidamente, reconfigurando-se em tempo real. Tudo afeta todo o resto; por isso, a necessidade de discussões é fundamental.

## DIPLOMACIA

Carl von Clausewitz disse: "A guerra é a continuação da política por outros meios."[45] Se isso é verdade, então a diplomacia é, agora, mais importante do que nunca, mas não apenas a relação entre nações, como também entre os líderes. As organizações internacionais, privadas ou públicas, têm igualmente um papel a desempenhar. Os problemas aqui descritos já são difíceis o suficiente. Eles se tornam quase impossíveis em um mundo em que qualquer um que discorde é rotulado como maligno ou idiota. Os líderes podem desempenhar o seu papel na restauração da civilidade, no regresso à linguagem da diplomacia e enxergar soluções vantajosas para ambas as partes em vez de resultados binários.

Os líderes precisam infundir seus pensamentos e ações com uma atitude positiva e esclarecida. Isso porque o aumento das despesas com a defesa, combinado ao imperativo de recursos, são suscetíveis a produzir mais problemas geopolíticos. Os líderes não podem se deixar surpreender por isso. Eles precisam estudar o verdadeiro estado da geopolítica de forma proativa, não assumindo que ela tenha permanecido inalterada desde a queda do Muro de Berlim.

## CONCLUSÕES

Apesar de muitos acharem que o período atual é o "fim dos dias", há muitos outros na história que se aproximam mais de um pandemônio real. A crise dos mísseis cubanos, a queda da primeira bomba atômica, o *Blitz* ou mesmo as Grandes Guerras poderiam se valer mais desse epíteto. O mundo pode ser um lugar mais perigoso, mas não necessariamente quando comparado a outros períodos da história. É possível que consigamos gerir o volume de informação.

Estamos gastando mais com a defesa por razões econômicas e nacionalistas. Em alguns casos, para ter acesso a recursos. Mas, mais frequentemente, porque a infraestrutura original do século XX beneficiou apenas as nações que a estabeleceram. Essas novas ligações criarão novas geografias importantes, muitas vezes em áreas onde antes não havia nenhuma.

Os governos estão sendo dilacerados em duas direções. Primeiro, têm de lidar com um novo nacionalismo, com a ameaça implícita de isolamento e barreiras tarifárias, fatores advindos de um velho mundo de parlamentos soberanos e fronteiras definidas. Ao mesmo tempo, a tendência para o internacionalismo é clara, e a economia global está redistribuindo riqueza e poder econômico em um ritmo sem precedentes, com base em um comércio cada vez mais aberto. Líderes de todos os tipos precisam, portanto, ser internacionais e geopoliticamente fluentes, ao mesmo tempo em que estejam conscientes da dor causada pelas mudanças econômicas. É um ato e tanto de equilíbrio.

## NOTAS

1. https://www.theatlantic.com/politics/archive/2016/10/trump-supporters-hometowns/503033
2. https://www.cfr.org/interview/perils-new-cold-war
3. Belt Road Initiative.
4. Verghese, A. *Cutting for Stone: Forbidden love, family secrets and a country in turmoil.* Nova York: Vintage, 2009.
5. https://qz.com/996255/kenyas-3-2-billion-nairobi-mombasa-rail-line-opens-with-help-from-china
6. https://thediplomat.com/2017/05/reviving-the-comatose-bangladesh-china-india-myanmar-corridor
7. https://thediplomat.com/2016/08/tibet-and-chinas-belt-and-road
8. http://gcaptain.com/mexicos-900-million-mega-container
9. http://www.inboundlogistics.com/cms/article/top-10-us-container-ports
10. http://www.inboundlogistics.com/cms/article/top-10-us-container-ports
11. https://www.smithsonianmag.com/science-nature/new-canal-through-central-america-could-have-devastating-consequences-180953394
12. http://www.theindependent.sg/the-real-threat-to-spore-construction-of-thaiskra-canal-financed-by-china
13. https://www.reuters.com/article/us-china-railway-yunnan/china-completes-high-speed-rail-links-from-southwest-yunnan-idUSKBN14I07I?il=0

14. http://www.janes.com/article/76463/global-defence-spending-to-hit-post-cold-war-high-in-2018-jane-s-by-ihs-markit-says
15. https://www.cfr.org/interview/perils-new-cold-war
16. https://www.nato.int/cps/ua/natohq/topics_52044.htm
17. https://www.defensenews.com/naval/2015/10/06/us-russia-building-arc-of-steel-from-arctic-to-med
18. http://www.independent.co.uk/news/world/europe/russia-nato-zapad-simulated-full-scale-war-against-west-vladimir-putin-riho-terras-commander- estonia-a8146296.html
19. http://www.bbc.co.uk/news/world-europe-38635737
20. http://www.independent.co.uk/news/world/europe/russia-nuclear-missiles-kalinininingrad-baltic-sea-poland-lithuania-nato-a8199011.html
21. https://www.thetimes.co.uk/article/putin-expands-naval-presence-in-the-mediterranean-hq3rhhzdh
22. http://www.ozy.com/opinion/as-the-caliphate-collapses-extremists-eye-north-africa/83749
23. https://www.thecairoreview.com/essays/russias-new-energy-gamble/
24. https://www.theguardian.com/commentisfree/2015/nov/29/europe-2015-walls1989-paris-refugee-crisis
25. http://www.middleeasteye.net/fr/node/1011
26. http://www.unhcr.org/en-us/admin/hcspeeches/55ba370f9/global-conflicts-human-displacement-21st-century-challenges-delivered-antonio.html
27. http://www.unhcr.org/en-us/admin/hcspeeches/55ba370f9/global-conflicts-human-displacement-21st-century-challenges-delivered-antonio.html
28. https://en.wikipedia.org/wiki/Heihe%E2%80%93Tengchong_Line
29. https://www.eia.gov/outlooks/aeo/pdf/0383(2017).pdf
30. https://water.usgs.gov/edu/earthhowmuch.html
31. https://www.bloomberg.com/graphics/2017-feeding-china
32. https://www.reuters.com/article/us-china-congress-pollution/chinas-president-xi-says-will-continue-years-long-war-on-smog-idUSKBN1CN0CI
33. https://www.washingtonpost.com/world/asia_pacific/fishing-fleet-puts-chinaon-collision-course-with-neighbors-in-south-china-sea/2016/04/12/8a6a9e3cfff3-11e5-8bb1-f124a43f84dc_story.html?tid=a_inltm_term=. 4e272a879109#https://www.washingtonpost.com/world/asia_pacifi
34. https://worldview.stratfor.com/article/fish-overlooked-destabilizer-south-china-sea

35. https://www.wsj.com/articles/SB10001424127887324412604578512722044165756
36. https://www.ft.com/content/fd4b10c0-b8b7-11e7-8c12-5661783e5589
37. http://www.bbc.com/news/business-35318236
38. http://www.bbc.co.uk/news/world-europe-41904509
39. http://www.bbc.co.uk/news/av/world-africa-35801064/nigeria-s-efforts-todiversify-economy-and-be-less-dependent-on-oil
40. https://qz.com/754847/the-co-founder-of-nigerian-startup-andela-is-leaving-tostart-a-payments-company
41. https://yourstory.com/2016/04/m-pesa-ushahidi-andela-africa-startup-movement
42. https://www.theverge.com/2017/9/4/16251226/russia-ai-putin-rule-the-world
43. https://www.nasdaq.com/article/5-fastest-growing-economies-in-the-worldcm773771
44. http://foreignpolicy.com/2016/10/03/imf-officially-gives-china-a-seat-at-the-adult-table-of-world-economies
45. https://www.clausewitz.com/readings/OnWar1873/BK1ch01.html

CAPÍTULO 6

# Compreendendo a Data Sphere

## *Inovação e Intimidação*

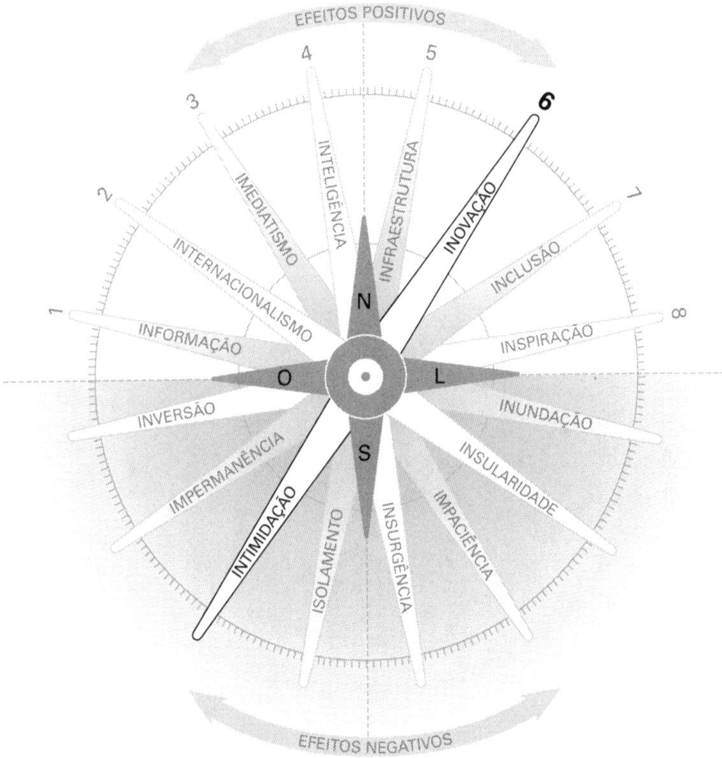

Já vimos como a informação teve impacto no comportamento ao nos interromper e inundar. A tecnologia tem afetado muitas das mudanças de que falamos até agora. Neste capítulo, vamos olhar para o futuro para entender as mudanças que se avizinham no horizonte. Você reconhecerá o padrão em breve. Enfrentamos potencialmente dois resultados superpostos. O primeiro é a inovação, onde descobriremos novos desenvolvimentos maravilhosos que beneficiarão nossas comunidades, prolongarão e tornarão nossas vidas mais plenas e nos permitirão adquirir maior eficiência.

Da mesma forma, veremos como elas serão usadas para causar grandes mudanças que trazem certo potencial negativo. No setor bancário e financeiro, a mudança tecnológica deverá resultar em uma reestruturação significativa. Além disso, a tecnologia poderia ser usada como controle social, para nos monitorar e invadir nossa privacidade.

No início, essas novas tecnologias também podem vir acompanhadas por medo crescente e incapacidade, como retratado no filme *Eu, Daniel Blake*, de Ken Loach, lançado em 2016. No docudrama, um homem desempregado, analfabeto tecnológico e com problemas de saúde confronta-se com um sistema de bem-estar social inteiramente eletrônico. A história fala da frustração e alienação de Blake em um mundo que parece tê-lo deixado para trás.

Passaremos por uma série de tecnologias iminentes para oferecer uma visão geral da profundidade e amplitude da mudança. Falaremos de:

- A ascensão dos robôs?
- A internet das coisas
- Introduzindo a *Data Sphere*
- Inteligência Artificial (IA)
- O bodyNET
- Autonomia
- Drones
- Energia e baterias
- Uma nova moeda

- Itens ecológicos substituídos por itens pouco ecológicos
- Supercomputação
- A *dark web*
- Cidadãos-modelo?
- Avaliações de grupos de pares
- Qualidades humanas
- O fim do caso?
- Conclusões

## A ASCENSÃO DOS ROBÔS?

O futuro sempre esteve na necessidade de melhores relações públicas. As representações distópicas populares falam disso, desde *Metropolis*, de Fritz Lang, até *Westworld*, *Mulheres perfeitas*, *O Exterminador do futuro* e *Blade Runner*. Por quê? Porque a mudança é sempre vista como uma ameaça para a comunidade e, portanto, oferece uma grande história. O medo vende.

A verdade é mais prosaica, é claro. Basta olhar para os milagres à sua volta; robôs, por exemplo. É provável que você já tenha interagido com um robô sem sequer perceber. O Google usa softwares robôs, assim como o Facebook e muitas fontes de ajuda online. Eles já estão entre nós.[1] É possível vê-los sob a forma de *chatbots*, programas movidos por IA que interagem com aplicativos de mensagens. Eles operam através da manutenção de uma base de dados de perguntas prováveis (*inputs*) combinadas às respostas (*outputs*). Os robôs usam a IA, a lógica difusa e a linguística computacional para ler as perguntas e interpretar seus significados.

Os *chatbots*, apoiados pela tecnologia de aprendizagem, conseguem se lembrar das conversas e aprender com as novas, acumulando dados ao longo do tempo para responder a uma série de consultas. Um dos usos mais comuns, por exemplo, encontram-se nos *bots* no Twitter, que possuem identidades normais, mas captam frases ou palavras-chave para responder ou retuitar mensagens. "Só em termos de atrair públicos que não conseguem lidar com experiências complexas de usuários, eles são brilhantes", diz Pete Trainor,[2] diretor de design centrado em seres humanos da Nexus, uma agência digital que criou um assistente de IA chamado Luvo para o banco RBS. Os *chatbots* no Facebook Messenger e outros aplicativos são descaradamente artificiais e focados inteiramente em fornecer informações e/ou completar tarefas para os humanos com quem eles interagem.

Talvez o mais conhecido de todos os *chatbots* seja a Alexa, da Amazon. Esse robô ativado por voz vem sendo usado em conjunto a outras tecnologias que, por exemplo, podem controlar muitas tarefas domésticas, como aquecimento, segurança, compras, etc.

## A INTERNET DAS COISAS

A maioria das pessoas começou a experimentar a internet das coisas (IoT, na sigla em inglês) através da rede de dispositivos físicos, veículos, eletrodomésticos e outros itens conectados à internet. Esses itens estão incorporados na eletrônica, em softwares, sensores, atuadores e outras conectividades que permitem aos dispositivos ligarem-se e trocarem dados, tal como ocorre quando se utiliza um aplicativo de saúde, como o Fitbit, para medir seus batimentos cardíacos ou passos. Ou a forma como o seu smartphone conecta o seu carro à internet. Ou como você controla o aquecimento e a ventilação através de um aplicativo.

Os dispositivos IoT são bidirecionais. A sua chaleira esquenta a água, mas também pode transmitir a informação de que você está fervendo água e emitir suas conversas enquanto bebe o seu café. Alguns aparelhos mantêm um registro de suas conversas; em 2017, por exemplo, um Amazon Echo foi intimado para participar do julgamento de um assassinato ocorrido no Arkansas por ter sido testemunha.[3] Dispositivos IoT estão em todos os lados. Alguns frigoríficos utilizam o Tizen, um software que permite às câmeras internas recolher informações sobre o conteúdo e avaliar de forma independente se há necessidade de mais leite.[4] Alguns frigoríficos até mesmo alertam os usuários automaticamente para que encomendem mais se for o caso.[5]

O IoT também pode ser usado com chips de identificação por radiofrequência (RFID), etiquetas incorporadas em roupas que utilizam, por exemplo, campos eletromagnéticos para identificar e rastrear objetos automaticamente.[6] As etiquetas contêm informação armazenada eletronicamente. Naturalmente, todos esses dados têm um destino.

## INTRODUZINDO A *DATA SPHERE*

Estamos entrando em uma nova dimensão, em que tudo está interconectado, virtualizado e rastreado. Na *Data Sphere*, por exemplo, em breve será quase impossível mentir sobre o seu paradeiro. Considere um homem que afirmou estar em outro determinado lugar enquanto sua casa ardia em um incêndio. O marca-passo em seu coração, no entanto, revelou a sua localização e também os seus batimentos cardíacos enquanto ele espalhava gasolina e ateava fogo ao local. Os procuradores o rastrearam usando a *Data Sphere*. Muitos smartphones acompanham a sua caminhada, o que pode revelar muitas informações sobre a sua saúde, seu estado de espírito e localização.[7] As câmeras estão cada vez mais presentes em diversos ambientes. Após os furacões de Houston, em 2017, as seguradoras que implantaram drones foram rapidamente capazes de detectar reclamações fraudulentas porque podiam avaliar os danos. As câmeras e sensores em centros comerciais, nas paredes do seu escritório, nos transportes públicos, em suas roupas e em sua casa captam tudo, incluindo transações, ações e reações emocionais.

## INTELIGÊNCIA ARTIFICIAL (IA)

A inteligência artificial e a aprendizagem de máquinas são a cola que une essas tecnologias. Ela conecta os pontos, reúne dados IoT e de outros sensores e, em seguida, aciona algoritmos que fazem as escolhas em nossas vidas. Jeff Bezos, fundador da Amazon, diz que estamos na era dourada da IA: "É uma camada horizontal capacitadora, que fortalecerá e melhorará cada negócio, organização governamental, filantropia... Não há nenhuma instituição no mundo que não possa ser melhorada com o aprendizado de máquinas."[8]

A IA foi usada pela loja online Shoes.com no início de novembro de 2015 para fins de personalização em uma escala nunca antes vista.[9] Utilizando a tecnologia IA em torno de percepções visuais e processamento de linguagem natural, o website permitiu aos clientes interagir com produtos e características. A marca poderia então criar interações personalizadas para melhorar a experiência dos consumidores.

Atualmente, na China, o Taobao,[10] da Alibaba, proporciona personalização em massa e em escala. Em 2016, no seu saldão anual de compras online, Double [11] (ou Dia dos Solteiros), foram geradas 6,7 bilhões de páginas de compras personalizadas, um aumento de quarenta por cento nas vendas anuais. A IA sabe o que os clientes querem antes que o façam. Ela pode revelar percepções e tendências a fim de fornecer um serviço preditivo. A Netflix é também um bom exemplo, ao passo que nos serve de recomendações refinadas de conteúdo com base na utilização da plataforma.

Na publicidade, a IA pode personalizar propagandas, dependendo do público, para incluir música ou outros conteúdos diferentes. Tecnologias que fornecem publicidade apropriada para tipos específicos de clientes se tornarão ainda mais sofisticadas. As plataformas criativas programáticas permitirão que as marcas mudem o conteúdo de modo que se dirijam a diferentes demografias de usuários, resultando em uma precisão sem precedentes.

Um dos principais problemas nesse sentido não é a falta de dados, mas o sentido que lhe é dado. No estudo da Salesforce com 3.500 líderes de marketing de alto desempenho (*State of Marketing Report — Marketing Embraces the AI Revolution*),[11] foi descoberto que eles têm o dobro de probabilidade de usar IA. Além disso, a maioria dos líderes de marketing planeja usar essa tecnologia nos próximos anos, a mais requisitada entre todas as outras ferramentas tecnológicas. Os líderes reconhecem que a IA pode trazer valor aos consumidores ao antecipar necessidades. Já vimos isso antes. iTunes, Netflix e Uber mudaram a forma como consumimos. A percepção é que as marcas seguem os consumidores. Para as marcas de sucesso, é o contrário.

O *Washington Post* está usando um sistema de software de IA chamado Heliograf,[12] que publica centenas de artigos de notícias desde 2016. A revista *Wired* chama isso de "o uso mais sofisticado da inteligência artificial no jornalismo até hoje". Essas histórias alimentarão os sistemas automatizados de votação e revelarão que o político em questão acabou de perder uma grande porcentagem do apoio dos seus eleitores.

A IA saberá que você foi a pessoa na cadeira 12A no cinema e conectará isso à análise de suas reações emocionais ao filme. O seu telefone, a sua Alexa, o seu aspirador de pó automático, o seu frigorífico e a sua chaleira IoT e os chips RFID que estão em suas roupas transmitirão todas as informações. A *Data Sphere* já é capaz de saber a sua orientação sexual antes que você pense sobre isso.[13] Foi assim que a Target descobriu que uma adolescente estava grávida antes mesmo de seu pai, em 2012.[14] Os bancos atualmente usam análise de dados e algoritmos para avaliar os padrões de gastos em uma família. Pequenas compras aqui ou ali começam a revelar que há problemas entre cônjuges. A *Data Sphere* emite automaticamente instruções em algoritmos para reduzir o saldo credor do parceiro com menor nível de instrução. O banco sabe que você está prestes a se divorciar[15] antes do próprio casal, e age antes que os dois saibam que suas vidas estão prestes a mudar. A *Data Sphere* sabe mais sobre você do que você mesmo, seja um indivíduo, comunidade, empresa, família ou país.

Sophie Hackford,[16] na *Wired*, descreveu o fenômeno como: "Informação perfeita — você pode acessar qualquer informação sobre qualquer assunto, a qualquer momento, em tempo real."[17] É quase uma nova dimensão alimentada pela mercadoria mais valiosa do mundo, os dados — "o novo petróleo".[18] Em vez de serem fundamentados em um local físico, os dados existem em uma nova dimensão, quase como se entrássemos em uma quarta parede com a sua própria geografia. Não é uma continuação da velha abordagem da "caixa preta" do século XX à base de modelação matemática. Foi uma abordagem linear, opaca, e assumiu que havia uma única resposta correta para qualquer pergunta. Um líder do século XXI precisa entender como o alcance da *Data Sphere* aumenta a transparência. A dimensão de dados holográficos da realidade é literalmente mais precisa do que a própria realidade. Os líderes terão de aprender como conjurar respostas a partir da abordagem mais clara. As respostas não são mais "preto no branco" ou binárias. Em vez disso, a *Data Sphere* nos dará uma miríade de cenários e opções constantemente dinâmicos e permanentemente testados. Esse espelho da realidade também nos revelará ao mundo com mais precisão. Você verá, mas também será visto.

## O BODYNET

O bodyNET é outra parte da *Data Sphere* que permite a comunicação a partir de dispositivos em seu corpo, de marca-passos a próteses no quadril a nanorrobôs do tamanho de comprimidos e próteses cerebrais. Pode parecer complexo, mas as chamadas tecnologias hápticas já estão entre nós. Elon Musk tem tanta certeza disso que lançou uma empresa chamada Neuralink, que visa implantar eletrodos em humanos para que não precisem de telas ou dispositivos para se comunicar. Em vez de falar ou digitar em um telefone ou computador, nós poderemos simplesmente projetar nossos pensamentos diretamente na internet.

No futuro, as tecnologias utilizáveis serão fundidas aos nossos corpos. Teremos sensores elastrônicos,[19] feitos de circuitos elásticos e flexíveis, que acompanharão nossos movimentos.[20] Já há tatuagens biomédicas que permitem o monitoramento e a entrega de dados sobre o organismo.[21] Muitos nanorrobôs semelhantes a origamis podem realizar cirurgias guiadas dentro do corpo humano.[22] A primeira do tipo foi realizada com sucesso no olho de um ser humano no Reino Unido em 2016.[23]

Temos chips de computador que podem pegar o DNA humano e processá-lo em um microchip [24] para curar doenças que antes eram consideradas incuráveis.[25] É por esse motivo que vemos nações às pressas para vencer a corrida pela cura de diversos tipos de câncer.[26] Uma sinapse sintética processará a informação milhões de vezes mais rapidamente do que um cérebro orgânico, consumindo, no entanto, menos energia. Além disso, daqui a algum tempo, poderemos simplesmente imprimir essas informações.[27]

A Neurologia também já faz parte do bodyNET. Além dos esforços da Neuralink, estão surgindo próteses cerebrais para ajudar pacientes com Alzheimer.[28] O próprio conhecimento poderá, em breve, ser ingerível. Já há dados biométricos digitais que permitem a um médico administrar medicamentos remotamente. Johnny Matheny, de Port Richey, Flórida, perdeu um braço por conta do câncer e foi a primeira pessoa a receber uma prótese robótica controlada por impulsos cerebrais.[29] A ciência está estudando o campo das memórias para estabelecer se são sequências químicas que podemos editar[30] ou mesmo implantar.

Talvez o desenvolvimento mais surpreendente, e que mostra como a internet está desintermediando as relações humanas, seja a ascensão da *teledildonics*.[31] O Quarto Congresso Internacional sobre Amor e Sexo com Robôs foi realizado em 2018.[32] David Levy, seu fundador, é também o autor de *Love + Sex with Robots*. Ele afirma que os primeiros casamentos entre humanos e robôs ocorrerão até 2050.[33] O Congresso também apresentou algumas novas engenhocas, como o "Teletongue", um par de pirulitos em formato de orelhas programado para reagir aos sons produzidos pela língua do utilizador. Havia também um dispositivo chamado "Kissenger", que ligava dois telefones a uma "Interface de Comunicação Kiss em Tempo Real na Internet". Sua criadora, Emma Yann Zhang, explicou que tais dispositivos táteis ajudam a transmitir sentimentos e emoções para evocar a sensação de presença em um ambiente remoto. Segundo ela, a importância da interação física para a qualidade das nossas relações ainda é grosseiramente subestimada. Ghislaine Boddington é diretora criativa de um coletivo de design interativo no East End de Londres e declamadora na Universidade de Greenwich. Ela diz que as chamadas "tecnologias corporais" têm potencial para conectar pessoas romântica, emocional, física e sexualmente. Ela cunhou o termo "internet dos corpos" para descrever a forma como tais dispositivos poderiam, eventualmente, nos permitir colocar nossos estímulos e respostas na rede. "A intimidade física vai muito além do sexo, ou mesmo do romance", disse ela. "É uma questão de apego, e isso inclui o que sentimos uns pelos outros, o ambiente e todos os objetos que nos rodeiam. O que me anima é a convergência entre as tecnologias e aproximá-las dos nossos corpos para criar novos tipos de intimidade e sensualidade hiperestimulada."

## AUTONOMIA

Com a IA, repentinamente, a ideia de um caminhão sem motorista começa a fazer sentido. Compreendemos que o avanço pode significar menos poluição, estradas mais seguras, menos proprietários de automóveis, menos carros e menos acidentes, além de menos consumo de energia. Algumas estimativas[34] dizem que o volume total de carros diminuirá para um décimo do que é atualmente. Mas nada disso capta realmente o que está acontecendo. Os carros autônomos são apenas sensores eletrônicos. São seres humanos na *Data Sphere* que enviam informações e os movem a partir desse novo ambiente.

As mudanças serão dramáticas. Ford, Mercedes, BMW e Tesla já lançaram funcionalidades de autocondução. De acordo com um *briefing* da BI Intelligence, haverá quase dez milhões de carros com algum grau de autonomia dentro dos próximos dez anos.[35] Os maiores benefícios dos carros autônomos estão em ajudar a tornar as estradas mais seguras e a vida das pessoas mais fácil. No Reino Unido, a KPMG[36] estima que os carros autônomos significarão 2.500 mortes a menos até 2030. Além disso, será o fim do transporte alternativo. Quem estiver voltando de uma saída noturna poderá simplesmente ligar para o seu carro ou para a sua agência de veículos a partir de um smartphone.

Até 2021, a Ford produzirá em massa automóveis sem volante, acelerador ou freios. A empresa acredita que o futuro do mercado está na produção de veículos que não necessitam de motoristas. Ela anunciou um investimento de US$ 1 bilhão na Argo AI, uma empresa de inteligência artificial que produzirá o software necessário para uma nova geração de carros autônomos.[37] O desenvolvimento terá efeitos profundos no design do carro; por exemplo, os ocupantes não terão mais que se sentar voltados para uma única direção; na nova geração da Ford, os assentos estarão dispostos para cada ocupante do veículo. A Ford diz que espera lucrar não só por ter o seu próprio carro autônomo nas estradas em 2021, mas também por licenciar a tecnologia a outras empresas, incluindo fabricantes rivais. A Ford acredita que o custo de possuir, manter e estacionar um carro em uma cidade significa que as pessoas procurarão uma forma alternativa de se deslocar, e é aí que entra a sua visão.[38] Os líderes devem procurar esse tipo de mudança transformacional e perguntar como ela se aplica aos seus negócios.

Em junho de 2017, a General Motors (GM) anunciou que tinha fabricado dez veículos automotores de teste do seu eletrônico Chevrolet

Bolt. A GM acredita que o feito pode posicionar a empresa à frente da corrida por veículos autônomos. "Os que existem atualmente são carros de teste de direção autônoma construídos para esse fim", disse a presidente e CEO, Mary Barra. A GM tem a plataforma e a tecnologia para apoiar a sua reivindicação: é a primeira fabricante de automóveis a produzir veículos autônomos em massa.[39]

Os veículos autônomos ainda são apenas um nicho de mercado, mas alguns estudos mostram que ele pode crescer para 87 bilhões de dólares até 2030.[40] As informações que esses veículos lançam sobre cada um de nós individual e coletivamente dificilmente podem ser estimadas, mas serão claramente valiosas para a manutenção das estradas, companhias de seguros, clima e assim por diante.

## DRONES

Os drones são robôs aéreos controlados a distância. Atualmente, a maioria se trata apenas de brinquedos. Estamos apenas começando a utilizar drones em tarefas industriais. A Goldman Sachs estima que o mercado mundial de drones está previsto para atingir cem bilhões de dólares,[41] gerando uma extraordinária economia de custos. Eles podem detectar e impedir ataques a oleodutos, que hoje em dia resultam em centenas de dias perdidos por paralisações e perda de ativos de petróleo e gás. Podem ajudar a gerir os resíduos tóxicos dos locais de mineração e manter a logística nos locais de construção sob controle, além de encontrarem emprego para pesquisas em aquicultura e gerenciar migrações de animais, até mesmo de seres humanos. Os drones provavelmente não serão muito usados para entregas em domicílio, apesar da expectativa. A Amazon fez um grande estardalhaço acerca de seus drones de entrega. É claro, porém, que ninguém quer receber uma pizza fria ou que pacotes caiam nas cabeça de crianças e cães que brincam nas ruas. Os agentes reguladores prestam cada vez mais atenção à proximidade de prédios e pessoas, ao limite legal de altitude permitido (cerca de 120 metros acima do nível do solo, segundo as normas inglesas) e ao trajeto das aeronaves. Isso pode ser facilmente fixado com um código que evita que os drones contornem as leis legais de altura e distância. Os drones serão os responsáveis, no entanto, por usar as mais sofisticadas câmeras e sensores que alimentarão a *Data Sphere*.[42]

## ENERGIA E BATERIAS

Estreitamente correlacionada ao desenvolvimento de veículos autônomos está a evolução de baterias e energias renováveis. As estradas solares estão vindo por aí.[43] O aeroporto de Cochin,[44] na Índia, é inteiramente alimentado por energia solar: tem 46.150 painéis solares espalhados por uma área equivalente a 25 campos de futebol. Os parques eólicos estão gerando cada vez mais energia nas redes nacionais em todo o mundo. O armazenamento de energia também está avançando rápido. Em 14 de dezembro de 2017, a usina de energia movida a carvão em Loy Yang, na Austrália, teve uma perda repentina de 560 megawatts à 1h59 da manhã.[45] Felizmente, Elon Musk já tinha construído o sistema de baterias Hornsdale Power, a maior bateria do mundo. O sistema estava a cerca de mil quilômetros de distância e só exauriu quase duas semanas depois do ocorrido. Atingiu 7 megawatts na rede, o que levou à restauração da eletricidade para as 170 mil casas afetadas.[46]

Os líderes precisam pensar em um mundo que não dependa do petróleo e do gás. A Noruega é o maior produtor de energia da Europa e ganhou tanto que agora tem o maior fundo de riqueza soberana do mundo. O governo usou petróleo e gás para criar uma entidade pública de trilhões de dólares chamada Fundo de Pensões do Governo Global. Esse fundo possui 1% de todas as ações globais. O país abalou o mundo da energia e do capital privado ao anunciar, no final de 2017, a venda de todas as suas reservas de petróleo e gás.[47]

A Arábia Saudita parece seguir uma visão semelhante. O país vem buscando se desvincular de fontes de energia tradicionais investindo em outros tipos de produção energética. Ele anunciou um compromisso de sete bilhões de dólares para projetos de energia renovável em 2018,[48] e seus planos incluíam o desejo de que pelo menos dez por cento de sua energia fosse renovável dentro de apenas cinco anos.[49] Também há muitas evidências de que a Arábia Saudita planeja flutuar as ações da Saudi Aramco[50] a fim de angariar fundos para investir em outros empreendimentos, o que, por sua vez, é outra forma de diversificação.

## UMA NOVA MOEDA

Como aprendemos no capítulo 2, vivemos em tempos inflacionários. Historicamente, a resposta a essa tendência tem sido a introdução da inflação ou de uma nova moeda. Ou ambas. Vimos isso acontecer muitas vezes na história, as ocasiões mais recentes sendo a decimalização da libra esterlina em 1971 e do euro em 1999.

Com o Bitcoin, a falta de intermediários, como governos, bancos e outros terceiros, reduzirá o custo e o tempo de transação dos negócios. Além disso, como a tecnologia está disponível em qualquer dispositivo móvel, ninguém mais precisará ir a qualquer banco, o que limita a capacidade dessas instituições de vender mais produtos financeiros de valor acrescentado. Talvez isso leve ao encerramento de mais pontos de venda de varejo bancário e a menor ocupação imobiliária.

No auge da crise bancária, em janeiro de 2009, um homem que chamava a si mesmo de Satoshi Nakamoto[51] publicou um artigo intitulado *Bitcoin: A Peer-to-Peer Electronic Cash System*. Ele, então, lançou o primeiro software Bitcoin, que inaugurou a rede e as primeiras unidades da criptomoeda.[52] Novos Bitcoins são emitidos a cada dez minutos, e o fornecimento é limitado. Por esse motivo, sempre haverá apenas 21 milhões de Bitcoins, uma regra financeira rígida tal qual o padrão aplicado ao ouro. O Bitcoin está aqui, é real e funciona. No futuro, representará uma grande diferença para as transações financeiras, tornando-as mais rápidas, seguras e menos dispendiosas. A criptomoeda poderia facilmente substituir a segurança, a proteção e a confiança dos bancos, que, de qualquer forma, foram muito prejudicados pela crise financeira. A mudança afetará todos os aspectos da vida organizacional, pois abordará muitos dos elementos nocivos da tecnologia, tais como roubo de identidade e violação de segurança.

O Bitcoin evidencia como funciona um sistema financeiro novo, descentralizado e automatizado. Ele fornece a moeda, a transação e o quadro regulamentar (essencialmente uma auditoria interna). Atualmente, há um baixo volume de transações comparado aos sistemas de pagamento convencionais, mas o interesse público pela moeda aumentou quase tão rapidamente quanto o seu preço. O Bitcoin é apenas uma das mais de mil criptomoedas existentes. Outras dignas de nota são Ethereum, Ripple, Stellar, NEM, NEO e EOS. Entre todas essas, o Bitcoin é a moeda mais robusta de todas até agora.

A tecnologia subjacente ao Bitcoin, o *blockchain*, é ainda mais significativa do que as próprias moedas. O software *blockchain* permite que um conjunto de transações seja construído em uma série de links. Cada um deles valida o anterior e fornece uma chave criptografada. Os *blockchains* podem ser aplicados às finanças, imóveis ou bolsas de valores. As implicações são profundas. Ele permite transações *peer-to-peer*, 1 para N ou *many-to-one* instantâneas, seguras e que não precisam de intermediário. O efeito das criptomoedas significará aos bancos o que a internet foi para a música: o dinheiro vai dos produtores para as empresas de tecnologia. Sob esse modelo, os artistas passaram a ganhar menos dinheiro do que nunca. Ironicamente, o *blockchain* levanta a perspectiva de novos artistas poderem acumular riqueza diretamente sem ter que firmar um acordo de qualquer tipo. 50cent, artista de rap (também conhecido como Curtis Jackson), provou isso em 2017, quando recebeu cerca de 8 milhões de dólares pelo seu álbum *Animal Ambition*, de 2014. Ele concordou em aceitar o pagamento por Bitcoins, que valiam cerca de US$ 657 àquela época, resultando em vendas de cerca de US$ 460 mil segundo o câmbio naquele momento. No final de 2017, o valor de seus Bitcoins havia saltado para quase 8 milhões de dólares.[53]

Essas novas formas de contabilidade, dinheiro e propriedade foram todas possíveis graças à Nuvem, que a Microsoft[54] define como "(...) prestação de serviços de tecnologia —armazenamento, bases de dados, redes, software, análises e muito mais através da internet".[55] O *blockchain* é simplesmente um livro contabilístico automatizado na nuvem que permite a verificação de transações individuais através de criptografia. Tudo é registrado digital, cronológica e incorruptivelmente. Os dados são, então, carregados em blocos. Cada um contém um carimbo temporal e uma marca única criptografada do bloco anterior, de modo que todos os dados passam a estar ligados entre si. Uma vez que cada bloco é verificado pela comunidade do *blockchain*, ninguém pode voltar atrás para alterá-lo. Vale a pena, porém, lembrar que há pessoas, inclusive líderes, que ainda não entenderam bem o que é a nuvem, quanto mais o que vem a ser o *blockchain*.

## ITENS ECOLÓGICOS SUBSTITUÍDOS POR ITENS POUCO ECOLÓGICOS

Nos dias de hoje, o uso de dinheiro está diminuindo rapidamente. Em 2015, os pagamentos sem dinheiro representaram a maioria das transações. A utilização de dinheiro vivo deverá diminuir mais trinta por cento nos próximos dez anos, de acordo com o The Payments Council.[56] A primeira a desaparecer será a moeda. De 2014 a 2017, Victoria Cleland, diretora de notas de banco e caixa central do Banco de Inglaterra, afirmou que houve um aumento de 46 por cento das notas em circulação.[57] Combine o *blockchain* com sistemas de criptografia e telefonia móvel, e não haverá necessidade de bancos ou moedas. As redes de pagamento através de smartphones já movimentam dinheiro sem intermediários, o que vem, por exemplo, permitindo que muitas pessoas mais pobres se juntem à economia mundial.

Em Xangai, vendedores ambulantes e moradores de rua aceitam rotineiramente pagamentos eletrônicos feitos através de aplicativos como o Alipay, que tem 520 milhões de usuários só na China.[58]

Acontece que as criptomoedas requerem uso de energia intensiva. A revista *Wired* afirmou que medi-la é complicado, mas equipara o consumo de energia ao de um "país de tamanho médio".[59]

Por essa razão, cerca de 81 por cento dos Bitcoins do mundo foi mineirado na China, principalmente porque o preço da energia é barato por lá. O país ordenou aos bancos que parassem de financiar operações criptográficas por essa e outras razões,[60] já que a criptomoeda não é ecologicamente correta.

A questão é se a mudança para os *blockchains* e dinheiro eletrônico irá melhorar as finanças públicas e privadas. Os governos poderão tributar as transações no exato momento em que elas ocorrerem, o que melhorará o fluxo de caixa de cada governo de forma positiva e permanente. No entanto, obrigarão também os governos a revelar muito mais sobre como gastam e o que desperdiçam.

## SUPERCOMPUTAÇÃO

A computação rápida é a estação de energia que alimenta a IA. Como descobrimos no capítulo 1, estamos sofrendo um bombardeio de dados. O acúmulo está aumentando a uma taxa de quase quatrocentos por cento ao ano. No ano de 2020, estima-se que sejam reunidos cerca de 44 zettabytes. Até 2025, teremos colecionado mais 180 zettabytes.[61] Esses são conhecidos como dados "grandes", mas mesmo eles estão se tornando obsoletos à medida que são substituídos por dados "rápidos".[62] A escala monumental dos dados é tal que só podem ser digeridos pela IA. Sim, estamos adquirindo mais dados, mas também processadores mais poderosos. Além dos sensores descritos acima, as organizações estão conseguindo dados de múltiplas fontes: gerenciamento de relacionamento com clientes (CRM), dados transacionais, websites, marketing e mídias sociais. A IA pode ingerir todos esses dados usando aprendizagem de máquina e algoritmos para segmentar os clientes, o que, por sua vez, pode ser usado para revelar dados preditivos, descobrir novas percepções e tendências para alcançar os consumidores de forma mais abrangente.

Tudo isso requer um enorme poder de processamento, e é por isso que a nova corrida espacial está no campo dos computadores quânticos. Os russos estão atualmente liderando as pesquisas com um computador quântico de 51-*qubit*. A China está construindo as maiores instalações quânticas do mundo. Quando estiver pronta, reunirá um milhão de vezes o poder computacional de todo o planeta hoje.[63]

Os *qubits* são bits quânticos que sustentam a nova tecnologia. Um computador normal tem uma memória composta por *bits* e *bytes*. Cada *bit* é representado ou por um ou por um zero. Um computador quântico possui *qubits*, que podem ser representados como um, zero ou uma superposição de dois estados *qubit*. Com isso, eles se tornam exponencialmente mais rápidos.

Eles fornecem algo que outros computadores não conseguem lidar, porque um *qubit* pode estar em ambos os estados ao mesmo tempo.

## A *DARK WEB*

Ainda temos universos paralelos na web, como o Tor ("The Onion Router"), que são como o Velho Oeste da internet. O Tor é uma organização sem fins lucrativos dedicada à proteção da privacidade pessoal, bem como à liberdade e à capacidade de conduzir comunicações confidenciais. Ironicamente, a maior parte do financiamento para o desenvolvimento do Tor veio de militares americanos, especificamente do Escritório de Pesquisa Naval e da Agência de Projetos de Pesquisa Avançada da Defesa (DARPA). Por essa razão, os ataques contra o Tor são bem-vindos, porque melhoram a segurança da rede. O Tor é frequentemente utilizado por organizações criminosas para efetuar atividades ilegais, como, por exemplo, obter acesso a informações censuradas, organizar atividades políticas ou contornar leis de censura. O Tor canaliza o tráfego de usuários através de uma rede gratuita e voluntária composta por mais de 7 mil relés, ou camadas (daí a ideia da cebola, "*onion*" em inglês). O fator esconde a localização e a finalidade de uso da vigilância de rede ou análise de tráfego. Ele protege também a identidade pessoal e a privacidade do usuário, bem como a sua liberdade e capacidade de comunicar confidencialmente, mantendo suas atividades na internet no escuro. Alguém pode, por exemplo, querer editar a sua própria entrada na Wikipédia sem revelar a identidade do autor. A Wikipédia, no entanto, já adicionou bloqueadores de Tor para evitar que isso ocorra.

Não há números definitivos sobre os utilizadores do Tor, mas muitos tiram proveito dele. Em teoria, o acesso é anônimo. Na prática, os reguladores têm um software que consegue burlar o anonimato,[64] apoiados, no entanto, pela Electronic Frontier Foundation (EFF) e outros grupos de liberdades civis como um método de comunicação dos denunciantes e dos defensores dos direitos humanos para jornalistas.

Isso significa que, se alguém denuncia qualquer atividade, pode se utilizar de dados confidenciais e divulgá-los impunemente. O Tor pode, portanto, ser usado para quase tudo: difamação anônima, vazamento não autorizado de informações sensíveis, violação de direitos autorais, distribuição de conteúdo sexual ilegal, venda de substâncias controladas, armas e informações sobre números de cartão de crédito roubados, lavagem de dinheiro, fraude bancária, fraude de cartão de crédito, roubo de identidade e troca de moedas falsas.

## CIDADÃOS-MODELO?

A *Data Sphere* é também um mecanismo de pontuação. É claro que agora marcamos pessoas.

As pontuações de crédito existem desde que Bill Fair e Earl Isaac as inventaram (Fair Isaac Company), em 1956. Hoje, as pontuações FICO são usadas para determinar muitas decisões financeiras, incluindo as taxas de juros sobre hipotecas e aprovações de empréstimos. Mas e se essa informação estivesse ligada a outras fontes das redes sociais? Suponha que os dados fossem agregados para que os governos classificassem comportamentos como positivos ou negativos com o intuito de criar um cidadão-modelo. A ideia poderia criar uma Pontuação Cidadã e contar a todos sobre a sua solvibilidade para uma hipoteca ou um empréstimo. Alguns governos já desenvolveram sistemas de crédito social (SCSs) para classificar os cidadãos.

Governos de todo o mundo estão usando esses dados na segurança de viagens. Em 2015, a Transportation Security Administration (TSA) propôs a expansão da verificação prévia de antecedentes para incluir registros de mídia social, dados de localização e histórico de compras. Essa expansão da pontuação de crédito para "pontuação de vida" pode levar ao que Kevin Kelly chamou de "vigilância" em seu livro *The Inevitable*.[65] É aqui que os participantes de tais esquemas também podem ver os algoritmos usados para monitorá-los.

Numa era de grandes dados, o fator irá mais longe. A pontuação social de uma pessoa pode ser afetada pelo que os amigos dizem e fazem, além de seu próprio contato com eles. Se estiverem ligados a postagens negativas, a sua própria pontuação também pode cair. Por isso a transparência nos métodos é importante. Por que as pessoas se inscreveriam num sistema de vigilância governamental aprovado publicamente? Pela mesma razão por que participariam de esquemas de fidelidade ou prêmios para motoristas de baixo risco — custo e benefício.

A China introduziu um sistema nacional de pontuação de crédito e acredita que as pontuações dos cidadãos são muito necessárias. Isso porque sofre com um mercado ligeiramente regulamentado, onde a venda de produtos falsificados e de qualidade inferior é um problema.[66] A OCDE diz que a maioria de todos os produtos falsificados, desde relógios a bolsas de mão até alimentos para bebês, são originários da China.[67] O sistema de confiança chinês está indo bem, mas tem consequências. Em fevereiro de 2017, o Supremo Tribunal Popular disse que seis milhões de cidadãos haviam sido proibidos de voar até aquele momento por conta de erros sociais.[68] O sistema, no entanto, ainda está numa fase muito inicial. Os benefícios da SCS são, por exemplo, empréstimos mais baratos, aluguel de carros e uso do *check-in* VIP no Aeroporto de Pequim. Até o final de 2020, todos na China estarão cadastrados nessa base de dados.

A professora Wang Shuqin[69] fala sobre o "Sistema Social Fiel da China". Ela aponta que, como metade dos contratos assinados não são honrados, fazer negócios na China é arriscado: "Dada a velocidade da economia digital, é crucial que as pessoas verifiquem rapidamente a solvabilidade uns dos outros", diz Shuqin. "O comportamento da maioria é determinado pelo seu mundo de pensamentos. Uma pessoa que acredita em valores centrais socialistas está se comportando de forma mais decente."

Os sistemas de crédito social refletem uma mudança de paradigma. Em uma sociedade cada vez mais materialista e conectada, a obediência gamificadora é uma ferramenta de alinhamento mais fácil do que o controle "*top-down*". É possível que esses sistemas tornem-se sujeitos a formas ilícitas ou indesejadas de manusear os dados, da mesma forma que os *likes* no Facebook ou na compra de seguidores no Twitter.

## AVALIAÇÕES DE GRUPOS DE PARES

Empregadores já estão habituados a serviços de classificação anônima, tais como Glass Door e Checkatrade, mas e se eles fossem aplicados a todos, independentemente do seu estatuto profissional?

O Peeple é um aplicativo lançado em março de 2016 que tem sido descrito como um Yelp para humanos.[70] Ele permite avaliar todos os seus conhecidos — amigos, família, vizinhos, médicos, chefes e até antigos parceiros. O aplicativo o avalia através de um "*Peeple Number*" baseado em todos os comentários e recomendações que você recebe. O aplicativo provou ser controverso, já que quem está no sistema não pode sair.

> **Dica Rápida:** Imagine um mundo onde tudo é um nó produzido pela coleta de dados. Como os líderes poderiam usufruir disso? Como o nó poderia ser usado contra os líderes?

## QUALIDADES HUMANAS

Os seres humanos são pesados e medidos, dimensionados e avaliados pela *Data Sphere* o tempo todo. Ela está produzindo informações que acarretam em pontuações, opiniões e resultados reais. No entanto, talvez os líderes precisem se perguntar o que está acontecendo com a nossa humanidade nesse novo paradigma. Não são só os humanos que se tornarão mais robóticos através de vários implantes e próteses. Os humanos estão se tornando menos humanos e tratando-se de forma menos humana? Estamos usando todos os dados para encontrar eficiências à custa de outras qualidades que valem a pena ser protegidas e preservadas, tais como a construção de comunidades, empatia e compaixão? Talvez estejamos entrando numa nova dimensão de conhecimento, mas a velha mentalidade pode nos seguir até a *Data Sphere* e, então, haverá linchamento virtual de pessoas também. A *Data Sphere* pode nos oferecer novas identidades, mas também tirá-las. Ela nos classificará e nos dará todos os créditos sociais com base em nosso comportamento social, mas não valorizará nosso humor ou nossa gentileza.

Os líderes precisam aprender a usar essa sofisticada ferramenta, mas isso não é suficiente. Eles também têm de decidir para onde estamos navegando.

Que tipo de sociedade resultará das escolhas que os líderes fazem?

> **Dica Rápida:** A tecnologia cria profundas oportunidades, mas também gera vulnerabilidades. Os líderes precisam se perguntar como eles funcionariam sem os componentes mais fundamentais. E se perdermos a energia? Ou dados? Eles precisam da imaginação para se prepararem para o fracasso.

## O FIM DO CASO?

O caso amoroso com a tecnologia começa a abrandar à medida que se desenvolve a consciência do seu lado obscuro. Em 2018, ex-funcionários[71] da Google e do Facebook, alarmados com os efeitos nocivos das redes sociais e smartphones, desafiaram as empresas que eles ajudaram a construir. O Center for Humane Technology planeja criar um lobby contra o vício da tecnologia através de uma campanha publicitária que almejou visitar cerca de 55 mil escolas públicas nos Estados Unidos. Intitulado *The Truth About Tech*, o programa foi financiado em cerca de sete milhões de dólares pela agência de vigilância Common Sense Media. A campanha objetivou conscientizar estudantes, pais e professores acerca dos perigos da tecnologia, incluindo a depressão, que pode ser desenvolvida através do uso massivo das redes sociais. O grupo diz: "Nossa sociedade está sendo sabotada pela tecnologia. O que começou como uma corrida para monetizar nossas atenções está destruindo os pilares de comunidades mundo afora: saúde mental, democracia, relacionamentos e nossas crianças." A meta é se afastar da tecnologia que afeta a mente e destrói a sociedade, em prol da tecnologia que ajuda a reabastecer o povo.

O grupo afirma que um "Design Humano", que protege pessoas vulneráveis da sobrecarga, do estresse ou da indignação, é o objetivo. Eles apontam ainda que somos vulneráveis à persuasão microdirecionada através de "mensagens que usam nossas personalidades e traços contra nós", além de apontar como estamos sujeitos à expectativa de estarmos disponíveis 24 horas por dia, sete dias por semana.

O CEO da Salesforce, Marc Benioff,[72] ofereceu uma analogia para tratar as mídias sociais como uma questão de saúde, semelhante ao tabaco e ao açúcar. "Talvez seja possível proceder exatamente como foi feito com a indústria do cigarro. Aqui está um produto: o cigarro. Eles são viciantes, não fazem bem a você", disse Benioff à CNBC em 2018. "A tecnologia traz características viciantes que temos de abordar, e os designers estão trabalhando para tornar os produtos ainda mais viciantes. Precisamos reprimir isso."

## CONCLUSÕES

Se pensamos que as mudanças até agora foram substanciais, então devemos nos preparar para mais do mesmo. É provável que vejamos a tecnologia tornar-se mais difundida e mais unida, a ponto de os dados gerados constituírem uma dimensão inteiramente nova e mais precisa da realidade do que a própria realidade. Será possível conhecer e analisar tudo e aprender novos conhecimentos sobre o nosso comportamento.

Os nossos inimigos são o medo e o preconceito. As nossas armas são a compreensão e a familiaridade. Os líderes podem fazer isso acontecer assegurando que suas equipes sintam que a tecnologia está servindo a eles, e não o contrário. Isso significa que o líder deve encorajar uma atitude que experimenta e antecipa novas ideias e procura formas de aplicá-las.

É típico dos humanos pensar em novas tecnologias em termos de ideias antigas. Nós continuamos ligados à noção de carros, drones e chaleiras. Mas, cada vez mais, são apenas poucos nós eletrônicos dentro da *Data Sphere*. À medida que a tecnologia muda, também muda a nossa forma de pensar.

Se a história nos ensina alguma coisa, é que o futuro da tecnologia sempre foi visto de forma sombria. Essa noção geralmente está errada. A *Data Sphere* emergente oferece oportunidades extraordinárias, mas os líderes devem compreender as forças conflituosas em ação.

O medo do novo pode nos levar a um estado incapacitado, impossibilitado de tomar decisões e temeroso do futuro. A familiaridade e a consciência das oportunidades podem ter o efeito oposto. Esse também pode ser um momento de início, em que seguramos uma lanterna ante um caminho escuro que leva a um futuro ainda mais brilhante. É aqui que temos de reacender a nossa curiosidade e imaginação. A aprendizagem e a liderança devem andar de mãos dadas.

## NOTAS

1. https://www.forbes.com/sites/gilpress/2016/07/20/artificial-intelligence-rapidly-adopted-by-enterprises-survey-says/#673601a012da
2. https://www.theguardian.com/technology/2016/sep/18/chatbots-talk-town-interact-humans-technology-silicon-valley
3. https://www.wired.com/2017/02/murder-case-tests-alexas-devotion-privacy/
4. https://www.theverge.com/2016/1/5/10708380/samsung-family-hub-fridge-mastercard-app-groceries-ces-2016
5. https://www.usatoday.com/story/tech/reviewedcom/2017/01/04/finally-a-fridge-with-alexa-that-orders-groceries-for-you/96155086
6. http://www.wired.co.uk/article/thoryn-stephens-american-apparel
7. https://www.health.harvard.edu/blog/a-sluggish-unsteady-walk-might-signal-memory-problems-201207235047
8. https://www.geekwire.com/2017/jeff-bezos-explains-amazons-artificial-intelligence-machine-learning-strategy
9. https://venturebeat.com/2017/05/05/3-ways-retailers-are-using-ai-to-reinvent-shopping

10. https://www.forbes.com/sites/ahylee/2016/11/07/how-alibaba-turned-chinas-singles-day-into-the-worlds-biggest-shopping-bonanza/#313a01bc76c0
11. https://www.salesforce.com/blog/2017/06/fourth-annual-state-of-marketing-report.html
12. https://www.washingtonpost.com/pr/wp/2016/10/19/the-washington-post-uses-artificial-intelligence-to-cover-nearly-500-races-on-election-day/?utm_term=. d15788828c4a
13. http://americablog.com/2013/03/facebook-might-know-youre-gay-before-you-do.html
14. https://www.forbes.com/sites/kashmirhill/2012/02/16/how-target-figured-out-a-teen-girl-was-pregnant-before-her-father-did/#1ac91efd6668
15. https://www.thedailybeast.com/how-visa-predicts-divorce
16. http://www.howtoacademy.com/conferences/how-to-change-the-world-2015
17. B2B On-line Summit 2016
18. https://www.economist.com/news/leaders/21721656-data-economy-demands-new-approach-antitrust-rules-worlds-most-valuable-resource
19. https://www.nature.com/news/bring-on-the-bodynet-1.22643
20. https://www.prnewswire.com/news-releases/global-printable-flexible-and-stretchable-sensors-and-electronics-market-report-2018-over-250-in-depth-company-profiles-300591985.html
21. https://news.harvard.edu/gazette/story/2017/09/harvard-researchers-help-develop-smart-tattoos
22. http://www.telegraph.co.uk/science/2016/05/13/origami-robot-can-be-swallowed-in-pill-and-then-sent-on-missions
23. http://www.bbc.co.uk/news/health-37246995
24. https://www.prnewswire.com/news-releases/nano-global-arm-collaborate-on-artificial-intelligence-chip-to-drive-health-revolution-by-capturing-and-analising-molecular-data-in-real-300559508.html
25. https://www.prnewswire.com/news-releases/nano-global-arm-collaborate-on-artificial-intelligence-chip-to-drive-health-revolution-by-capturing-and-analising-molecular-data-in-real-300559508.html
26. https://www.npr.org/sections/health-shots/2018/02/21/585336506/doctors-in-china-lead-race-to-treat-cancer-by-editing-genes
27. http://advances.sciencemag.org/content/4/1/e1701329
28. https://alzheimersnewstoday.com/2015/10/06/brain-implant-help-people-memory-loss
29. https://futurism.com/mind-controlled-robotic-arm-johnny-matheny

30. https://www.sciencealert.com/new-discovery-could-allow-us-to-edit-memories-to-make-them-less-traumatic
31. https://gizmodo.com/teledildonics-the-weird-wonderful-world-of-social-sex-1516075707
32. http://loveandsexwithrobots.org
33. Levy, D. *Love + Sex with Robots: The evolution of human–robot relationships*. Londres: Duckworth, 2008.
34. https://www.fastcompany.com/3027275/car-sharing-means-there-are-already-500000-fewer-vehicles-on-the-road
35. http://uk.businessinsider.com/report-10-million-self-driving-cars-will-be-on-the-road-by-2020-2015-5-6
36. http://uk.businessinsider.com/report-10-million-self-driving-cars-will-be-on-the-road-by-2020-2015-5-6
37. http://www.telegraph.co.uk/technology/2017/08/17/ford-patents-removable-steering-wheel-driverless-cars
38. http://www.telegraph.co.uk/business/2017/02/27/ford-seeks-pioneer-new-generation-driverless-cars
39. https://www.usatoday.com/story/money/cars/2017/06/13/general-motors-we-can-mass-produce-self-driving-cars-now/102805626
40. https://www.forbes.com/sites/oliviergarret/2017/03/03/10-million-self-driving-cars-will-hit-the-road-by-2020-heres-how-to-profit/#216603277e50
41. http://www.goldmansachs.com/our-thinking/technology-driving-innovation/ drones
42. http://www.goldmansachs.com/our-thinking/technology-driving-innovation/ drones
43. https://futurism.com/chinas-first-solar-highway-complete-soon-charge-electric-cars
44. https://www.scienceabc.com/innovation/indias-cochin-airport-worlds-first-100-percento-solar-powered-airport.html
45. http://reneweconomy.com.au/tesla-big-battery-outsmarts-lumbering-coal-unitsafter-loy-yang-trips-70003
46. https://qz.com/1165314/elon-musks-giant-tesla-battery-in-australia-proves-it-can-power-the-grid-wen-coal-plants-fail
47. https://www.ft.com/content/611c2e9e-cad9-11e7-aa33-c63fdc9b8c6c
48. https://www.bloomberg.com/news/articles/2018-01-16/saudi-arabia-plansup-to-7-billion-of-renewables-this-year
49. https://www.forbes.com/sites/mikescott/2018/01/18/saudi-arabia-plansto-source-10-of-its-power-from-renewable-energy-within-5-years/#6c97136e485f

50. https://www.theguardian.com/business/2018/jan/05/saudi-aramco-takes-keystep-towards-ipo
51. http://time.com/money/5002378/bitcoin-creator-nakamoto-billionaire/
52. https://bitcoin.org/en/faq
53. http://www.bbc.com/news/business-42820246
54. https://azure.microsoft.com/en-us/overview/what-is-cloud-computing
55. https://azure.microsoft.com/en-gb/overview/what-is-cloud-computing
56. https://www.paymentsuk.org.uk/news-events/news/uk-set-make-120-million-payments-day-2024
57. http://www.bankofengland.co.uk/publications/Documents/speeches/2017/speeches978.pdf
58. https://intl.alipay.com
59. http://www.wired.co.uk/article/how-much-energy-does-bitcoin-mining-really-use
60. http://www.scmp.com/business/banking-finance/article/2129645/pboc-orders-banks-halt-banking-services-cryptocurrency
61. https://whatsthebigdata.com/2016/03/07/amount-of-data-created-annually-to-reach-180-zettabytes-in-2025
62. https://www.entrepreneur.com/article/273561
63. https://www.wsj.com/articles/the-computer-that-could-rule-the-world-1509143922
64. https://www.theguardian.com/world/2013/oct/04/tor-attacks-nsa-users-on-line-anonymity
65. Kelly, K. (2017) *The Inevitable: Understanding the 12 technological forces that will shape our future*. Nova York: Penguin, 2017.
66. http://shanghaiist.com/2016/10/11/substandard_on-line_goods.php
67. http://www.oecd.org/industry/global-trade-in-fake-goods-worth-nearly-half-a-trillion-dollars-a-year.htm
68. http://www.wired.co.uk/article/chinese-government-social-credit-score-privacy-invasion
69. http://www.wired.co.uk/article/chinese-government-social-credit-score-privacy-invasion
70. https://www.cbsnews.com/news/peeple-the-yelp-for-people-app-launches
71. https://www.nytimes.com/2018/02/04/technology/early-facebook-google-employee-fight-tech.html
72. https://www.cnbc.com/2018/01/23/salesforce-ceo-marc-benioff-says-regulate-facebook-like-tobacco.html

CAPÍTULO 7

# COMPREENDENDO O GÊNERO

## *INCLUSÃO E IMPERMANÊNCIA*

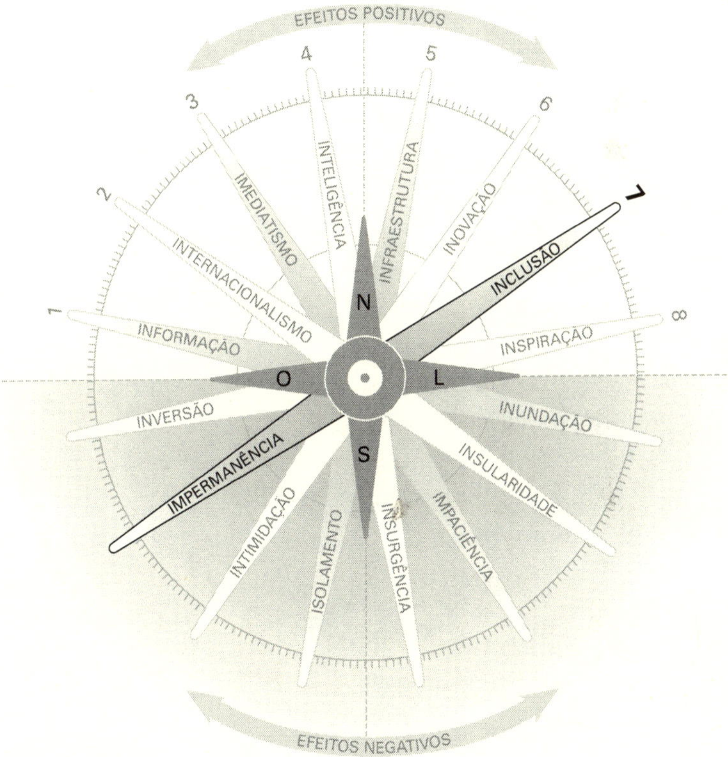

Os líderes precisam criar condições sob as quais o esforço coletivo seja maximizado. Eles precisam unificar as pessoas na busca de objetivos comuns e criar uma identidade coletiva, coesão e eficiência.

Por essa razão, a boa liderança concentra-se em afinidades. O futuro é uma visão e uma ambição compartilhadas. Precisa criar qualidades que unificam. Veja o lema dos Estados Unidos, por exemplo: "*E Pluribus Unum*" (entre muitos, um). É uma das maiores declarações de liderança de todos os tempos. Os Estados Unidos não se importam de onde você vem, mas para onde vai.

Para unificar os grupos, é preciso primeiramente compreendê-los. Uma das maiores subidentidades do grupo no local de trabalho é o gênero, que tornou-se uma questão muito debatida por várias razões. Por esse motivo, devemos ter cuidado para gerar soluções, e não conflitos. Não estamos interessados em julgamentos. Estamos à procura da verdade.

Nossa motivação na compreensão do gênero é permitir que os líderes criem equipes eficazes, modernas, aspirantes e representativas, que liberem potencial. Este capítulo não é, portanto, apenas sobre sexo. Estamos interessados tanto em traços de pensamento masculino como feminino. Não estamos apenas preocupados se alguém é homem, mulher ou transgênero. Todos os gêneros podem encerrar em si mesmos a proveniência de ambos os traços de pensamento. Mulheres podem pensar de forma masculina e vice-versa. Trata-se do potencial e de como chegar a ele. Se vamos abraçar a liderança do século XXI, temos de compreender as questões de gênero.

O debate de gênero na liderança é frequentemente enquadrado como questão de justiça para as mulheres. Certamente é, mas a justiça pertence a todos aqueles que sentem o impacto do fracasso da liderança.

Neste capítulo, abordaremos:

- Pressupostos
- Compreendendo o gênero
- Problemas com a área

- Altura e autoridade
- Confiança e tom de voz
- As mulheres são mais agradáveis?
- O patriarcado "escondido" é o culpado?
- Mais interrompidas, menos ouvidas
- Mais julgadas pela aparência
- O culto ao indivíduo

- As mulheres são mais inteligentes emocionalmente?
- As mulheres colaboram mais?
- Apresentamos o Modelo Cerebral LAB
- O que é a androcentricidade?
- Por quem e para quem foi construída a internet?
- Diferenças de gênero nas mídias sociais
- O excesso de confiança como causa dos nossos problemas
- Quanto mais rápido avançamos, mais superficiais se tornam as nossas percepções?
- Preconceito inerente com a diversidade
- Guerra contra os homens?
- A formação de confiança
- Técnicas para aumentar a confiança
- Técnicas para quebrar o ciclo
- Conclusões

## PRESSUPOSTOS

Partiremos de alguns pressupostos, claro, questionáveis, mas os usaremos como um ponto de partida.

Primeiro, acreditamos no reducionismo ocidental, ou pensamento analítico. Assim, também admitimos que formas alternativas de pensar também são possíveis; pensamento sintético, ou parentético, que junta os pontos em vez de analisar a diferença entre eles. A esse ato chamamos de processos dos lados esquerdo e direito do cérebro.

Sabemos que neurocientistas, como Ian McGilchrist,[1] mostraram que esses procedimentos não estão localizados nesses hemisférios. Em vez disso, McGilchrist e outros profissionais validaram hipóteses de que ações distintas em cada um deles são destinadas a atuar juntas. Esse é o nosso objetivo aqui — não escolher entre duas abordagens, mas dominar ambas.

Outro pressuposto é que existem traços de gênero incorporados aos dois tipos de concepção. O pensamento quantitativo, detalhado, de curto prazo e tático do lado esquerdo está muitas vezes associado a traços masculinos. Já o pensamento abrangente, compassivo, empático do lado direito está ligado a traços femininos.

Faremos outra suposição aqui. Nós separamos o termo "traços de gênero" de "identidade de gênero". Não usaremos os termos "masculino" e "pensamento masculino" de forma intercambiável. Estamos interessados apenas no pensamento masculino e feminino, não nos gêneros masculino e feminino. Por que isso importa? Porque a liderança precisa de ambos os conjuntos de habilidades. Precisa pensar tanto no lado esquerdo do cérebro como no direito. É como tocar um teclado: todas as notas são necessárias, e não apenas parte delas.

## COMPREENDENDO O GÊNERO

Os debates sobre gênero são, infelizmente, previsíveis. Isso acontece frequentemente quando se trata de diferenças de gênero, e não de resultados desejados. Há evidências de desigualdade entre os sexos? Sim. Apenas sete por cento das empresas que fazem parte do FTSE 100 têm mulheres nos cargos de CEO.[2] Existem também indícios de diferenças nos salários entre ambos?[3] Sim. As razões, no entanto, são complexas.

Muitos investidores vêm insistindo que as empresas gerem mais diversidade de gênero. A BlackRock, a maior gestora de ativos do mundo, disse que não investirá mais em empresas que têm menos de duas mulheres em seus quadros.[4] A maioria das organizações continua sendo hierarquicamente estruturada, independentemente do sexo dos diretores.

Por que o fenômeno está cada vez mais enraizado? Para compreendê-lo, precisamos explorar mais. O que estamos tentando alcançar são os três valores de modernidade, aspiração e representação, valores de marca que todos nós podemos comprar. É claro que esses valores são bem servidos em maior proporção por mulheres em papéis de liderança, mas não se elas simplesmente replicarem formas masculinas de pensar.

Se o homem é água, e a mulher, óleo, então não há necessidade de separação. Precisamos de uma emulsão criada por uma cultura de liderança vigorosa e enérgica.

## PROBLEMAS COM A ÁREA

Vejamos as noções básicas de gênero aplicadas à liderança. Parte delas são físicas.

### *ALTURA E AUTORIDADE*

A altura está associada à autoridade.[5] Malcolm Gladwell, em seu livro *Blink*,[6] sugere que as pessoas mais poderosas são altas, o que lhes oferece vantagem nos negócios. Gladwell descobriu que a maioria dos CEOs homens beiravam os 1,85m de altura. A maioria dos chefes do sexo masculino têm por volta de 8cm a mais do que outros; a altura média dos homens nos Estados Unidos é de 1,80m. As mulheres americanas medem, em média, 1,65m. "A maioria de nós, subconscientemente, associa automaticamente a capacidade de liderança à imposição da estatura física", diz Gladwell. "Temos uma noção do como um líder deve parecer em nossas mentes, e esse estereótipo é tão poderoso que, quando alguém se encaixa nele, simplesmente nos tornamos cegos a outras considerações."

### CONFIANÇA E TOM DE VOZ

A sonoridade está relacionada à confiança[7] e as vozes dos homens são, muitas vezes, mais profundas e ruidosas do que as das mulheres.[8] Esse fator parece importar. Treinar mulheres líderes para se erguerem e projetarem suas vozes pode ajudar a equalizar as questões a fim de nivelar o terreno.

No entanto, esse fator unicamente não aborda a questão da confiança. Em muitos casos, a confiança masculina está erroneamente (e perigosamente) relacionada à noção de confiança. Falaremos mais sobre isso mais tarde.

### AS MULHERES SÃO MAIS AGRADÁVEIS?

Jordan Peterson é psicólogo clínico da Universidade de Toronto. Em uma entrevista com Cathy Newman no Channel 4, em janeiro de 2018,[9] Peterson apontou um traço de personalidade conhecido como *agradabilidade*. As pessoas agradáveis são definidas como compassivas e educadas. Ele afirmou que pessoas agradáveis recebem menos do que pessoas desagradáveis pelo mesmo trabalho, e que mulheres tendem a ser mais agradáveis. Mais uma vez, muito pode ser feito para compensar o fator com treinamento de assertividade, que pode resultar em promoções mais rápidas e salários iguais.

### O PATRIARCADO "ESCONDIDO" É O CULPADO?

Newman também sugeriu que o problema principal vem de uma sociedade patriarcal. Essa noção foi herdada diretamente da Antiguidade. As obras de Aristóteles, que ensinou Alexandre, o Grande, retratavam as mulheres como moral, intelectual e fisicamente inferiores aos homens. Segundo o filósofo, as mulheres eram propriedades e seus papéis na sociedade consistiam em reproduzir e servir aos homens no lar. O domínio masculino, ainda segundo Aristóteles, era natural e virtuoso.

A teoria feminista considera o patriarcado como um sistema social injusto que impõe papéis de gênero e é opressivo tanto para mulheres quanto para homens.[10] O patriarcado pode estar em qualquer mecanismo social, político ou econômico que evoque o domínio masculino sobre as mulheres.

A socióloga Sylvia Walby[11] compôs seis estruturas sobrepostas que definem o patriarcado e que assumem diferentes formas em várias culturas e épocas:

1. O Estado: é pouco provável que as mulheres tenham poder e representação formal.
2. O lar: as mulheres têm mais probabilidades de cuidar das tarefas domésticas e criar os filhos.
3. Violência: as mulheres são mais propensas a maus tratos.
4. Trabalho remunerado: é provável que as mulheres recebam menos.
5. Sexualidade: é mais provável que a sexualidade feminina seja tratada de forma negativa.
6. Cultura: as mulheres são pior representadas na mídia e na cultura popular.

O acima exposto continua acontecendo, de uma maneira geral. Com base nisso, então, o patriarcado ainda está vivo. É uma cultura e, como tal, não precisa de tanto para se perpetuar. A raiva dirigida ao patriarcado concentra-se no fato de que muitos dos que se beneficiam de seus efeitos fazem vista grossa, não o notam ou não o reconhecem. Muitos líderes talvez pensem que discussões acerca do assunto são irrelevantes, mas é mais do que apenas gênero. Trata-se de como os líderes aproveitam todos os recursos e compreendem as dinâmicas-chave dentro da organização.

### *MAIS INTERROMPIDAS, MENOS OUVIDAS*

Adam Grant e Sheryl Sandberg escreveram um artigo de opinião no *The New York Times* intitulado "*Speaking While Female*".[12] Nele, os autores listam vários estudos que mostram como as contribuições faladas das mulheres no local de trabalho são constantemente subvalorizadas.

Não é só porque as mulheres são interrompidas com mais frequência do que os homens, mas as suas ideias, contribuições e informações costumam ser desconsideradas. Em ambientes tão diversos como a indústria televisiva, a política e as empresas, padrões semelhantes ainda existem. Primeiro, os homens que contribuem com boas ideias recebem avaliações mais elevadas. Quanto mais os homens falam, mais úteis eles são, enquanto os dados e insights das mulheres têm mais probabilidade de serem rejeitados.

### *MAIS JULGADAS PELA APARÊNCIA*

Num artigo intitulado "*Why Wearing Too Much Makeup Harms a Woman's Leadership Chances*"[13] [Por que usar mais maquiagem impede que mulheres sejam líderes] para o *The Daily Telegraph*, a editora científica Sarah Knapton fez alusão a um estudo da Universidade de Abertay, na Escócia. Nele, os investigadores pediram aos participantes que analisassem uma série de fotografias de mulheres com e sem maquiagem. Um software de computador foi utilizado para manipular a quantidade de maquiagem usada. Os pesquisadores descobriram que as pessoas achavam que as mulheres muito maquiadas tinham menos capacidade de liderança do que as que utilizavam menos cosméticos.

### *O CULTO AO INDIVÍDUO*

Talvez a maior razão para o fracasso da liderança seja o fato de se prestar demasiada atenção ao "líder" e muito pouca à equipe de pessoas por trás dele. Esse fator pode também ser reflexo de uma abordagem tipicamente egocêntrica e masculina? A tradição judaico-cristã aplica ênfase na liderança masculina, como ocorre, por exemplo, nos casos de Moisés, Davi e Jesus. É possível que tenhamos nos programado para entender modelos de liderança como se ela fosse individual, masculina e infalível.

O *Führerprinzip* foi outro exemplo desse modelo de liderança. O termo descreve as bases de toda a autoridade política nas estruturas governamentais do Terceiro Reich alemão. A ideia por trás dele era que a ordem do *Führer* (líder) se sobrepunha a qualquer lei. Todas as políticas, decisões e escritórios governamentais foram orientados para a realização desse fim. Será que, quando a veneração, a crença e a expectativa do líder individual tendem para a infalibilidade, o fracasso vira comum? A devoção mina a força e o bom senso coletivo da equipe.

## AS MULHERES SÃO MAIS INTELIGENTES EMOCIONALMENTE?

Um dos grandes problemas com qualquer discussão sensata nesse âmbito é a tendência à generalização. Não é assim tão simples. Por exemplo, alguns estudos sugerem que as mulheres são, em média, melhores que os homens em algumas formas de empatia. Outros, que os homens tendem a lidar melhor com as angústias. Qualquer homem pode ser tão bom quanto uma mulher em empatia, e cada mulher tão boa como qualquer homem em lidar com transtornos.

No *Psychology Today*, o dr. Dan Goleman perguntou: *As mulheres são mais inteligentes emocionalmente?*[14] A inteligência emocional é composta por quatro partes: autoconsciência, gestão de emoções, empatia e habilidade social.[15] O jornalista indicou que, em muitos testes de inteligência emocional (IE),[16] as mulheres tendiam a ter vantagem sobre os homens. Em funções de liderança, a IE é uma habilidade crítica, talvez não negociável.

A empatia é outra habilidade principal. Há três tipos dela. A empatia cognitiva: compreender como a outra pessoa vê as coisas. A empatia emocional: sentir o que a outra pessoa sente. A preocupação empática: estar pronto para ajudar alguém em necessidade. No geral, as mulheres tendem a ser melhores em empatia emocional do que os homens. Essa é uma importante habilidade de liderança, porque fomenta o relacionamento e a química. Pessoas que priorizam a empatia emocional geralmente são bons conselheiros, professores e líderes de grupo justamente pela capacidade de sentir, no momento, como os outros estão reagindo.

Mas por quê? Os neurocientistas apontam para uma região do cérebro chamada ínsula,[17] que recebe estímulos de todo o nosso corpo. Quando sentimos empatia, o cérebro reproduz o que o outro está passando. A ínsula lê esse padrão e nos diz o que é o sentimento. Goleman afirma que as mulheres diferem dos homens quando a outra pessoa está perturbada, ou as emoções são perturbadoras. Os cérebros das mulheres tendem a experienciar os sentimentos, mas os dos homens agem de outra forma. Eles sentem por um momento, mas depois desligam-se das emoções e mudam para outras áreas do cérebro que tentam resolver o problema que gera o distúrbio.

Há, nesse caso, uma grande quantidade de neurociência. Algumas pesquisas[18] apontam que, enquanto os cérebros masculinos estão mais conectados a um dos hemisférios, os femininos interconectam-se entre os dois. "Em média, os homens ligam-se de frente para trás (em relação às partes do cérebro) mais fortemente do que as mulheres", enquanto "as mulheres têm ligações mais fortes da esquerda para a direita", diz Ragini Verma, professora associada de radiologia na Faculdade de Medicina da Universidade da Pensilvânia.

Se o cérebro feminino é literalmente mais unido, isso pode explicar por que o pensamento feminino é considerado mais conectado e empático?[19] Dan Goleman, no *Psychology Today*, diz: "As mulheres frequentemente reclamam que os homens não são movidos emocionalmente, e os homens, por sua vez, que as mulheres são demasiado emocionais — é uma diferença cerebral. Nenhum dos dois é melhor — ambos têm vantagens. A desconexão masculina funciona bem quando há necessidade de se isolar contra a angústia a fim de alcançar estabilidade, enquanto outros ao seu redor estão se desfazendo — e concentrar-se em encontrar uma solução para um problema urgente. E a tendência das mulheres em se manterem sintonizadas ajuda enormemente a nutrir e apoiar outras pessoas em circunstâncias emocionais difíceis." Goleman entende que essas respostas fazem parte do estímulo de cuidar e se identificar com o estresse experimentado por outros.

Em outro experimento fascinante,[20] mulheres que receberam doses de testosterona se tornaram mais egocêntricas e menos sintonizadas às necessidades do grupo. O hormônio desregulou suas capacidades de trabalho em conjunto. "O egocentrismo é o estado em que as pessoas supervalorizam sua própria opinião. Se uma pessoa é mais egocêntrica, é mais provável que pense que está certo", disse o pesquisador Nicholas Wright, da University College London. "As mulheres, quando injetadas com testosterona, pareciam achar que estavam mais certas do que quando recebiam placebo." Em suma, a testosterona fez com que as mulheres tomassem decisões mais egoístas, que não eram do interesse do grupo.

Há outra forma de perceber as diferenças entre homens e mulheres quanto a inteligência emocional. Simon Baron-Cohen, da Universidade de Cambridge, acredita que há um "cérebro feminino"[21] extremo, empático emocionalmente, mas que não possui análise eficiente. Paralelamente, o "cérebro masculino" extremo se sobressai no pensamento sistêmico e é pobre em empatia emocional (isso não significa que todos os homens tenham o cérebro masculino, nem que todas as mulheres apresentem o cérebro feminino, é claro; muitas mulheres são habilidosas no pensamento sistêmico, e muitos homens, em empatia emocional).

O que vale a pena notar é que os pensamentos masculino e feminino podem ser distintos apenas no gênero, o que nos leva de volta ao problema da generalização. A psicóloga Ruth Malloy, do Hay Group Boston, atesta que quando se olha apenas para a hierarquia, correspondente aos líderes em dez por cento do desempenho empresarial, as diferenças de gênero quanto às capacidades de inteligência emocional desaparecem: "Os homens são tão bons quanto as mulheres; e as mulheres, tão boas quanto os homens, em qualquer sentido."[22]

## AS MULHERES COLABORAM MAIS?

Em um artigo intitulado "*Are Women More Attracted to Cooperation Than Men?*",[23] [As mulheres cooperam mais que os homens?], Peter J. Kuhn e Marie-Claire Villeval, do Bureau Nacional de Pesquisa Econômica, descobriram que as mulheres são, de fato, muito mais propensas a colaborar do que os homens. Os dois economistas disseram que o fato tinha a ver com a competência relativa, o grau em que você acha que a sua capacidade se compara à dos seus colegas. Em suma, os homens tendem a superestimar as suas capacidades e a minimizar as dos seus colegas de trabalho, enquanto as mulheres diminuem as suas competências para se igualar aos outros. A informação aparecerá em outros estudos, como veremos a seguir. De acordo com esse trabalho, as mulheres são mais conscientes de que nem todos estão no mesmo pé de igualdade. Sem surpresas, os homens são menos sensíveis à assimetria.

Kuhn e Villeval perceberam que a abordagem se reflete também nos salários. Eles fizeram um experimento que permitiu que homens e mulheres escolhessem entre trabalho em equipe *versus* trabalho individual, com remunerações iguais. E, então, repetiram o teste, aumentando o retorno do excelente trabalho em equipe em cerca de dez por cento. Assim que o fizeram, a lacuna de cooperação entre homens e mulheres desapareceu. Portanto, se a remuneração for direcionada à equipe, homens terão a chance de trabalhar mais perto de seus colegas.

Também vale a pena prestar atenção às diferenças salariais. Por que, por exemplo, há muitas mulheres em determinadas áreas, como setores não lucrativos, e sub-representadas em outras, como instituições financeiras e em cargos de direção nas principais empresas? As mulheres superam em número os homens em muitas profissões que requerem cuidados, desde organizações de caridade até enfermagem. Ambas oferecem muita produção cooperativa com menor recompensa financeira. Sobre o vácuo salarial, é possível perguntar: quanto disso é culpa do sistema, e quanto pode-se atribuir às decisões femininas?

Talvez todas essas informações pareçam teóricas demais. O número de empresas pertencentes à Fortune 1000 que utilizam incentivos de grupo de trabalho ou de equipe para pelo menos um quinto dos seus trabalhadores mais do que duplicou entre 1990 e 2002.[24]

Não se trata apenas de uma história sobre diferenças salariais entre homens e mulheres; é sobre motivação. Tanto em manufaturas quanto em outros processos complexos, o trabalho em equipe é vital. Não basta concentrar-se em fazer com que mulheres se sintam confiantes. Também é fundamental fazer com que os homens saibam que os seus colegas podem ser tão competentes quanto eles mesmos.

Em um artigo da *Forbes* intitulado " *Collaborating While Female*" [Colaborando sendo mulher],[25] Shani Harmon e Renee Cullinan destacaram o trabalho de Cal Newport, um professor que estudou os hábitos de pessoas excepcionalmente produtivas. Em seu livro *Deep Work*, o autor defende blocos de tempo de trabalho livres de distrações (leia acerca da sobrecarga no capítulo 1). Com isso, Cullinan argumenta, permite-se a assimilação de informações complexas e melhores resultados. O tempo de pensamento independente é importante para uma colaboração eficaz. O foco independente em um projeto trazido a um grupo oferece melhoria na qualidade da discussão. Na maioria das vezes, as pessoas entram numa sala e tentam descobrir do que se trata o assunto.

A alternativa ao trabalho profundo, afirma Cullinan, é a interrupção, saltar de tarefa em tarefa: ir de uma reunião para outra, responder a e-mails à medida que eles chegam, trabalhar com as mídias sociais abertas e assim por diante. O custo da mudança é alto. Quando passamos de uma tarefa a outra, uma porcentagem da nossa atenção permanece na tarefa anterior. Esse "resíduo de atenção" diminui o desempenho na tarefa atual. Quanto mais alternamos entre encargos, maior é o resíduo de atenção e pior é o desempenho.

Simplificando: aqueles que investem em noventa minutos de tempo de trabalho concentrado durante o dia produzem mais. Nesse ponto, há outra importante diferença entre gêneros.

As mulheres são menos propensas a investir em tempo de trabalho para se concentrar em suas prioridades máximas porque se sentem egoístas. Harmon e Cullinan creem que isso se deve, em parte, ao fato de mulheres e homens diferirem sobre o que significa trabalhar em equipe: "De acordo com pesquisas, é mais provável que as mulheres concordem com a afirmação: 'Trabalhar em equipe significa ajudar todos os meus colegas com o que eles precisam fazer.' Em contraste, os homens tendem a pensar o seguinte: 'Trabalhar em equipe é conhecer a sua função e executá-la bem.'" Embora ambas as perspectivas sejam válidas, de acordo com os pesquisadores, elas levam a diferentes padrões de colaboração. Para os homens, a noção da função é uma qualidade de quem sabe trabalhar. Para as mulheres, acontece o oposto.

O instinto de estar disponível para os outros tem um efeito duplo. As mulheres não são apenas menos propensas a arranjar tempo para o seu próprio trabalho, como também para oferecê-lo aos outros. É mais provável que se sintam culpadas em ignorar um pedido ou recusar uma reunião para priorizar suas próprias funções.

O cientista social Benjamin Voyer explica o motivo provável disso acontecer: "A culpa é uma 'emoção centrada nos outros'" — que envolve pensar em outras pessoas, o que estudos indicam ser tipicamente uma característica feminina. "Seja qual for a razão", dizem os pesquisadores, "o resultado é o mesmo: sobra trabalho para a noite e nos fins de semana, um dos prováveis motivos por que as mulheres trabalham em média cinquenta minutos a mais por dia do que os homens".

## APRESENTAMOS O MODELO CEREBRAL LAB

Podemos ver o Modelo Cerebral LAB na figura 7.1. Ele reúne o que já sabemos sobre o pensamento reducionista ocidental — o chamado processo do lado esquerdo do cérebro, com suas funções de "comparar, contrastar e analisar" — e o justapõe ao lado direito e as suas qualidades imaginativas e divergentes. Esses processos pertencem a ambos os sexos.

FIGURA 7.1 MODELO CEREBRAL LAB

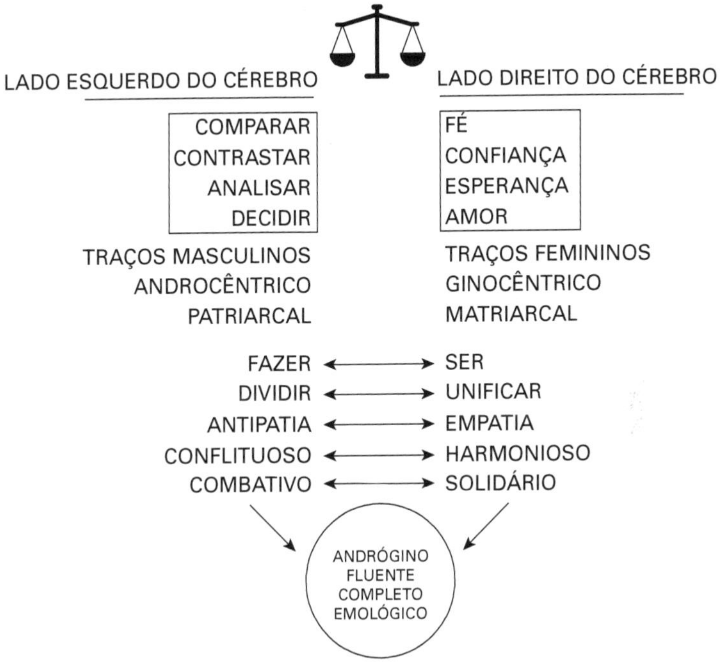


FONTE: LEWIS RISE ACADEMY

Dividimos e atribuímos traços de gênero aos processos, porque é aqui que a pesquisa nos leva. Alcançar a igualdade das abordagens masculina e feminina é parte de uma liderança equilibrada. No entanto, não seria eficiente se todos os diretores pensassem e se comportassem como homens, independentemente do sexo. Uma organização tendenciosa em termos de gênero é inerentemente ineficiente. A solução ideal é uma mistura, onde a androcentricidade se combina à ginocentricidade para criar androgeneidade. Essa é a combinação de lógica e emoção, ou "emológico".

É importante afirmar que não pensamos que as capacidades masculinas e femininas diferem devido à genética ou à fisiologia, mas sim à socialização. Uma das variáveis-chave que ajuda a socializar o comportamento é a tecnologia que utilizamos.

## O QUE É A ANDROCENTRICIDADE?

Muitas das mudanças impulsionadas pela internet criaram a *androcentricidade*, ou uma abordagem esmagadoramente masculina. Quais são as evidências disso? O fato de que a tecnologia gera pensamento analítico e quantitativo em vez de qualitativo.

A lista abaixo reúne os dez maiores usos da internet:[26]

- E-mail e outras comunicações
- Pesquisa
- Downloads de arquivos
- Grupos de discussão
- Jogos interativos
- Educação e autoaperfeiçoamento
- Relacionamentos
- Redes sociais
- Busca por emprego
- Compras

O e-mail e outras comunicações nos interrompem. Sempre que isso acontece, entramos num processo do lado esquerdo: de quem é a mensagem? O que eu preciso fazer? Devo responder? A internet nos permite comparar, contrastar e analisar tudo — nós mesmos, nosso peso, calorias, ritmo cardíaco, bem como produtos e preços — novamente, a atuação do lado esquerdo do cérebro. A grande rede nos permite analisar parceiros e posicioná-los em relação a opções futuras.

O resultado líquido é um enorme aumento nos dados. Nos últimos tempos, o big data se tornou um conceito popular. A tecnologia nos fornece mais dados para analisar. Permite-nos não apenas comparar-nos com os outros, mas também com quem éramos antes.

## POR QUEM E PARA QUEM FOI CONSTRUÍDA A INTERNET?

É provavelmente justo dizer que os homens inventaram a internet, que foi desenvolvida para fins militares americanos. Eles a criaram à sua semelhança, pelo menos como nos anos 1970 e 1980. Os dados que a internet gera são utilizados para classificar e segmentar, e, depois, redirecionar. A internet ordena, dá forma e classifica. Os dados são analisados, fragmentados e depois analisados novamente. Pensamos na internet como um grande nivelador, um democratizador, um lugar que abre portas para todos. A realidade, no entanto, é que a internet é dominada por alguns usos muito específicos.

Os homens são os maiores consumidores de pornografia e serviços sexuais. Mais homens visitam sites pornográficos na web do que a Amazon, Netflix e Twitter juntos.[27] Cerca de um terço de todo o tráfego da web é pornografia.[28] Um dos maiores portais de entretenimento adulto do mundo, o Pornhub, recebe 2,4 milhões de visitantes por hora. Só em 2015, pessoas em todo o mundo assistiram a 4.392.486.580 horas do seu conteúdo.

## DIFERENÇAS DE GÊNERO NAS MÍDIAS SOCIAIS

Os homens também dominam a conversa em quadros de comentários na internet, especialmente quando podem postar sob um pseudônimo, de acordo com um estudo.[29]

A dra. Fiona Martin, da Universidade de Sydney, reuniu uma amostra de comentários de quinze grandes websites e analisou o gênero dos comentaristas. Martin categorizou as pessoas como masculinas, femininas ou ambíguas (figura 7.2). Em sites internacionais, os homens representavam até 79% dos comentaristas, enquanto a maior proporção de mulheres que postam nos mesmos portais era de apenas 20%. Enquanto as mulheres eram ligeiramente mais propensas a comentar em sites de notícias locais, chegando a 35% em uma publicação, os homens ainda pareciam dominar as conversas.

FIGURA 7.2 GÊNERO DOS COMENTARISTAS: SERVIÇOS DE NOTÍCIAS INTERNACIONAIS E METROPOLITANOS (TOP 100 COMENTARISTAS)

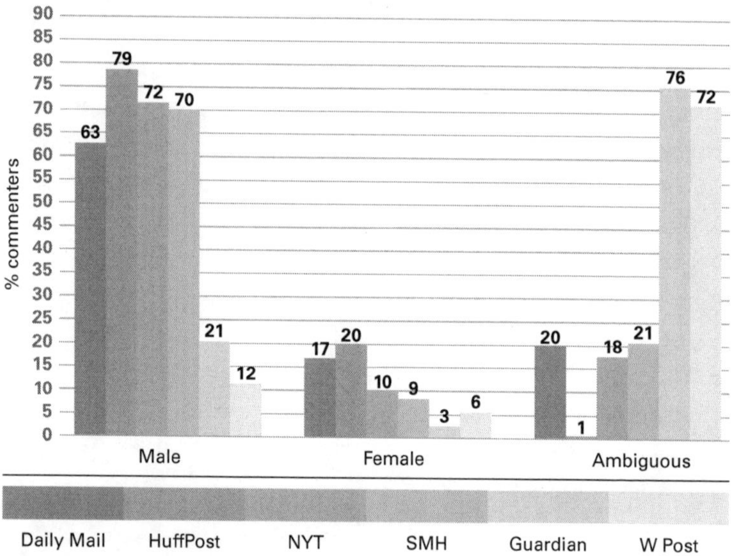


FONTE: MARTIN, F. *GETTING MY TWO CENTS WORTH IN: ACCESS, INTERACTION, PARTICIPATION AND SOCIAL INCLUSION IN ON-LINE NEWS COMMENTING*, #ISOJ, 5 (1), 2015.

Os resultados conversam com o trabalho produzido por Emma Pierson[30] para o site de análise estatística online 23andMe. Pierson analisou um milhão de comentários deixados no *New York Post* em 2014 e concluiu que os homens publicaram 75% dos comentários, apesar de representarem apenas 56% dos leitores. A dra. Martin especulou que a discrepância poderia ser explicada pela maior taxa de trabalho não remunerado que as mulheres fazem. "Elas simplesmente não têm tanto tempo para comentar em sites de notícias", disse ela. Curiosamente, Martin sugere que os comentários online são um microcosmo das dificuldades diárias que as mulheres enfrentam para serem ouvidas. "Parece que nossas experiências de conversas online estão refletindo nas experiências de gênero em geral", disse a doutora. "Tal como em conversas públicas presenciais, como reuniões ou fóruns, as mulheres continuam sendo dissuadidas por vozes masculinas adversárias, desdenhosas e, por vezes, abusivas."

Por que isso interessa aos líderes? Justamente porque eles precisam estar em sincronia com suas equipes, mas também com seus dados demográficos *e* os canais que utilizam. Se as mulheres se comunicam com mais frequência e de modos menos opinativos, então os homens precisam saber disso. Ouvir uma vez por ano um líder num canal que a sua equipe não utiliza é uma comunicação ineficaz.

Nos Estados Unidos, gênero, renda e educação têm pouco impacto sobre se alguém usa ou não as mídias sociais. Esses fatores, no entanto, têm grande influência sobre as redes sociais que as pessoas escolhem utilizar. Facebook, Pinterest e Instagram têm um forte viés feminino. As mulheres nos Estados Unidos estão onze vezes mais propensas a usar o Facebook do que os homens; o Pinterest, 29 vezes mais, e o Instagram, sete vezes mais, de acordo com o Pew Research Center. O Twitter e o LinkedIn continuam a atrair audiências majoritariamente masculinas.

Em um relatório detalhado da BI Intelligence,[31] dados de muitas fontes foram usados para entender como a demografia e as preferências das mídias sociais ainda estão mudando. Por exemplo, o Pinterest tem um grande alcance entre as mulheres. Entre as usuárias americanas da internet, 42% relataram estar no Pinterest, em comparação a apenas

13% dos homens. O Instagram tornou-se a rede social mais importante e mais utilizada pelos adolescentes americanos. 32% descreveram o Instagram como a sua rede social mais importante. O LinkedIn goza de alta adoção entre usuários altamente instruídos e de alta renda: é usado por 44% dos americanos que recebem US$ 75 mil ou mais. Aplicativos de mensagens, como o Snapchat, por exemplo, também se tornaram mais populares, mas estão mais voltados para os jovens.[32]

## O EXCESSO DE CONFIANÇA COMO CAUSA DOS NOSSOS PROBLEMAS

Há outra coisa que afeta o debate sobre o gênero. Ser demasiado confiante é parte da resposta ou parte do problema? Pessoas muito confiantes movem-se mais depressa. Vale a pena considerar o oposto de duvidar. À luz de análises, pode ser reconfortante encontrar líderes que destrincham os detalhes com confiança.

Um dos fatores presentes em tantos colapsos corporativos e erros de cálculo políticos, tal como o Brexit, tem sido o excesso de confiança e, ao mesmo tempo, a falta de especialização, ou mesmo incompetência.

Em uma entrevista de 2014 para o *The Harvard Business Review*, o professor Tomas Chamorro-Premuzic, da University College London, falou sobre como a confiança pode mascarar a incompetência. O professor disse que "pessoas confiantes tendem a ser mais carismáticas, extrovertidas e socialmente habilidosas, o que, na maioria das culturas, são características altamente desejáveis [...] em praticamente todas as culturas, confiança é equiparada a competência". Assim, assumimos automaticamente que as pessoas confiantes também são mais habilidosas ou talentosas. Chamorro-Premuzic aponta ainda: "Pessoas competentes são geralmente confiantes, mas pessoas confiantes não são, em geral, competentes." Ele diz também que os superconfiantes são bons em esconder incompetência e inseguranças "principalmente porque enganam a si próprios; por isso, geralmente pensam que são muito melhores do que realmente são".

Ele aponta que o problema do excesso de confiança começa com o recrutamento e o processo de entrevista. Avaliar a competência do candidato é um objetivo-chave do processo, mas a confiança é muitas vezes o método ou o caminho que a maioria das pessoas adota como referência para avaliação. Esse caminho leva a análises imprecisas acerca da competência. Desse modo, por exemplo, a maioria das pessoas que se sai muito bem nas entrevistas e que se supõe serem ótimas, na realidade, apenas encantam os entrevistadores durante a sessão. Premuzic fala que as pessoas precisam entender que o principal objetivo das entrevistas é descobrir o quanto os outros são competentes. Os entrevistadores não devem realmente se preocupar com a confiança dos candidatos. O que importa é a competência deles.

Premuzic acrescenta que o problema com a confiança é que ela é frequentemente vista de forma mais favorável quando está elevada, independentemente de ser precisa, apesar dos efeitos bem documentados do excesso, que distorcem a percepção do perigo. Por isso beber demais, fumar, apostar em jogos de azar, causar acidentes e assumir riscos imprudentes são atraídos pelo excesso de confiança.

A humildade é, talvez, o melhor indicador de competência, porque funciona como uma verificação da realidade e ajuda a manter a consciência dos pontos fracos. Ela conduz também ao autoaperfeiçoamento. Todas as evidências da pesquisa psicológica sugerem que a humildade torna os líderes mais simpáticos, mesmo nos Estados Unidos. A conclusão é que, quando as pessoas percebem a liderança como mais competente do que elas pensam, mais sentem afinidade por ela.

## QUANTO MAIS RÁPIDO AVANÇAMOS, MAIS SUPERFICIAIS SE TORNAM AS NOSSAS PERCEPÇÕES?

A sobrecarga extrai um preço elevado em termos da capacidade de se concentrar em qualquer outro aspecto que não seja a primeira impressão.

Quantos de nós já examinaram os diplomas dos nossos dentistas? Ou é suficiente que eles vistam seus jalecos brancos, tenham cadeiras especiais e sejam bem recomendados? Imagine um mundo em que médicos, professores, engenheiros ou pilotos são selecionados com base na confiança dos outros, ao contrário da sua capacidade real. Alguns diriam que isso já acontece no mundo da política, e nós podemos ponderar os resultados. Até deixarmos de nomear os líderes com base em sua confiança, e não em sua competência, continuaremos tendo problemas.

Premuzic acredita que isso também continuará dificultando as coisas para as mulheres, que normalmente são menos egocêntricas e mais competentes que os homens nesses domínios. No que diz respeito ao debate de gênero, o professor diz que o problema não é a falta de confiança das mulheres. Os homens é que têm excesso de confiança.

Premuzic também diz que os critérios que usamos para avaliar os homens são diferentes dos direcionados a mulheres. O professor aponta que, quando os homens se mostram confiantes, ou mesmo arrogantes, pensamos que a impressão que passam é que são carismáticos. Quando as mulheres se comportam da mesma maneira, "tendemos a vê-las como psicopatas, uma ameaça à sociedade ou a organização". A sociedade castiga as manifestações de confiança nas mulheres, mas as recompensa nos homens — o que só reforça essa diferença natural entre os gêneros.

Em outro artigo no *The Harvard Business Review*, intitulado "*Why Do So Many Incompetent Men Become Leaders?*" [Por que tantos homens incompetentes tornam-se líderes?], Premuzic apontou três explicações populares para a clara sub-representação das mulheres na administração de empresas, a saber: (1) não são capazes; (2) não há interesse nelas; (3) ainda que as mulheres despertem interesse na indústria e sejam capazes, o teto de vidro é difícil de ser quebrado. Conservadores e chauvinistas endossam o primeiro item; liberais e feministas, o terceiro; e aqueles que estão em algum lugar entre os dois são geralmente atraídos para o segundo. É possível que não consigam enxergar o quadro geral.

Ele diz que a principal razão para a relação de desigualdade entre os sexos na gestão é a incapacidade de discernir entre confiança e competência. Se esse for o caso, então, convenientemente, absolve os homens de serem a causa. Isso porque nós (as pessoas em geral) geralmente interpretamos mal as demonstrações de confiança como um sinal de competência. Somos enganados pelo mito de que os homens são melhores líderes do que as mulheres. Em outras palavras, quando se trata de liderança, a única vantagem que os homens têm sobre as mulheres é a confiança, muitas vezes mascarada de carisma ou encanto, e comumente confundida com potencial de liderança.

Isso faz sentido, mas e se o ambiente de liderança se tornou tão sintonizado com o pensamento analítico que virou uma reserva exclusiva do pensamento masculino? Será que os homens pensam que, por trabalharem a curto prazo, movidos por dados, são muito mais espertos que as mulheres? Arrogância e excesso de confiança estão inversamente relacionados ao talento de liderança. Grande parte da capacidade de liderança diz respeito a construir e manter equipes de alto desempenho, onde os participantes colocam de lado seus próprios interesses para trabalhar em prol do interesse comum do grupo.

É difícil escapar de algumas verdades infelizes e desconfortáveis reveladas pela pesquisa de Premuzic, em que o pensamento masculino leva a uma concepção mais analítica, a curto prazo, tática, arrogante, manipuladora e propensa ao risco.

## PRECONCEITO INERENTE COM A DIVERSIDADE

A implicação paradoxal é que as mesmas características psicológicas que permitem aos líderes masculinos subir ao topo da cadeia corporativa ou política são responsáveis pela sua queda. Em outras palavras, o que é preciso para exercer o trabalho não é apenas diferente, mas também o oposto do que é necessário para executá-lo bem. Como resultado, muitas pessoas incompetentes são promovidas a cargos de gestão, acima de pessoas mais competentes.

Falaremos mais sobre isso no próximo capítulo, mas a conclusão neste é de que a liderança em geral é um problema. Demasiados líderes, seja na política ou nos negócios, falham. A maioria das nações, empresas, sociedades e organizações podem ser melhor administradas. A boa liderança sempre foi a exceção, não a norma.

Portanto, em resumo, parte do problema é que as pessoas que escolhemos para resolver os problemas parecem saber o que estão fazendo, mas muitas vezes não sabem. São demasiado ocupadas, analíticas ou pensam muito a curto prazo. Quando foi a última vez que você ouviu que uma pessoa que ocupa um cargo elevado estava livre? Desenvolvemos uma suposição perigosa de que pessoas importantes devem estar ocupadas e vice-versa.

Quase parece que equiparamos a liderança com as próprias características psicológicas que tornam o pensamento masculino médio mais inepto do que o feminino médio. Premuzic questiona se criamos um sistema que "recompensa os homens pela sua incompetência enquanto castiga as mulheres pela sua competência".

## GUERRA CONTRA OS HOMENS?

Dado o nível de desigualdade e complexidade, a raiva pode ser compreendida. Não há soluções simples para isso. Alguns poderiam dizer que os homens têm pouco incentivo para reconhecer o problema, quanto mais fazer algo a respeito, o que também seria uma generalização grosseira. Trocar o preconceito de um sexo por outro pode reforçá-lo em vez de erradicá-lo.

As organizações não são eficientes, a menos que sejam equilibradas. Há demasiados casos de diretores que falharam durante fases de implementação devido à "resistência burocrática". Além disso, se é desejado que os grupos sejam suficientemente ágeis para alterar a própria geometria a fim de se adaptarem às circunstâncias, então a mudança precisa ser implementada rapidamente. As organizações ineficientes têm menos probabilidade de conseguir.

Em qualquer caso, não faz muito sentido fazer dos homens o alvo quando alguns deles reconhecem o problema e estão ativamente empenhados em enfrentá-lo. Demonizar todos os homens não é apenas injusto; é também contraproducente. Deve haver diálogo. Não há dúvida, porém, que alguns homens preconceituosos envolvem-se em casos de assédio sexual e consideram todas as manifestações de feminismo uma ameaça.

## A FORMAÇÃO DE CONFIANÇA

Enquanto os homens são, por vezes, extremamente confiantes e pouco qualificados, as mulheres tendem ao oposto. Como esse fator pode ser trabalhado? Primeiro, temos de reconhecer que confiança, baixa autoestima e autocrítica estão interligadas.[33]

Se esse efeito for válido, então é lógico sugerir que, para combater o preconceito de gênero, deve-se abordar diversas variáveis entre altura, sonoridade, assertividade, agradabilidade e assim por diante. Pode ser que essas questões sejam reflexivas. As percepções criam um ciclo de avaliação excessivamente autocrítico.

## TÉCNICAS PARA AUMENTAR A CONFIANÇA

Quando se trata de profissionais de coaching, é importante ressaltar que nenhuma técnica é adequada para todos. Às vezes o *deslocamento psicológico* funciona. É nesse ponto que subordinados são convidados a agir como líderes em questão de voz, comportamento, contato visual e assim por diante. O resultado é, então, filmado e reproduzido mais tarde para estudar as diferenças.

Há outra técnica conhecida como *pensamento circular*. Nela, pede-se ao subordinado que se concentre incessantemente em um círculo ao redor do orador, dentro do qual não são permitidas críticas. O círculo representa outra forma de deslocamento psicológico.

Em ambos os casos, tenta-se desviar da autocrítica. No primeiro caso, criticar um "ato" de alguma forma torna o processo de aprendizagem menos pessoal. No último, o deslocamento é a autocrítica.

A intenção é, ao menos, reduzir o negativo. O positivo está no treinamento e na disciplina para adotar a persona ou técnica até que ela se torne uma segunda natureza.

## TÉCNICAS PARA QUEBRAR O CICLO

Há muitas técnicas que podem ser aplicadas para melhorar o desempenho das reuniões. Por exemplo, a *liderança equilibrada* é onde os membros da reunião se revezam para falar e o tempo é alocado igualmente. A voz não fica apenas com quem se sobrepõe ou quem tem mais ideias. Os brainstormings silenciosos são outra forma de equilibrar os preconceitos de gênero nas reuniões. Neles, define-se um problema, e quem está na reunião passa algum tempo em silêncio avaliando o problema e desenhando a solução. Então, todos revezam-se para discuti-las.

## CONCLUSÕES

Apesar do debate opinativo acerca dos tópicos previamente discutidos, há espaço para a neurociência, psicologia clínica, pesquisa científica sólida e experiências de liderança. Como a internet desintermedia as conexões, devemos esperar que faça o mesmo acerca das questões de gênero. A atomização pode ter efeitos negativos profundos se tudo o que fizermos for identificar diferenças. A desigualdade existe, é real, mas também é complexa. Não há dúvida de que o preconceito está presente e, por vezes, escondido às vistas de todos em fatores básicos, tais como altura e sonoridade. Sabemos pela neurociência que a testosterona influencia negativamente a predisposição ao trabalho em grupo e aumenta o egocentrismo, uma diferença fisiológica essencial. Essa condição também aponta para a validação científica do fato de que os homens tendem a expressar mais as suas opiniões. Alguns ainda rotulam a liderança masculina como hierárquica e patriarcal. Outros reconhecerão que o sexo não é o fator que pode oferecer equilíbrio.

Precisamos de uma abordagem inclusiva que envolva novos tipos de pensamento. O debate de gênero é apenas uma parte da questão. A discriminação *é* uma questão de justiça, mas também uma questão de eficiência. Os líderes modernos podem fazer muito para atingir o pensamento equilibrado através da formação, desde que o entendam como um debate sobre como evitar o fracasso da liderança em vez de uma agenda politicamente correta. Forçar mudanças de comportamento através da coerção apenas cria inclusões superficiais que levam ao ressentimento a longo prazo. Se demonizarmos e patrocinarmos qualquer tipo de comportamento relacionado, então falhamos na missão. O esclarecimento e a educação para alcançar a eficiência são as melhores formas de melhorar a liderança. Unir os sexos e melhorar a nossa capacidade de transitar entre o pensamento feminino e o masculino fortalece nossas capacidades para enfrentar o futuro.

## NOTAS


1. McGilchrist, I. *The Master and His Emissary: The divided brain and the making of the western world.* New Haven: Yale University Press, 2012.
2. https://www.managementtoday.co.uk/revealed-ftse-100-companies-women-dont-succeed/women-in-business/article/1431348

3. https://ourworldindata.org/what-drives-the-gender-pay-gap
4. Krouse, S. *BlackRock: Companies should have at least two female directors*, The Wall Street Journal, 2 fev. 2018.
5. http://journals.sagepub.com/doi/full/10.1177/147470491201000314
6. Gladwell, M. *Blink: The power of thinking without thinking*. Boston: Back Bay Books, 2007.
7. https://www.sciencedirect.com/science/article/pii/0092656673900305
8. https://www.nbcnews.com/health/mens-health/deep-masculine-voice-not-you-ladies-n569631
9. https://www.youtube.com/watch?v=aMcjxSThD54
10. https://books.google.co.uk/books?id=G28LTQltyVAC&pg=PA17#v=onepage&-q&f=false
11. http://www.lancaster.ac.uk/sociology/about-us/people/sylvia-walby
12. https://www.nytimes.com/2015/01/11/opinion/sunday/speaking-while-female.html
13. https://www.telegraph.co.uk/science/2018/03/10/wearing-much-makeup-harms-womans-leadership-chances
14. https://www.psychologytoday.com/blog/the-brain-and-emotional-intelligence/201104/are-women-more-emotionally-intelligent-men
15. https://www.psychologytoday.com/basics/emotional-intelligence
16. https://www.psychologytoday.com/basics/intelligence
17. https://www.spinalcord.com/insular-cortex
18. https://www.livescience.com/41619-male-female-brains-wired-differently.html
19. http://www.sciencemag.org/news/2016/02/women-are-more-empathetic-men-yawning-study-suggests
20. https://www.livescience.com/18231-testosterone-collaborative-decisions-women.html
21. https://www.theguardian.com/education/2003/apr/17/research.highereducation
22. https://www.hrzone.com/perform/people/women-excel-at-emotional-intelligence-or-do-they
23. hetps://papers.ssrn.com/sol3/papers.cfm?abstract_id=2308246
24. https://www.theatlantic.com/business/archive/2013/08/why-women-prefer-working-together-and-why-men-prefer-working-alone/278888
25. https://www.forbes.com/sites/harmoncullinan/2017/10/31/collaborating-whilefemale/#788eafa2c02e
26. https://www.edn.com/electronics-news/4351406/Top-10-uses-of-the-Internet

27. http://www.huffingtonpost.co.uk/entry/internet-porn-stats_n_3187682
28. https://www.psychologytoday.com/blog/all-about-sex/201611/dueling-statistics-how-much-the-internet-is-porn
29. http://www.telegraph.co.uk/men/thinking-man/11544484/Why-are-most-on-line-commenters-male.html
30. https://qz.com/259149/how-men-dominate-on-line-commenting
31. http://uk.businessinsider.com/2015-social-network-demographic-trends-2015-2
32. http://uk.businessinsider.com/2015-social-network-demographic-trends-2015-2
33. https://www.livescience.com/14151-neuroscience-esteem-criticism-compassion. html

CAPÍTULO 8

# COMPREENDENDO UM NOVO MUNDO

## *INSPIRAÇÃO E INVERSÃO*

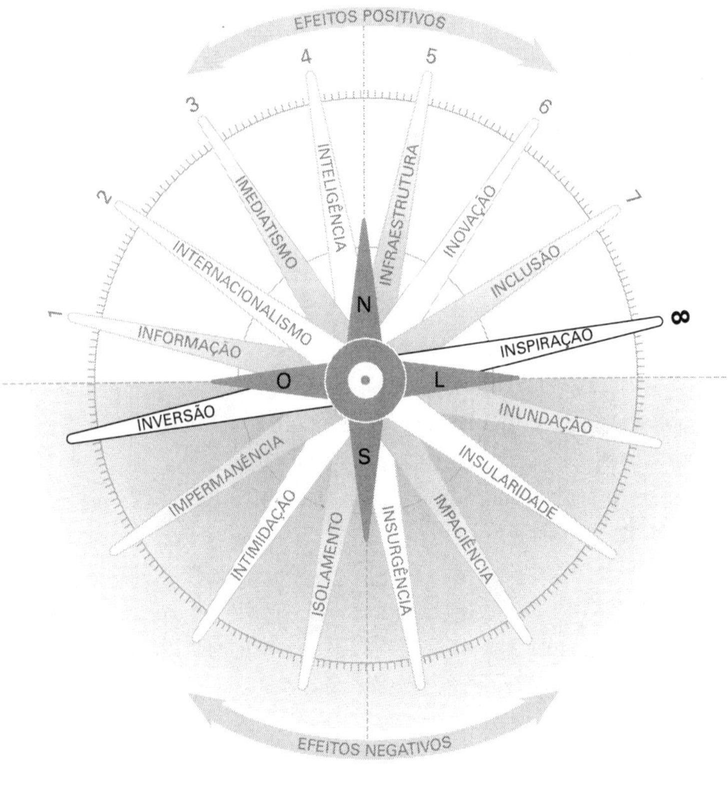

Nesta fase do livro, está claro que cada uma das fases da Cítera, seja econômica, comportamental, geopolítica ou de gênero descreve um ambiente significativamente alterado (e em mudança). A promessa do futuro é emocionante e inspiradora. Se acertarmos, veremos um mundo infinitamente mais sustentável, justo, produtivo, eficiente, com maior acesso à educação e à informação. Um mundo mais saudável, melhor liderado, mais otimista e inclusivo. A oportunidade é convincente. O problema é que precisamos enfrentar o oposto para chegar lá. Por exemplo, apesar de todos os indícios de que estamos vivendo mais tempo, com menos violência,[1] com maior riqueza e melhores oportunidades, abundam o cinismo e a percepção de que nada disso está acontecendo. Muito depende do ponto de vista. Se optarmos pela positividade, então a Cítera inclina-se a nosso favor. Caso contrário, permaneceremos fixos nas diferenças e iniquidades visíveis. Ambas as visões podem ser verdadeiras simultaneamente. Cabe a nós escolher.

Em um mundo atomizado, racional, tangível, guiado pelo pensamento do lado esquerdo do cérebro, o que poderia nos conceder maior felicidade é justamente o que o pensamento analítico abomina: o sentido intuitivo de pertencimento, honestidade, compaixão, fé e confiança. Esses são os valores que nos unem e em que acreditamos. Embora não os possamos medir ou provar, nenhum de nós quer viver em um mundo sem eles. O lado esquerdo do cérebro enxerga a diferença. O lado direito sente a unidade. A sobrecarga e as interrupções nos empurram cada vez mais para o lado esquerdo, o que gera implicações profundas. Desse modo, buscamos as diferenças e respostas incoerentes, porém lógicas. O equilíbrio das nossas vidas afastou-se da unidade.

Vejamos, por exemplo, como os comportamentos vêm se modificando. Já houve um amplo consenso sobre valores. Eles eram a paciência, o autossacrifício, o altruísmo, o compromisso, a modéstia, a frugalidade, os serviços à comunidade, a identidade de grupo, a melhoria da condição dos pobres, a integridade familiar, o casamento, os filhos e a assistência à igreja. Nos últimos 25 anos, uma erosão maciça acerca desse consenso vem se instalando. Investigaremos o que aconteceu neste capítulo.

O mundo não é apenas mais estranho do que os líderes de hoje acreditam. É mais estranho do que muitos líderes são capazes de acreditar. Esse não é apenas um caso de reconhecimento da mudança de valores intergeracionais, mas de identificação de valores duradouros em torno dos quais a liderança pode ser fundada. Nos tempos modernos, essas noções são mais complexas. O desafio está em encontrar os fatores unificadores na equipe moderna.

> **Dica Rápida:** Não basta que o líder perceba que um ou mais valores mudaram, ele precisa reconhecer que *a maioria dos valores* mudou.

Por que esse assunto é importante para os líderes? Para unificar, eles devem identificar e desenvolver valores comuns para entender o que é "bom", ou considerado comportamento moral atualmente.

Falaremos dos seguintes assuntos:

- Através do espelho
- Podemos confiar em nossos líderes?
- Uma realidade verdadeiramente mista
- Ainda devemos trabalhar demais e economizar?
- Devemos ser pacientes e trabalhar juntos para obter resultados?
- A educação vale a pena?
- Em busca de uma nova política interna
- Agora os nossos amigos também nos espiam
- Inversão e alinhamento
- O sucesso é sempre recompensado?
- São apenas os vilões que torturam?
- A moralidade importa?
- O que aconteceu com o futuro?
- Um novo mundo multipolar com barreiras
- O globalismo acabou
- Conclusões

Praticamente todos os nossos valores, verdades e padrões passaram por uma completa transformação. Os nossos avós podem muito bem maravilhar-se com os desenvolvimentos tecnológicos de hoje, mas também ficariam horrorizados por outros motivos. Amenizamos a pobreza, erradicamos muitas doenças, além de decrescer a fome e a guerra em grande escala. Reduzimos substancialmente as incidências de doenças cardíacas e o câncer, mas criamos uma cultura de informação que desconcertaria nossos antecessores. Além disso, também geramos mais dívidas, criamos mais desigualdade de renda, causamos mais danos ambientais e consumimos muito mais do que nunca. Apesar de mais riqueza material, temos desigualdade crescente, isolamento, ignorância, impaciência, raiva e infelicidade.

Os nossos antepassados lutaram contra desafios que atualmente já estão resolvidos. Os alimentos, por exemplo, encontram-se em tal estado de abundância que a obesidade, mais do que a fome, é uma ameaça mais significativa para a saúde ocidental. Para os nossos parentes do passado, os ricos eram gordos, e os pobres, magros. O cenário se inverteu hoje.

Nossas procedências também mudaram. Contamos com uma multiplicidade de fontes, mas não confiamos em nenhuma delas. Onde antes havia uma ou duas fontes, que se assemelhavam a BBC ou Walter Cronkite, isso mudou nos dias atuais. Vivemos entre notícias falsas e fatos alternativos. As notícias não são mais notícias, mas um entretenimento lucrativo.

Em tribunais, ainda há a escolha entre usar um juramento ou uma afirmação. O juramento é: "Juro que a evidência fornecida por mim é a verdade, toda a verdade, e nada mais que a verdade perante Deus." A afirmação é: "Afirmo solenemente que a evidência oferecida por mim é a verdade, toda a verdade e nada mais que a verdade." A lei não tem nada a ver com o que é um fato. Não há semântica no juramento. No entanto, apesar dele e de todos os Dez Mandamentos, "não mentirás" é um voto clamoroso.

A disponibilidade dos fatos parece, de alguma forma, inversamente correlacionada ao seu uso. Ou isso, ou muitas pessoas estão escolhendo ignorá-los deliberadamente, porque os fatos não têm graça. A abundância parece desvalorizá-los. A noção de que é possível provar qualquer informação com estatísticas se instalou. Neste momento, suas crenças são mais importantes do que o que é possível comprovar, o que levanta muitas perguntas. Vejamos algumas delas.

## PODEMOS CONFIAR EM NOSSOS LÍDERES?

Os fracassos crônicos e profundos que temos testemunhado em lideranças diminuem a percepção do que é o líder. Como exploramos na introdução, muitas coisas mudaram na cultura de liderança nos últimos 25 anos. O mundo, naqueles tempos era esmagadoramente masculino, heterossexual, paciente, previsível, real, planejado, branco, de longo prazo, orientado para o Ocidente, tecnologicamente alavancado, deflacionista, estruturado, racional, com ordem vertical de cima para baixo e militarmente simétrico.

Hoje em dia, a liderança opera em um mundo invertido, irreal, impaciente, inflacionário, egoísta, espiritual, irracional, multigênero, polissexual, assimétrico, estrategicamente multipolar, com infraestrutura voltada para muitas direções, de baixo para cima, saturado de informação, multirracial, andrógino, fluido, em rápido movimento, militarmente assimétrico.

A confiança em todas as formas de liderança está mais baixa do que nunca. É quase impossível encontrar qualquer via de esforço humano em que não haja um exemplo de fracasso. Se os nossos líderes são assim tão ruins, ao menos é possível nos livrarmos deles. No entanto, essa atitude aborda o sintoma, não a causa. No mundo dos esportes, se uma equipe não consegue obter bons resultados, não se desiste do esporte, mas substituem-se os jogadores. Porém, se nenhum possui qualidade, ainda é possível modificar o treino. É por esse motivo que uma liderança que analise as lacunas e pense tanto a longo como a curto prazo é tão necessária. Precisamos de líderes que conectem os pontos, líderes que *sejam* melhores, e não apenas que *façam* melhor.

## UMA REALIDADE VERDADEIRAMENTE MISTA

O nosso amor pelo futuro provavelmente atingiu o seu auge nos anos de 1960, durante a era do voo espacial. Tudo parecia possível. Alimentos em comprimidos. Computadores minúsculos e leves. Enviar um homem para a Lua foi considerado o auge da realização tecnológica. Contudo, nos dias de hoje, não apenas a lógica da missão está em debate; no mundo da pós-verdade, questiona-se até mesmo se o evento ocorreu ou não.[2]

Como exploramos no capítulo 1, o ambiente de realidade mista criado pela tecnologia não se trata apenas de realidade aumentada ou óculos 3D. Aplica-se também à nossas vidas diárias. A tecnologia diminui a presença aqui e agora. Quantas famílias ou casais, durante um jantar, checam seus aparelhos enquanto comem? A internet desintermedia as relações humanas, como a parentalidade, e os governos começaram a intervir tardiamente.[3]

Mais uma vez, confundimos comunicação com conversa. Vivemos em uma época em que o volume da comunicação evoluiu para além do que muitos acreditam ser eficiente. Quando a comunicação suplanta a conversa, começamos a ter problemas insidiosos e persistentes. Se você não consegue conversar, não consegue resolver problemas emocionais, gerenciar pessoas ou negociar. Quanto mais experiência de conversa tivermos, melhor. Aprendemos isso em uma fase inicial com as nossas famílias. É assim tão difícil compreender o recente surgimento de problemas emocionais entre os jovens? O iPhone pode ter alguma coisa a ver com isso? Como vimos no capítulo 3, a produtividade estagnou ou diminuiu no mesmo ano em que o iPhone foi lançado. Os eventos podem estar ligados.

Outrora instigado pela ciência e pelas novas tecnologias, há sinais de que o público está começando a rejeitá-las. Mencionamos o Center for Humane Technology no capítulo 6. O público também tem se preocupado cada vez mais com a ciência em culturas geneticamente modificadas, clonagem, fragmentação e edição de genes e pesquisa de células-tronco.

## AINDA DEVEMOS TRABALHAR DEMAIS E ECONOMIZAR?

Como vimos no capítulo 2 sobre o comportamento econômico, o que antes era "bom", a poupança e a parcimônia, tem sido punido com taxas de juros baixas ou negativas. O novo bem moral é exatamente o oposto — a dívida e o consumo. Eles levaram todos, desde estudantes universitários até presidentes, a questionar as próprias regras do jogo. A sociedade está agora em guerra com o próprio sistema econômico, porque alguns ainda consideram a velha moralidade, e outros adotam a nova. Não é um ponto hipotético ou filosófico. Líderes são muitas vezes classificados como charlatões que enganam o público e tomam o seu dinheiro.[4]

Acrescente um pouco de inflação à mistura e o resultado líquido é punir aqueles que vivem dentro das suas possibilidades e que põem o dinheiro de lado. A mensagem de hoje é clara: se você quer economizar para garantir uma vida independente da previdência, o estado vai puni-lo por isso, mas se você for impotente e depender do Estado, receberá ajuda. De qualquer maneira, os poupadores são cidadãos que os governos e os banqueiros querem cultivar. Isso ocorre geralmente ao mesmo tempo em que políticos aplicam medidas de austeridade e punem o bem-estar ao cortar os benefícios. Por que a surpresa em perceber que esse tipo de inversão moral econômica provoca uma reação em larga escala? Seria irracional não se preocupar com isso.

## DEVEMOS SER PACIENTES E TRABALHAR JUNTOS PARA OBTER RESULTADOS?

Como estabelecemos no capítulo 3, a impaciência também é encorajada e atendida, e até mesmo esperada. Agora, aqueles com paciência são atrasados ou sem aspiração. "A paciência é a virtude dos sábios" tornou-se "farinha pouca, meu pirão primeiro". Nós podemos perceber essa tendência no aumento da rotatividade de diversas equipes em profissões como enfermagem, nas áreas de ensino, nos cuidados infantis e assim por diante.[5]

Também analisamos como o tempo médio de permanência no emprego está diminuindo. O ex-diretor da Reserva Federal dos EUA, Alan Greenspan, disse em seu livro *The Age of Turbulence*[6] que, quando começou a trabalhar na década de 1930, não imaginava que a permanência média no emprego nos Estados Unidos se tornaria tão curta. Greenspan cresceu em uma época em que os empregados eram leais a um empregador e vice-versa. Os recentes escândalos das aposentadorias também minaram a confiança nos empresários. Mesmo que retribuíssem a lealdade, seria mais provável que não tivessem sequer a oportunidade. Novas forças que requerem uma nova abordagem estão em ação.

## A EDUCAÇÃO VALE A PENA?

Talvez uma pergunta melhor seja: "A educação compensa?" Muitos estudantes começaram a questionar se o custo de um diploma universitário vale a pena. A verdade é mais matizada. Alguns diplomas, sim, compensam.[7] Outros, não. McKinsey descobriu que 42 por cento dos recém-formados estão em empregos que exigem menos de quatro anos de educação universitária. Pior ainda, 41 por cento dos graduados das principais faculdades do país não conseguiram encontrar emprego em suas áreas.[8] Estudantes universitários americanos com idades entre 25 e 32 anos, que trabalham em tempo integral, ganham cerca de US$ 17.500 a mais por ano do que os que têm apenas um diploma do ensino médio, de acordo com o Pew Research Center.[9] Será que isso vale o custo médio de US$ 50 mil, ou £35 mil investidos na universidade? 37 por cento dos graduados se arrependem de ter ingressado na faculdade.[10] Alguns estudantes até já processaram certas instituições[11] devido às consequências econômicas causadas pela falta de empregos. Mesmo Goldman Sachs,[12] uma das empresas que mais captava graduados, questionou o sentido de uma graduação. Hoje em dia, a formação profissional paga mais do que qualquer formação. Soldadores e mecânicos, por exemplo, são escassos e muito procurados. Devíamos começar a tratar a formação profissional com menos desdém.

O escritor Seth Godin apontou em seu livro *Linchpin*[13] que a educação está atualmente configurada para empregos que já existem. Ao término dos cursos, muitos cargos provavelmente já nem existirão mais.

## EM BUSCA DE UMA NOVA POLÍTICA INTERNA

Seja a desigualdade entre gêneros, de que falamos no capítulo 7, ou a parcela do rendimento em geral, o contraste de rendimentos tornou-se um problema nos últimos anos. Estima-se agora que um por cento dos habitantes dos Estados Unidos têm uma média de 1,5 milhões de dólares por ano e que a sua parte no rendimento médio nacional subiu para 22 por cento.[14] Esses dados levaram a apelos por maior intervenção para refrear os excessos do mercado. Escrevendo para o *The New York Times*,[15] David Priestland disse: "O Ocidente viu um renascimento marxista nos anos 1960, mas os radicais estudantes estavam mais comprometidos com a autonomia individual, a democracia na vida cotidiana e o cosmopolitismo do que com a disciplina leninista, a luta de classes e o poder do Estado."

A ascensão do Momentum no Partido Trabalhista britânico tem impulsionado uma agenda mais socialista. É discutível que o debate leve ao marxismo. É mais provável que haja maior intervenção estatal ou maior impulso para destruir o próprio sistema político, provavelmente o que estamos assistindo não apenas nos Estados Unidos.

Pela primeira vez desde a Segunda Guerra Mundial, a Alemanha é dirigida por um partido de extrema-direita, o *Alternative fur Deutschland* (AfD), no Reichstag. Grupos judeus já estão protestando caso a AfD tenha um lugar no conselho da fundação para o memorial nacional do Holocausto, em Berlim.[16] O partido da Frente Nacional, da Marine Le Pen, levou trinta por cento dos votos de 2015 contra Emmanuel Macron.[17] Na Áustria, o Partido da Liberdade[18] também ocupou o governo. Se os fenômenos significam um retorno às velhas polaridades, é difícil dizer. Parece que os eleitores estão experimentando fórmulas totalmente novas. Um grande número de eleitores americanos estava genuinamente dividido entre os extremos políticos de Sanders ou Trump, de acordo com pesquisas.[19] O que está claro é que o sistema político não trabalha para as pessoas como antes, o que as leva a tentar outras saídas. No entanto, em essência, os problemas que enfrentam são mais técnicos e culturais do que políticos, porque não podemos desinventar o Boeing 747, a internet e o iPhone.

## AGORA OS NOSSOS AMIGOS TAMBÉM NOS ESPIAM

As grandes inversões não estão apenas relacionadas à política interna. Geopoliticamente, as regras também foram mantidas. O objetivo da diplomacia é gerir pacientemente as relações dentro de um contexto, de um sistema de regras, protocolos e acordos conhecidos. Hoje, testemunhamos a quebra de confiança no próprio sistema. Até formuladores de políticas, cujas funções são defender e viabilizar o sistema, já não acreditam que ele seja sustentável.

Estamos assistindo a mais e mais desafios escancarados, de movimentos populares a métodos fora dos limites utilizados pelo Estado. O filme *Us vs. Them* (2018) retrata, por exemplo, uma realidade na qual estudantes da Middlebury College impedem um professor de lecionar gritando e fazendo ameaças. Os jovens podem apenas querer que o que eles conhecem como "a elite" seja neutralizada. A impaciência destrói a confiança, e vemos essa máxima ser replicada em nível geopolítico também. Todas as nações industrializadas, a nível de exemplo, estão tentando sabotar umas às outras e roubar segredos entre si. O modo como governos operam é copiado pelas empresas. Isso significa que muitas estão tentando roubar propriedades intelectuais, protegidas por direito através de agências governamentais. Muito provavelmente porque a informação, agora, precisa ser obtida em tempo real.

A escuta é coisa do passado, a tecnologia removeu a necessidade dela. Agora descobrimos que qualquer dispositivo inteligente conectado à internet constantemente transmite todas as nossas palavras e movimentos de qualquer maneira. Éramos impacientes para controlar a tecnologia; agora a tecnologia nos controla.

## INVERSÃO E ALINHAMENTO

Se o mundo se inverteu, então também é verdade que nações que antes eram opostas podem se tornar semelhantes. Consideremos o Leste e o Oeste. Pensávamos que os modelos políticos dos Estados Unidos e da China eram diferentes, se não opostos. Agora, talvez sejam bem mais parecidos. Uma das tarefas-chave de liderança é identificar os novos alinhamentos. A Tabela 8.1 fornece alguns outros exemplos.

Apesar de muitas semelhanças, a Tabela 8.1 ainda posiciona os Estados Unidos e a China em caminhos diferentes e potencialmente conflituosos. A questão é: podem os líderes dos Estados Unidos e da

China cumprir simultaneamente as promessas que fizeram aos seus cidadãos? A história sugere que os Estados Unidos podem. A China ainda não tem essa validação. O país também passa por uma inversão. Antes era uma economia de salários baixos; mas essa característica já não existe mais. Também era uma nação econômica, mas isso revelou-se uma medida insensata. A China já chegou a restringir as famílias a apenas uma criança; a medida também já foi revertida.

## O SUCESSO É SEMPRE RECOMPENSADO?

Há uma sensação crescente de que os líderes no topo das organizações são cada vez mais recompensados pelo fracasso[20] ou exageradamente recompensados às custas do sofrimento de outrem, fator evidenciado pelo tamanho dos pagamentos que muitos executivos recebem ao ser despedidos. Na falência do SeaWorld, após o filme *Blackfish*, 311 trabalhadores perderam seus empregos devido a medidas de redução de custos. O CEO Jim Atchison demitiu-se, e recebeu um pagamento de 1,7 milhões de libras. De acordo com o *The Washington Post*,[21] sua indenização foi igual ao dobro do seu salário-base anual, mais o seu bônus de 2013. A empresa também confirmou que Atchison continuaria como vice-presidente e consultor em expansão internacional.

TABELA 8.1 EXEMPLOS DE SIMILARIDADES ENTRE OS ESTADOS UNIDOS E A CHINA

| Estados Unidos | China | Similaridades |
|---|---|---|
| Gastos em infraestrutura | Gastos em infraestrutura (One belt, one Road) | Ambos buscam gerar PIB e angariar votos |
| Desafios à ordem liberal internacional — recusando-se a apoiar a ONU, por exemplo | Desafio à ordem internacional liberal substituindo-a pelo One belt, one road. Cria novas instituições como o Banco de Investimento em Infraestrutura | Ambos falam de liderar o sistema a partir de uma posição de força |
| Promove os interesses dos trabalhadores nacionais | Promove os interesses dos trabalhadores nacionais | Atitude para conquistar votos |
| Utiliza materiais nacionais | Utiliza materiais chineses | Atitude para conquistar votos |
| Construíram um muro para deixar os problemas do lado de fora | Construiu uma muralha (virtual) para conter os problemas | Colocam seus eleitores em primeiro lugar |
| Gastos em defesa | Gastos em defesa | Ambos querem um estímulo econômico que pode ser perseguido sem aprovação |
| Liderança por força | Liderança por força | Atitude para conquistar votos |
| Controla o conteúdo da mídia restringindo ou ignorando a mídia tradicional | Censura o conteúdo da mídia restringindo ou ignorando a mídia tradicional internacional ou limitando o acesso à internet | Controle da mensagem |
| Recompensa apenas aliados ideológicos | Recompensa apenas aliados ideológicos | Tem a ver com poder |
| Perda da confiança cívica (alegações de testemunhas de abuso de poder como escutas ilegais) | Perda da confiança cívica (fuga de capitais testemunha e dissidência crescente) | Trata-se da perda de confiança em todo o sistema, não apenas em políticos ou personalidades |

## SÃO APENAS OS VILÕES QUE TORTURAM?

Desde o escândalo da prisão de Abu Ghraib,[22] em 2006, ficou claro que o abuso e a tortura têm sido usados pelas forças armadas ocidentais e suas agências de inteligência. Apesar de o Senado norte-americano ter proibido o seu uso em 2015,[23] as acusações continuaram. Em janeiro de 2018, o defensor dos direitos humanos, Nils Melzer, relator da ONU para assuntos sobre tortura, acusou os EUA de praticá-la na prisão de Guantánamo.[24] O Comitê Internacional da Cruz Vermelha (CICV) apontou repetidas vezes que o uso de tortura não é apenas ilegal e imoral, como também ineficiente.[25] Ainda assim, o público parece defender a tortura mais do que nunca.

## A MORALIDADE IMPORTA?

A moral, como qualquer outro conjunto de leis, não é apenas boa para o seu próprio bem ou agradável de se ter. Ela só pode ser mantida com o consentimento da maioria que as leis governam. Quando atomizada, a individualidade torna-se o comportamento majoritário e, assim, fica mais difícil obter consenso. Isso explica parcialmente a quebra de confiança no sistema de regras que tem estado em vigor ao longo de décadas. Por que isso interessa aos líderes? Simplesmente porque eles precisam motivar as suas equipes. Se eles não entenderem as "regras", ou mesmo as suas expectativas, não serão bem-sucedidos.

Para compreender melhor essa noção, podemos averiguar as obras do filósofo alemão Immanuel Kant. Sua teoria, desenvolvida a partir do racionalismo iluminista, era que a única unidade intrinsecamente boa é a intenção. A noção inclui, por exemplo, o dever de não mentir. O equivalente atual da teoria é a exigência de autenticidade. O não alinhamento das ações à imagem é fatal no novo mundo da transparência. No âmago dessa noção está a justiça. Para conquistar corações e mentes, a liderança precisa ser considerada justa. Sem justiça, não pode haver confiança. Parece estranha a noção de que a liderança precisa fazer o bem. Muitos líderes poderiam entender que as pessoas automaticamente pensariam que é isso que acontece. Por todas as razões que delineamos neste capítulo, essa suposição foi posta em xeque. Não há atalhos; os líderes devem voltar a ganhar confiança. Se as pessoas não confiam em seus líderes, não podem confiar no futuro.

## O QUE ACONTECEU COM O FUTURO?

Nas décadas de 1950 e 1960, o futuro parecia excitante. Havia cada vez mais riqueza, saúde, padrões de vida e liberdade social. Muitas pessoas tornaram-se proprietárias de casas e foram para a universidade pela primeira vez. Agora, no Ocidente, as crianças não esperam ser ricas ou ter mais liberdade do que os seus pais. Ter um imóvel próprio tornou-se um sonho impossível. Além disso, os sucessivos governos têm corroído as aposentadorias e a riqueza a longo prazo. O medo do futuro se reflete na cultura popular. Muitos dos filmes que se passam no futuro são totalmente distópicos. Os vários temas incluem cenários em que os computadores subvertem as relações (verdadeiro até certo ponto já nos dias de hoje), assumem e forçam os humanos à sua vontade (também ocorre em certa medida), empobrecem e destroem carreiras (o que certamente ocorre com empregos de base) e se tornam parceiros emocionais (o que será comum em breve).[26]

O oposto é verdadeiro para a cultura nostálgica. Produções como *Dunkirk* (2017), *Darkest Hour* (2017) e *The Crown* (2016) refletem um passado utópico, uma era de graça, unidade, orgulho, identidade e pertencimento. Eventos como os espetáculos aéreos *vintage* e o Goodwood Revival elevaram a nostalgia para níveis exaustivos. Em Goodwood Revival, por exemplo, as pessoas podem se vestir e passear em réplicas de lojas dos anos 1950 e 1960, além de assistir a corridas de carros antigos e a aviões da Segunda Guerra Mundial voando. Também houve o renascimento dos "festivais".[27]

Ao temer o futuro e glamorizar o passado, oferecemos um claro sinal de que estamos nos agarrando a uma imagem da realidade que já está desatualizada.

## UM NOVO MUNDO MULTIPOLAR COM BARREIRAS

Outro elemento que as gerações anteriores não reconheceriam é a estratégia. Antigamente, os inimigos eram conhecidos. Eles usavam uniformes diferentes, falavam uma língua diferente, viviam em um país diferente. Agora o "inimigo" está em todos os lugares. Eles se parecem conosco, falam como nós e vivem entre nós. O mundo já não tem dois polos; tem muitos. Como discutido no capítulo 5, o planeta tendia à aproximação, e as barreiras desapareciam. Atualmente ele encontra-se dividido, e fica cada dia mais, à medida que os muros se erguem mais alto. A expectativa de uma relação linear com integração e cooperação torna-se mais e mais invertida.

## O GLOBALISMO ACABOU

A noção de que a rebelião pública contra o globalismo significa que os líderes já não podem simplesmente afirmar que potencializar o comércio é do interesse de todos. O Muro de Berlim caiu em 1989, há muito tempo. Alguns líderes ainda pensam que vivemos em um mundo em que a inflação diminuiu ou desapareceu porque muitos novos trabalhadores estavam dispostos a oferecer seus serviços por ainda menos. Naquele contexto, já não precisávamos gastar tanto com a defesa, porque o mundo bipolar havia desaparecido, deixando-nos com um "dividendo de paz" que poderia desviar o capital das armas nucleares, a fim de depositá-lo em investimentos mais produtivos. No velho mundo pós-Muro de Berlim, era óbvio para todos que o fluxo de capital e de capital humano através das fronteiras beneficiaria a todos.

TABELA 8.2 A tabela LAB de inversões

| O "bom" costumava ser... | O "bom" é agora... |
|---|---|
| "Nós, as pessoas" | "Eu, a pessoa" |
| Comunidades/grupos | Grupos e pensamento em grupo são ruins. A individualidade é mais admirada. |
| Pensativo, claro, respostas medidas | A velocidade do Twitter, gírias e *emojis* |
| Carreiras de longo prazo | Cargos de vitrine, estágios, "experiências", rápida rotatividade, agitações |
| Verdade simples | Giros, muitas mensagens, informação como arma, notícias falsas |
| Estudo | *Hacks* e atalhos |
| Educação | Experiência de trabalho |
| Debate | Ausência de plataformas, raiva |
| Contrição | Excesso |
| Economia | Gastos |
| Compras | Compartilhamento |
| Vestir-se | Despir-se |
| Etiqueta e protocolo | Confusão e reuniões |
| Casamento e compromisso | Promiscuidade e Tinder |
| Livre discurso | Censura; politicamente correto |
| Honradez política e decoro | Desleixo |
| Formação escolar e fontes | Rua. Wikipedia. YouTube. Autodidatismo. Educação formal em declínio. |
| Paciência | Imediatismo |
| Anonimato, modéstia | Celebridades, atenção |
| Taxação | Evasão de taxas |
| Conversação | Comunicação |
| Confiança | Cinismo |
| Qualidade | Descarte |
| Inovação | Iteração |

No mundo de hoje, esses pressupostos já não são compartilhados universalmente. No entanto, pessoas em todo o mundo desejam fazer mais negócios, vender e comprar mais bens e serviços. Todos estão tentando descobrir como migrar para onde está o crescimento. Os trabalhadores já não estão dispostos a trabalhar por salários cada vez mais baixos. O comércio está se tornando mais global do que nunca à medida que os chineses constroem instalações de produção nos Estados Unidos e na Europa, ao passo que os americanos investem globalmente. Novas paredes estão se erguendo, mesmo quando a internet derruba as antigas. A internet é paradoxal. Ela pode fechar mentes enquanto expande o comércio. Pode falar do fim da globalização, mesmo quando o redefine dramaticamente.

Ao recuar e analisar a paisagem, torna-se cada vez mais claro que existem muitas inversões dos nossos valores. Podemos resumir essas "inversões", como se pode ver na Tabela 8.2.

## CONCLUSÕES

Em nível superficial, o mundo parece inalterado para muitos líderes. No entanto, tem sofrido, sem dúvida, algumas das mais profundas mudanças técnicas, comerciais, culturais, sociais, comportamentais, morais e econômicas de todas. Isso não mudou apenas alguns pequenos detalhes; mudou praticamente tudo. E não tem sido uma pequena mudança. Há princípios, valores e regras inalterados há décadas, completamente invertidos, um fenômeno que deixou diversos líderes desorientados e desprovidos de ação. A mudança tem sido tão profunda que os fez repetir frases, tais como "todos os trabalhos vão para a China", como papagaios, o que só confirma que eles estão fora da realidade. Também os fez abraçar ideias fundamentalmente hipócritas ou disparatadas. Seja independente, mas aguente o castigo por seguir esse caminho, é o que eles dizem.

A maior ironia de todas é que a grande era da inversão tem tido o seu efeito mais duradouro sobre os próprios líderes. Em vez de serem videntes de eventos, tornaram-se as vítimas.

## NOTAS

1. Pinker, S. *The Better Angels of Our Nature*. Nova York: Penguin, 2015.
2. http://www.newsweek.com/fake-apollo-moon-landing-photo-claims-show-proof-mission-was-hoax-716221
3. https://www.politicshome.com/news/uk/political-parties/conservative-party/news/93500/culture-secretary-proposes-social-media-time
4. http://www.independent.co.uk/news/world/politics/criminals-and-corrupt-politicians-steal-1trn-a-year-from-the-worlds-poorest-countries-9707104.html
5. https://www.nursingtimes.net/news/workforce/call-for-urgent-action-to-haltrising-social-care-staff-turnover/7021589.article
6. Greenspan, A. *The Age of Turbulence: Adventures in a new world*. Nova York: Penguin, 2008.
7. https://www.economist.com/news/united-states/21600131-too-many-degrees-are-waste-money-return-higher-education-would-be-much-better
8. https://www.economist.com/news/united-states/21600131-too-many-degrees-are-waste-money-return-higher-education-would-be-much-better
9. https://www.economist.com/news/united-states/21600131-too-many-degrees-are-waste-money-return-higher-education-would-be-much-better
10. https://www.forbes.com/sites/nickmorrison/2016/08/09/if-theres-one-thing-millennials-regret-its-going-to-college/#3faa788a3536
11. http://www.telegraph.co.uk/news/2017/11/21/oxford-graduate-sues-university-1million-did-not-get-first-class
12. http://money.cnn.com/2015/12/09/news/economy/college-not-worth-it-goldman/index.html
13. Godin, G. *Linchpin: Are you indispensable?* Nova York: Portfolio, 2011.
14. https://inequality.org/facts/income-inequality
15. https://www.nytimes.com/2017/02/24/opinion/sunday/whats-left-of-communism.html

16. http://foreignpolicy.com/2018/01/15/germany-doesnt-have-a-playbook-fora-nazi-sympathizing-parliament
17. https://www.nytimes.com/interactive/2017/05/07/world/europe/france-election-results-maps.html
18. https://www.theguardian.com/world/2017/dec/18/the-far-right-freedom-party-is-joining-austria-government-how-do-you-feel
19. https://www.cnn.com/2016/02/08/politics/new-hampshire-primary-independent-voters/index.html
20. https://www.forbes.com/sites/nathanielparishflannery/2011/10/04/paying-forfailure-the-costs-of-firing-americas-top-ceos/#5ee17a444bc7
21. https://www.washingtonpost.com/news/morning-mix/wp/2017/08/30/investors-say-seaworld-lied-about-business-downturn-after-orca-outcry-now-feds-are-investigating/?utm_term=.9fc9801df27d
22. http://www.latimes.com/nation/la-na-abu-ghraib-law-suit-20150317-story.html
23. https://www.cnn.com/2015/06/16/politics/senate-torture-bill-cia/index.html
24. http://www.newsweek.com/torture-used-us-military-guantanamo-bay-despite-being-banned-un-says-747373
25. https://www.justsecurity.org/35816/icrc-survey-torture-glass-two-thirds-full/
26. https://venturebeat.com/2017/11/14/meet-the-robots-caring-for-japans-aging-population
27. https://www.telegraph.co.uk/travel/destinations/europe/united-kingdom/articles/Britains-best-vintage-festivals-Goodwood-Revival-and-more

CAPÍTULO 9

# A NARRATIVA DOS LÍDERES GLOBAIS

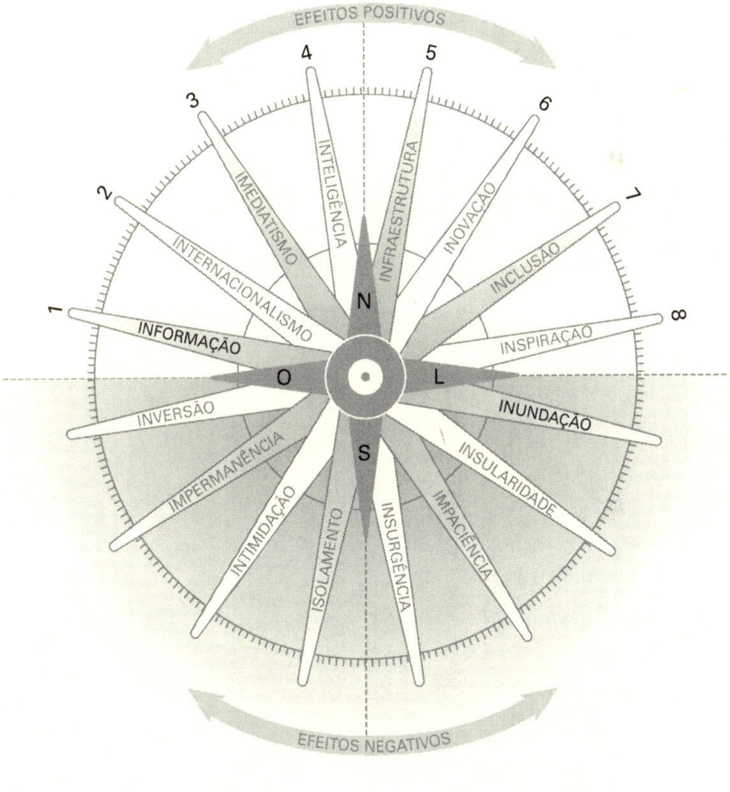

A Cítera é uma ferramenta que possui o objetivo de ajudar os líderes a navegar no mar da complexidade. Ela mostra a dualidade do mundo em que vivemos, organizada em oito "raios".

Os raios usados na Cítera — informação e sobrecarga, economia e seus efeitos, mudanças comportamentais, geopolítica, tecnologia, gênero e a natureza invertida da atualidade — fornecem os principais desafios para a liderança.

A primeira tarefa de todos os líderes é reconhecer que a incerteza é a principal característica do século XXI. A liderança precisa se preparar para ela, mantendo ampla margem de pensamento por três razões: buscar flexibilidade; alcançar a unidade; e, finalmente, porque a "certeza opinativa" e a rigidez gerada por ela são marcas da mediocridade.

A segunda tarefa é reconhecer os paradoxos profundos ilustrados pela Cítera. A atração pela polaridade é uma força centrífuga que constantemente compensa os esforços de liderança. Em alguns dias, a boa liderança sentirá que não se aproximou de suas metas, mas ao menos contrabalançou a tendência. A boa liderança melhora o *status quo*; no entanto, às vezes, pode mantê-lo.

A liderança deve enxergar as limitações do lado esquerdo do cérebro. Não é possível analisar a saída para todos os nossos problemas. Precisamos de nossas habilidades sintéticas para contextualizar e ampliar as opções. Não é mais cabível considerar apenas resultados binários. Apenas uma nova abordagem de liderança global, baseada na fluência da situação, ajudará. A liderança precisa:

- **Aprender as lições do passado**
  - A liderança fraca carece de imaginação, não de análise.
  - O excesso de confiança é um problema.
  - Os perigos da lógica "quanto maior, melhor".
  - Lições de um general.
  - Proteja-se contra o curto período de tempo que pode destruir tudo.

- Controle os fluxos de informação, antes que eles controlem o líder.

- **Estudar o presente**
  - Averigue a geopolítica e o mundo físico.
  - Guie o capitalismo, e não guilhotine-o.
  - Consulte-se continuadamente, já que as comunicações são esperadas.
  - Conheça a sua equipe, descubra os vácuos.
  - Não é possível se defender apenas com fatos.

- **Preparar-se para o futuro**
  - A cultura se alimenta de estratégia; por isso, lidere com valores.
  - Liderar por valores.
  - A palavra que começa com "J" ainda é muito importante;
  - As falhas são mais aparentes, frequentemente devido ao medo.
  - Use a confiança para matar o medo, caso contrário a inovação será prejudicada.

- **Comprometer-se com o espírito de liderança**
  - A liderança é mais do que a gestão/A liderança pode ser sempre melhor.
  - Servir cada vez mais pessoas.
  - O cultivo da inclusão gera unidade.
  - Não há alternativa senão abraçar o futuro.
  - Questões de fé.
  - A importância da fluência situacional.
  - Santo Agostinho de Hipona.

## APRENDER AS LIÇÕES DO PASSADO

### *A LIDERANÇA FRACA CARECE DE IMAGINAÇÃO, NÃO DE ANÁLISE*

Além de fornecer um guia para o futuro, catalogamos falhas de lideranças do passado neste livro. Elas partilham um denominador comum. A liderança falha quando há falta de imaginação. Os problemas acontecem quando a incapacidade ou a falta de vontade de prever possibilidades alternativas ocorre. Estar tão errado como todos os outros já não é uma desculpa aceitável para um líder. Quando a crise financeira ocorreu em 2008, as condições para a divisão foram estabelecidas. As revelações resultantes sobre a conduta destruíram vidas, marcas e a confiança de toda uma geração. Não foi apenas uma análise fraca que causou tudo aquilo. Foi também um fracasso da imaginação coletiva.

### *O EXCESSO DE CONFIANÇA É UM PROBLEMA*

Como estabelecemos no capítulo 7, correlacionar competência e confiança é uma das principais causas do fracasso da liderança. Os nossos líderes vêm, muitas vezes, de origens especializadas, com capacidades de aprofundamento, impregnados de dados fortemente analisados. A técnica reducionista ocidental não ensina a imaginação. Nossos líderes estão, portanto, enfraquecidos pelas especialidades pelas quais passam em seus caminhos para o topo. Esse fator nos oferece pistas, mas não necessariamente leva a conclusões acerca das razões dos fracassos coletivos da liderança. A tendência para o excesso de confiança, baseada apenas em dados quantitativos, é um problema habitual em alguns líderes, mas não em todos. Outros, é claro, apresentam uma perspectiva demasiado ampla, mas pouca compreensão dos detalhes. O equilíbrio é a chave.

Muitos dos que aspiram à liderança precisam ser encorajados por quem demonstra equilíbrio, e são eles que mostram o caminho.

Precisamos de mais deles, porque o que representam é tão importante quanto o que fazem. Eles também tendem a aprender mais no caminho. Não há líderes suficientes que tenham passado por muitas etapas e que apresentem competência cirúrgica em muitas áreas.

### *OS PERIGOS DA LÓGICA "QUANTO MAIOR, MELHOR"*

O pensamento quantitativo por si só acaba levando ao vício por números, tais como tamanhos e volumes. Raramente uma organização aumenta de tamanho ao passo em que melhora. Torná-la melhor, no entanto, permite que ela cresça. O tamanho é, muitas vezes, considerado um indicador de sucesso, quando, na realidade, pode significar oferta de maus serviços, falta de controle e imaginação zero.

### *LIÇÕES DE UM GENERAL*

Existe atualmente certa pressão crescente que requer a melhor liderança. Esse desejo é latente em movimentos como "#timesup" e "#metoo", bem como de eleitores, acionistas e outros. Há uma possibilidade para as lideranças acordarem de seus desvarios como estão agora. É possível tirar lições de esforços passados para desafiar a liderança.

Kurt von Hammerstein-Equord foi um general alemão famoso por ser um ardente oponente de Hitler e do regime nazista. Ele contou que dividia seus líderes em quatro grupos: "Há oficiais inteligentes, diligentes, estúpidos e preguiçosos. Normalmente duas dessas características estão combinadas. Alguns são espertos e diligentes — o seu lugar é o Estado-Maior. Outros são estúpidos e preguiçosos — compõem noventa por cento de cada exército e são adequados para as tarefas rotineiras. Qualquer um que seja inteligente e preguiçoso é qualificado para as mais altas funções de liderança." O general acreditava nisso, porque um líder assim "possui o esclarecimento intelectual e a compostura ideal para a tomada de decisões complicadas". Von Hammerstein-Equord completa sua ideia com um aviso sobre líderes diligentes e estúpidos: "Sempre causarão prejuízos."[1] Warren Buffet também segue esse pensamento. Ele recruta pessoas sob três critérios: "Inteligência, energia e integridade. Se o último estiver ausente, nem se preocupe com os dois primeiros." Os líderes de hoje precisam da integridade para saber que não enxergar a realidade não é mais um traço aceitável de quem está no comando.[2]

### *PROTEJA-SE CONTRA O CURTO PERÍODO DE TEMPO, QUE PODE DESTRUIR TUDO*

A velocidade se tornou uma obsessão. Ela minou a paciência, o planejamento e as relações pessoais. Também criou a ilusão de velocidade em vez de sua incidência real. Bons líderes devem gastar tempo planejando, pensando e preparando-se pacientemente. A imaginação requerida para prever o perigo vem da contemplação silenciosa e da conversa.

### *CONTROLE OS FLUXOS DE INFORMAÇÃO, ANTES QUE ELES CONTROLEM O LÍDER*

Churchill[3] disse: "Primeiro moldamos as nossas fundações. A partir disso, elas é que nos moldam." O mesmo princípio se aplica à forma como utilizamos as nossas ferramentas. A internet é, talvez, a maior ferramenta que a humanidade já criou. Ela esculpe nossos comportamentos e nos torna mais egoístas, gananciosos e impacientes do que nunca. Os líderes devem ser aqueles que unem as pessoas em uma causa comum. Para isso, precisam reunir pessoas tanto através do pensamento qualitativo quanto quantitativo. Na era digital, a big data e a tecnologia dominarão nossas vidas como nunca antes. Nos tornaremos muito mais eficientes, seremos capazes de medir quase tudo com muito mais precisão. As capacidades de comparação, contraste e análise do lado esquerdo do cérebro estarão em toda parte. Esse processo, no entanto, denota diferenças e comparações. É uma ferramenta para separar. Quanto mais sujeitamos pessoas a esse processo, mais longe elas estarão de uma humanidade em comum. A tempestade tecnológica não nos ajuda a alcançar uma abordagem holística. Quanto mais especializados somos, mais atomizados nos tornamos. Não conseguimos ouvir ou enxergar além da visão estreita. É complicado divisar o horizonte se ele está soterrado por dados.

## ESTUDAR O PRESENTE

### *AVERIGUE A GEOPOLÍTICA E O MUNDO FÍSICO*

Como abordamos no capítulo 5, o mundo físico está mudando. O desenvolvimento de infraestruturas está modificando o próprio tecido do nosso mundo. Esse fenômeno é digno de estudo constante. O mundo não é feito apenas de mudanças que ocorrem no ciberespaço. Também é cinético. Há aeroportos, canais, estradas, ferrovias e grandes portos sendo construídos em todo o mundo, muitas vezes em lugares com pouco desenvolvimento. É emocionante e gera oportunidades.

### *GUIE O CAPITALISMO, E NÃO GUILHOTINE-O*

Muitas pessoas estão tão enraivecidas e desapontadas que estão preparadas para expulsar o capitalismo como um todo. No entanto, talvez o problema não seja o sistema, mas a forma como tem sido gerido. É importante lembrar que o capitalismo e a democracia são voluntários. Os motoristas param nos semáforos vermelhos porque concordam com a mensagem. Quando as elites suplantam as regras, geram descontentamento. O sistema pode facilmente falhar se ninguém acreditar que deve seguir as regras, porque quem está acima não as segue. A raiva que muitos claramente sentem não é apenas anticapital; ela surge da constatação de que seus benefícios não são compartilhados de forma justa, e suas regras são desafiadas por quem está acima. As regras que governam o capitalismo baseiam-se no pressuposto de que servem aos interesses de todos, e não apenas os de alguns.

O setor privado precisa evoluir a sua abordagem e as salas de reunião precisam liderar o caminho.

### *Consulte-se continuadamente, já que as comunicações são esperadas*

Não será mais suficiente pesquisar opiniões. Os líderes precisarão aparecer se quiserem ser consultados, e eles próprios terão de buscar outras opiniões. Ouvir (e aparecer para ouvir) será importante. Toda empresa alcança o seu melhor potencial quando cria narrativa social e também comercial. Para que o capitalismo tenha êxito, precisa haver consentimento, e, para isso, os benefícios precisam ser compartilhados. Em uma economia de pleno emprego, prevalece a liderança de "consentimento". A liderança deve ser sensível aos aspectos e formas como se comunica. A equação fundamental da comunicação é:

Frequência × duração = retenção

Quanto mais tempo e maior frequência algo se repete, mais é lembrado. Essa fórmula é importante caso a liderança necessite cortar um fluxo intenso de ruídos para ser ouvida (ver capítulo 1).

### *Conheça a sua equipe, descubra os vácuos*

Conhecer o mundo, os assuntos e saber das notícias pode ajudar, mas o líder que não compreende a *sua* equipe não se sustenta. É importante conhecer a "habilidade 1 em 10.000" que cada pessoa tem. Ao conhecer mais a própria equipe, o líder torna-se capaz de enxergar o potencial de cada integrante.

### *Não é possível se defender apenas com fatos*

Na maioria dos grupos de liderança, abundam as pessoas que defendem os valores de acionistas e stakeholders como se fossem a mais pura e única verdade. Há alguém que lida com finanças e números (o gerente de finanças) e outro que trata do estatuto e a procedência da lei (o conselho geral). Esses profissionais lidam com fatos. Trabalhando com a lei ao pé da letra, você é capaz de provar que não está violando nenhuma regulamentação tributária, mas não se torna diferente de não operar dentro do espírito da lei. Os paraísos fiscais *offshore* podem ser perfeitamente legais, mas não são. Talvez você não utilize substâncias ilegais enquanto atleta; no entanto, consumir qualquer droga para obter vantagens, ainda que a droga em questão não tenha sido banida até o momento, continua sendo uma trapaça. O ponto de vista é importante porque, como já demonstramos, as opiniões agora são mais importantes do que os fatos.

## PREPARAR-SE PARA O FUTURO

### *A CULTURA SE ALIMENTA DE ESTRATÉGIA; POR ISSO, LIDERE COM VALORES*

O líder moderno deve estar consciente de que não é possível "fazer" valores, mas apenas "sê-los"; E é mais fácil tornar-se impaciente com o que alguém faz. É por essa razão que os líderes precisam ter uma "lista do que ser", assim como uma "lista do que fazer". É uma das tarefas mais difíceis enfrentadas pelos jovens líderes. Eles querem "fazer" demais, o que os leva a inconsistências, estresse e visão de curto prazo. Os líderes jovens não devem ter vergonha de fazer menos, primeiro porque, assim, eles podem delegar e incentivar o trabalho em equipe, e, segundo, porque, dessa forma, podem se concentrar no que eles, e só eles, podem ser. Essa é uma variação da regra de "gestão por exceção". Os líderes precisam ser humanos, e não fazer coisas humanas.

Quais são os valores da equipe e da organização? Quais deveriam ser? Os valores sempre lhe dirão do que a equipe é capaz (para o bem ou para o mal). A equipe é dedicada, empenhada, honesta, diligente, imaginativa e enérgica? Quais são os valores mais buscados por ela? Alguém já perguntou? Os valores são importantes porque unificam os grupos de trabalho em nível mais amplo, independentemente das suas diferenças individuais.

## A PALAVRA QUE COMEÇA COM "J" AINDA É MUITO IMPORTANTE

O modo como se define a palavra "julgamento" ainda é a habilidade de liderança mais requerida. A busca continua sendo ciência e arte combinadas. A fluência situacional para isso é importante, e o *timing*, também. É necessário julgar o estado de espírito e sentir o ambiente. É quase impossível ensinar a habilidade, ou mesmo defini-la, mas essa ainda é uma qualidade que distingue candidatos à liderança.

Em 29 de julho de 2006, em uma reunião da The World Future Society, o dr. Bruce Lloyd, professor de Gestão Estratégica na London South Bank University, apresentou um trabalho chamado *Wisdom & Leadership: Linking the Past, Present & Future.*[4] É um dos melhores trabalhos já escritos sobre o pensamento de liderança. Lloyd apontou o seguinte:

> A sabedoria é a forma como incorporamos os nossos valores ao processo de decisão, e são os nossos valores que determinam o modo como entendemos esta palavra importantíssima: "qualidade", que também pode ser vista como outra forma de distinguir o processo de mudança.

Nem todas as mudanças são progresso, e são os nossos valores que, em última análise, determinam as nossas prioridades. São essas prioridades que, então, se tornam o critério que usamos para diferenciar entre mudança e progresso.

## *As falhas são mais aparentes, frequentemente devido ao medo*

Os numerosos e visíveis exemplos de fracasso devem condenar toda a liderança. Há grandes líderes, e o LAB conheceu muitos deles. Não reparar na boa liderança faz parte de sua natureza do mercado, já que os desastres simplesmente não acontecem e não chamam atenção. Por essa razão, a boa liderança precisa celebrar a rotina, o confiável e o consistente, assim como o extraordinariamente bom.

A mudança se acelera à medida que se aproxima dos líderes. Quando as pessoas têm medo, uma liderança que conhece e planeja pode ser encorajadora. A má liderança, no entanto, é frequentemente exposta, porque falha em envolver novos meios de pensar. O que acontece em seguida é a paralisia causada pelo medo ante as mudanças, o que pode ser contagioso. Muito sobre navegar em um mundo em constante evolução tem a ver com a administração do medo — do desconhecido, da falha e da vergonha. Nem sempre ele se manifesta sob a forma do medo propriamente. Muitas vezes ocorre por meio da inércia ou intransigência. O medo, segundo neurocientistas, faz as pessoas agirem de formas menos inteligentes ou terem menos chances de se mover para além de suas zonas de conforto. Essa reação é conhecida como o "sequestro das amígdalas", um termo cunhado por Daniel Goleman em seu livro *Emotional Intelligence: Why it can matter more than IQ*.[5] Quando uma situação de luta, fuga ou paralisia está em curso, o lado racional é efetivamente bloqueado. Quando a amígdala percebe uma ameaça, pode causar uma reação irracional e destrutiva caracterizada por três sinais: forte reação emocional, investida súbita e percepção pós-episódica, se a reação foi inadequada.

## *Use a confiança para matar o medo, caso contrário a inovação será prejudicada*

A inovação é uma flor delicada. Ela pode morrer no momento de sua concepção. As ideias só poderão avançar se elas não parecerem tão frágeis ao julgamento. É difícil para alguns apresentar ideias. Os líderes devem criar um campo de igualdade que permita que o maior número possível de ideias seja apresentado. A confiança deve ser construída ao longo do tempo, o que significa aplicar repetidamente as regras de "suficiente o bastante para tentar", a fim de que o risco seja encorajado sem que a criatividade seja assassinada.

### *ENTENDA COMO AS HABILIDADES E VALORES MUDARAM*

Se existe uma ideia-chave neste livro, é que a capacidade de liderança mudou fundamentalmente nos últimos 25 anos. A Tabela 9.1 é um extrato das principais evoluções nas habilidades de liderança que os representantes do LAB consideraram importantes.

As mudanças mostram claramente a escala da transformação no futuro. A liderança, que antes era rígida, fixa, firme, tradicional, legada, lenta e criteriosa, no futuro demonstrará flexibilidade, agilidade, imaginação, valores e abertura de espírito.

## COMPROMETER-SE COM O ESPÍRITO DE LIDERANÇA

### *A LIDERANÇA É MAIS DO QUE A GESTÃO*

H. G. Wells disse: "A história humana torna-se cada vez mais uma corrida entre a educação e a catástrofe."[6] Quanto mais mudanças ocorrerem, mais importantes a aprendizagem e a liderança se tornarão para nós. É a única forma de equacionar mudança ao progresso. Portanto, se queremos um futuro melhor, o primeiro e mais importante passo que devemos tomar é melhorar a qualidade e a eficácia da aprendizagem.

TABELA 9.1 Mudanças nas características-chave das habilidades de liderança

| Líderes do século XX | Líderes do século XXI |
|---|---|
| Operam ao pé da letra da lei | Operam a partir do espírito da lei |
| Vencer a todo custo | Vencer justamente |
| Gerencia a partir dos interesses de poucos | Gerencia a partir dos interesses de muitos |
| Aplica mais lógica | Aplica mais imaginação |
| Estratégia maximizada | Cultura maximizada |
| Cria cultura androcêntrica | Cria culturas andróginas |
| Planeja para um ou outro cenário | Planeja para ambos/vários cenários |
| Apoia o "sistema" | Rejeita ou adapta o "sistema" |
| Toma decisões binárias | Permite-se superposição quântica |
| Preto e branco | Paleta inteira/arco-íris |
| Usa rótulos e certeza | Planeja a partir da incerteza e ambiguidade |
| Predição | Preparação |
| Pesquisa a partir da ciência e dos fatos | Utiliza-se de opiniões |
| Concentra-se no fazer e em objetivos | Concentra-se em ser/em valores |
| Compreende, espera, sabe | Espera que seja mais estranho do que acha |
| Espera a previsibilidade | Espera que seja inimaginavelmente bom ou ruim |
| Utiliza livros de administração | Faz uso de livros de teologia e filosofia |
| Valoriza dinamismo e imediatismo | Valoriza a paciência e ouve |
| Prioriza a educação desde a juventude | Prioriza a experiência do dia a dia |
| Para/detecta/impede o erro | Abraça/compreende/permite falhas |
| Quer mais e mais | Quer que seja melhor |
| Possui ações | Compartilha ações |
| Opera sob rígida resistência | Totalmente flexível |

TABELA 9.1 (*Continuação*)

| Líderes do século XX | Líderes do século XXI |
|---|---|
| Lida com eventos | Adota processos para lidar com mudanças |
| Exerce autoridade | É empático |
| Enxerga o trabalho como trabalho | Envolve diversão ao trabalho |
| Desenvolve comportamento adulto | Tem comportamento infantil |
| Utiliza-se do julgamento e intolerância | Emprega amor e empatia |
| Promove o controle | Pede permissão |
| Centralizado | Distribuído |
| Aprende com as lições da história | Abraça o futuro |
| Líderes não comprometidos | Abertos e disponíveis |
| Entende que seus subordinados são submissos | Aplica a noção de um fórum justo ao quadro |
| Enxerga o quadro de funcionários como uma congregação/clube | O quadro de funcionários é consciente |

Há excelentes escolas de economia, negócios, administração e militarismo no mundo. Os líderes também aprendem no trabalho, assim como os políticos. Estranhamente, ainda há um cargo que não requer formação profissional: o de líder político. Isso deve mudar. O problema central para as instituições como ponto de proveniência dos líderes é que eles foram moldados por métodos redutores ocidentais. Eles ensinam a analisar maciçamente. Os líderes acabam assumindo papéis generalistas, mas chegam a esse ponto como especialistas. Maestros geralmente não são solistas especializados, mas sabem como inspirar a performance.

### A LIDERANÇA NÃO É PERFEITA, MAS PODE SER MELHOR

Devemos ser realistas em relação aos líderes. Não há mal algum em assumir riscos. Na verdade, todo o progresso depende disso. Somos rápidos demais para puni-los como indivíduos por falharem inocentemente. A criança instável levanta-se, em parte, por instinto, mas também por incentivo e amor. Mas o que são diversas falhas, se não o sucesso que vem em seguida? Como Kipling diz em *Tommy*:[7] "Volta e meia o modo de conduzir não está apenas em uma aparência garbosa. Homens horríveis sozinhos não se tornam santos." Líderes de organizações nunca serão o ápice do comportamento. Eles não devem ser considerados paladinos de todas as virtudes. O que importa é a equipe de liderança. Eles podem ser treinados para trabalhar juntos. Podemos ensiná-los a ser mais pacientes e a pensar a longo prazo. Podemos recompensar a estabilidade, a consistência e o trabalho em grupo.

### SERVIR CADA VEZ MAIS PESSOAS

Para muitos, o futuro é assustador. Sem mudanças, enfrentamos o lado obscuro da Cítera. Com níveis crescentes de desigualdade de renda, retrocederíamos para a divisão, a violência, a guerra ou um novo tipo de feudalismo, em que os beneficiários se vestem de ouro e aço. O lugar para os líderes não é atrás das grades em nenhum contexto. A comunidade é a proveniência dos líderes, quer eles a reconheçam ou não. A liderança não é apenas algo que os dirigentes exercem no trabalho. A liderança de causas sociais também destacará a liderança moral. Eles devem emanar luz, fé, positividade e esperança e estar enraizados no povo que servem. Haverá muito em jogo e riscos muito elevados. Quanto maior a expectativa, maior é o risco e a confiança exigida.

Se os líderes querem demonstrar sua contribuição para a comunidade, precisam fazê-lo de forma genuína e sustentável.[8]

A Conduta Empresarial Responsável (CER) está substituindo a Responsabilidade Social Corporativa (RSC). O problema com o antigo modelo RSC é que ele é frequentemente associado à filantropia voluntária e como um adicional externo às operações centrais do negócio. Há um elemento discricionário nesse ponto, improvável que seja duradouro. Nenhuma quantia de doação discricionária a qualquer instituição de caridade mudaria a percepção de qualquer um dos malfeitores listados neste livro.

### *O CULTIVO DA INCLUSÃO GERA UNIDADE*

Todas as equipes precisam de diversidade de pensamento, não apenas de pessoas. Temos de nos precaver contra soluções simplistas que trocam um preconceito por outro. Se condenarmos os líderes por serem "brancos, homens e velhos", então trocamos uma pele, sexo e preconceito de idade por outra. As habilidades masculinas não residem apenas nos homens, nem as habilidades femininas nas mulheres. Precisamos pensar menos na definição das pessoas por cor de pele e gênero, e mais nos valores e na diversidade de competências que a diversidade traz. Se queremos mais pensamento feminino na liderança, então precisamos fazer da nossa causa mais do que apenas um único gênero. Trata-se de equilíbrio e objetivos compartilhados, como modernidade, aspiração e representação. Todos os gêneros podem concentrar-se nesses objetivos. Não se trata de homens ou de seus defeitos. Se um gênero ganha às custas de outro, então todos perdem, independentemente de quem é vitorioso.

A inclusão é tudo sobre democracia. Os mercados livres e a democracia andam de mãos dadas. A democracia, em seu cerne, significa compartilhar — recursos, sabedoria e esperança para o futuro. A democracia mobiliza recursos para produzir mais recursos. Isso acontece porque a democracia reaproveita o indivíduo. Quanto mais democracias, mais recursos podemos compartilhar. No centro está a crença de que quanto mais damos, mais recebemos. Essa é a essência da liderança.

Não podemos ignorar as diferenças, mas devemos dirigir a atenção para os nossos interesses comuns e os meios pelos quais essas diferenças podem ser resolvidas — através da liderança. Não podemos acabar com as nossas diferenças, nem devemos. Democracia e diversidade devem ser sinônimos. Claro, a liderança não é uma democracia, mas é melhor quando parece. A democracia não é apenas uma ideia a que nos agarramos ocasionalmente, quando nos convém. O Brexit, por exemplo, pode não agradar a todos, mas nós acreditamos na democracia o suficiente para colocar no poder aqueles com quem discordamos. Isso é a democracia em ação. Não é algo que possa ser mostrado. Não é algo que seja dito.

Alguns lamentam o quão divididas estão as democracias. Essas pessoas salientam que nunca antes houve diferenças de opinião tão acentuadas. Dizem isso como se fosse algo digno de perdão. Como se, de alguma forma, a divisão fosse uma fraqueza. Há muitas partes do mundo, no entanto, onde não há divisão ou diferença, o que não é, de forma alguma, demonstração de força. Muito pelo contrário, na verdade. Se uma ideia não é suficientemente forte para resistir às opiniões dos outros, então não é uma ideia. As ideias são reforçadas pela discordância, e não o contrário.

Então que esse seja um pensamento duradouro. Quando a democracia é desafiada por aqueles que discordam dela, que o desafio a torne mais forte. Seja o Brexit ou política local, ou as novas abordagens ao auxílio humanitário. Através dela, demonstramos o nosso compromisso e a nossa vontade de compartilhar o futuro. Quando alimentamos a democracia, alimentamos a inclusão, o futuro e a liderança.

### *NÃO HÁ ALTERNATIVA SENÃO ABRAÇAR O FUTURO*

Não há como retornar a um tempo em que tudo era melhor. Ao ouvir algumas pessoas, talvez você pense que todo o século XXI foi uma saída errada, e tudo o que elas querem é encontrar um caminho de volta à década de 1950. Quando apresentados às oportunidades, temos uma chance de voltarmos à juventude e abraçá-la com simples cuidado e alegria. Podemos nos desbravar pela nostalgia, mas somos melhor servidos pelo apetite de uma criança pelo futuro. Não podemos "desinventar" o mundo moderno — desconectar a internet, pousar todos os 747, negar o individualismo. Uma das qualidades transcendentes do marxismo foi a sua dependência de identidades de grupo. Não podemos retornar a isso. Jung reconheceu que a única maneira de alcançar o potencial individual está no que ele chamou de individuação.[9] A internet oferece esse potencial se os nossos líderes forem capazes de enfrentar o desafio.

## *Questões de fé*

Como viemos parar aqui? Ainda contamos com as mesmas instituições de liderança (muitas vezes dirigidas por ex-alunos nossos) que educam e emitem as mesmas credenciais de liderança. Encontramos uma crise no pensamento reducionista ocidental com ainda mais do mesmo. É quase como se pensássemos que poderíamos curar a obesidade com ainda mais comida. Essas instituições não ensinam a divindade, mas ensinam a liderança como a conhecem. Eles não são pastorais, nem ecumênicos. A liderança é tanto uma questão de fé como uma questão financeira. As instituições sabem da importância disso. Os líderes devem estar cientes do bem-estar espiritual, emocional e físico de suas equipes. Eles e seus times seriam melhores com isso.

## *A importância da fluência situacional*

O mundo mudou tão rápido que desorienta completamente os incautos. Houve repetidos fracassos, o que gerou a talvez pior crise de liderança desde as Guerras Mundiais. Catalogamos essa crise no capítulo 8. Há muitas razões para que isso tenha ocorrido. As estruturas tornaram-se grandes e desajeitadas, encorajando a falta de responsabilidade pessoal, até mesmo o descaso da diligência. Havia uma confiança excessiva no reducionismo ocidental e no lado esquerdo do cérebro, excesso de confiança (e pessoas pouco qualificadas no topo) além de uma abundância de recursos trazidos pela tecnologia da informação. Acima de tudo, faltava aos líderes fluência situacional para enxergar como os acontecimentos poderiam se mover em várias dimensões.

### *Santo Agostinho de Hipona*

Onde encontraremos o novo espírito de liderança? Este livro é sobre tal espírito, por isso é apropriado fechá-lo com as palavras de Santo Agostinho de Hipona: "Não acreditas que há no homem um abismo tão profundo e escondido até mesmo daquele em que se encontra?"[10] O futuro da humanidade é um caminho obscuro. A função da liderança é ser o farol que ilumina nossos caminhos. Só uma nova abordagem pode garantir que a luz brilhe mais do que nunca. Os líderes terão de abrir os seus corações, bem como as suas mentes, para encontrá-lo. Quando o fizerem, toda a humanidade os seguirá.

## NOTAS

1. Enzensberger, H. M. *The Silences of Hammerstein* apud Chalmers, M. Nova York: Seagull Books, 2009, p 87.
2. https://www.fs.blog/2013/05/warren-buffett-the-three-things-i-look-for-in-a-person
3. https://www.standard.co.uk/comment/comment/rohan-silva-take-a-lesson-from-churchill-in-rebuilding-new-housing-estates-a3153271.html
4. http://www.wisdompage.com/blloyd02.html
5. Goleman, D. *Emotional Intelligence: Why it can matter more than IQ*. Londres: Bloomsbury, 1996.

6. Wells, H. G. *The Outline of History*, CreateSpace Independent Publishing Platform, 2017. Disponível em: https://www.createspace.com/diy
7. http://www.kiplingsociety.co.uk/poems_tommy.htm
8. https://medium.com/@OECD/2016-corporate-social-responsibility-is-dead-what-s-next-60d22fee8bad
9. http://jungiancenter.org/components-of-individuation-1-what-is-individuation
10. http://awakesociety.com/philosophy-quotes

# Agradecimentos

Muito obrigado a:

Sarah Aitchison, Sarah Aitchison e Sarah Aitchison, Kris Balderston, Sinclair Beecham, George Blacklock, Robin Boon, Myriam Boublil, dr. Nikolaus Braun, dr. Günther Burkhard, Michael A. Cappello, Carolyn Cawley, Nikia Clarke, Géraldine Collard, Catherine Connolly, David Cook, (o brilhante) sir Cary Cooper, Miles Daniels, *sir* Kim Darroch, Carolyn Davis, Hans de Gier, Paul de Lara, Wiebe de Vries, Bas Dekker, Thomas Deutschmann, Umang Dokey, Stephan Dörrschuck, Amanda Downes, Emma Draude, Ad Eijkemans, Mike Ettling, Ken Ford, (o incrível) professor Russell Foster, Derrick e Hillary Fox, Steve Frampton, James Freddo, Allison Fried, David Friedman, Frédéric Gillant, Steve Glickman, Julia Gorham, Sanjeev Gupta, Bob Herbold, Fred Hermans, Peter Heule, Jeremy Hillman, André Hoekzema, Thomas M. Hoenig, Klaus Hommer, Dan Horowitz, Rob Jessel, Luke Johnson, Greta H. Joynes, Madelon Kaspers, Ronald Knoop, Melissa Koskovich, Andreas Kraut, Vivek Kumar, Erik Lamers, Harold Langenberg, Cherylyn Harley LeBon, *sir* Geoffrey Leigh, Jeanne Leong, Richard Levick, Georgia Lewis, Jo Lewis, Pip Lewis, Charlotte Lindsey-Curtet, professor Bruce Lloyd, Hans Martens, Meredith McPhillips, dr. Rainer Mehl, Mike Möhlheinrich, Audrey Mok, Martin Moran, à membra do parlamento britânico Penny Mordaunt, Ken Muché, Teymoor Nabili, David Nicholl, Frank Niemann, Penny O'Donnell, James Oehlcke, Pierre-Michel Passy, Peter Pereira Gray, Andrew Pickup, Venka Purushothaman, Kelly Redding, Andie Rees, sir Ken Robinson, Emma Rogers, Martijn Roordink, Christine Schaefer, Daniel Scheijen, Dr. Manfred Schlett, Helmut Schmid, Peter Shaw, dr. Kirpal Singh, sir Martin Sorrell, John Stewart, Jürgen Sturm, Pieter Swinkels, May Lin Tan, Caleb Tiller, Kenn Todorov, Kathy Townend, Sebastian Ulbert, Yvonne van Bokhoven, Jeroen van Glabbeek, Patrick Van de Wille, Pieter Van den Broecke, Femke van der Hoeven, Scott Wightman, Greg Williamson, Sarah Wincott, Chetan Yardi, almirante sir George Zambellas e Jeffrey Zubricki.